Europäischer Nahverkehr: Planung – Organisation – Finanzierung

Dokumentation der Fachtagung vom 12.-14.12.2005 in Berlin

Volker Eichmann
(Hrsg.)

Deutsches Institut für Urbanistik

Impressum

Herausgeber

Dipl.-Ing. Volker Eichmann

Redaktion

Dipl.-Pol. Patrick Diekelmann

Textverarbeitung und Layout

Doris Becker

Die Fachtagung wurde in Kooperation mit der Deutschen Akademie für Verkehrswissenschaft und mit Unterstützung des Deutschen Städtetages durchgeführt.

Die Reihe „Materialien" enthält sowohl abgeschlossene Beiträge als auch Teilergebnisse aus dem laufenden Forschungsprozess, ferner Dokumentationen von Tagungen, Seminaren und Workshops. Namentlich gekennzeichnete externe Beiträge werden aus Gründen der Aktualität in der Regel ohne redaktionelle Bearbeitung abgedruckt.

Dieser Band ist auf 100-prozentigem Recyclingpapier gedruckt.

Deutsches Institut für Urbanistik
Straße des 17. Juni 112
10623 Berlin

Telefon:	(030) 39001-0
Telefax:	(030) 39001-100
E-Mail:	difu@difu.de
Internet:	http://www.difu.de

Alle Rechte vorbehalten
Schutzgebühr Euro 20,–

Berlin, Mai 2006
ISBN-10:   3-88118-416-3
ISBN-13: 978-3-88118-416-8

Inhalt

Zu diesem Band 5

Einführung
Volker Eichmann 7

Organisationsformen und unternehmerisches Handeln im Bereich des öffentlichen Verkehrs
Didier M. van de Velde 11

Überblick über Ergebnisse wettbewerblicher Marktorganisation in Skandinavien
Henning Palm 23

ÖPNV in Österreich zwischen Staatswirtschaft und Wettbewerb
Gerhard Fritz 41

Auf dem Weg zum Wettbewerb im öffentlichen Verkehrssektor: Einige Erfahrungen in der Region Lombardei
Franco Repossi 73

Dezentralisierung und Organisation des öffentlichen Verkehrs in Frankreich
Ulrich Noelle und Thierry Gouin 89

ÖPNV in Dänemark – From Copenhagen Transport to Greater Copenhagen Authority, Transport Division
Anders Schwarz Lausten 107

ÖPNV in Großbritannien – freier Wettbewerb und Konkurrenz um den Fahrgast
Nicole Rudolf und Dick Dunmore 133

Diskussionsergebnisse der Arbeitsgruppen
Volker Eichmann und Manuela Rottmann 165

Vergaberecht in Europa – Gerichtsentscheidungen und Novellierung der EU-VO 1191/69
Oliver Mietzsch 169

Aktuelle Problematiken der ÖPNV-Finanzierung
Urteile – Sachverhalte – Lösungen?
Martin Weinert 181

Podiumsdiskussion – Zusammenfassung
Volker Eichmann 193

Verzeichnis der Referenten und Autoren 197

Zu diesem Band

Die Entwicklung des europäischen Rechtsrahmens hat in den letzten Jahren erhebliche Auswirkungen auf die Gestaltung des deutschen öffentlichen Personennahverkehrs (ÖPNV) gehabt. Auch in naher Zukunft sind weitere Veränderungen zu erwarten. Vor dem Hintergrund national ganz unterschiedlicher Ausgangssituationen sind mit den europäischen Rahmenbedingungen auch in den anderen EU-Staaten Erfahrungen gesammelt worden. Die nationalen Unterschiede beeinflussen die Entwicklung des ÖPNV natürlich unterschiedlich, dennoch sind mit dem Weg hin zu mehr Wettbewerb und Liberalisierung gemeinsame Leitlinien bereits erkennbar.

Diese Dokumentation einer Difu-Fachtagung bietet einen Überblick über die unterschiedlichen Organisationsstrukturen des ÖPNV. Sie zeigt weiterhin am Beispiel der Länder Österreich, Italien, Frankreich, Dänemark und Großbritannien die bisherigen Erfahrungen mit den verschiedenen Entwicklungspfaden auf. Zum Abschluss eröffnet sie einen Ausblick auf zu erwartende Entwicklungen und beleuchtet die Frage, welche positiven und auch negativen europäischen Erfahrungen für den deutschen ÖPNV von Relevanz sind.

Volker Eichmann

Einführung

Der Prozess der Bahnreform und der Regionalisierung des ÖPNV sowie die Änderungen des europäischen Rechtsrahmens für den ÖPNV haben in der deutschen Nahverkehrslandschaft in den letzten Jahren für erhebliche Bewegung gesorgt. Kommunen in ihrer Eigenschaft als ÖPNV-Aufgabenträger und Verkehrsunternehmen sind seit Beginn dieser Entwicklung vielfach in intensive Diskussionen verstrickt, es geht um Fragen der Interpretation des Rechtsrahmens bis hin zur grundsätzlichen Sinnhaftigkeit des damit verbundenen Wettbewerbs um ÖPNV-Leistungen. Das Meinungsspektrum reicht dabei von vehementen Befürwortern eines liberalisierten und wettbewerblich organisierten ÖPNV bis hin zu Verfechtern der traditionell dominierenden Rolle vor allem kommunaler Unternehmen. Auch die Auswirkungen werden diametral verschieden prognostiziert – erwarten Befürworter des Wettbewerbs oft einen effizienteren und attraktiveren ÖPNV für die Fahrgäste, befürchten Gegner oft den Abbau von sozialen Standards und ein abgesenktes Qualitätsniveau. Gerade Gerichtsentscheidungen und die Zwischenergebnisse der Entwicklung des europäischen normativen Rahmens beleben die deutsche Diskussion immer wieder.

Im europäischen Ausland wird diese Diskussion zum Thema „ÖPNV und Wettbewerb" vielfach mit wenig Verständnis verfolgt. Auch die internationale Fachpresse geht im Vergleich zu deutschen Fachmedien eher selten auf diese Thematik ein. Deutsche Vertreter in Brüssel konstatieren immer wieder fehlendes Interesse dort für dieses in Deutschland so umstrittene Thema. Das hat verschiedene Ursachen. Zu differenzieren ist dabei zwischen den grundsätzlichen Unterschieden und der Diskussion über die staatliche Gewaltenteilung in den Mitgliedsstaaten und der EU einerseits und den fachspezifischen Entwicklungen im ÖPNV andererseits.

Die Rolle der kommunalen Akteure ist in Deutschland ausgeprägter als in vielen anderen EU-Staaten, in denen kommunale Gebietskörperschaften vergleichsweise wenige Funktionen haben oder aufgrund ihrer geringen Größe stark auf die übergeordneten staatlichen Ebenen angewiesen sind. Die Diskussion um die künftige Rolle der Kommunen in Europa wird deshalb auch von deutschen kommunalen Vertretern maßgeblich mitgestaltet. Immerhin müssen die Kommunen mit der Mehrzahl der Brüsseler Verordnungen umgehen und arbeiten, von daher besteht großes Interesse an der Mitgestaltung des Prozesses. Quer durch die politischen Lager wird dabei der Vorwurf laut, dass kommunale Interessen gerade im Bereich der Daseinsvorsorge in Brüssel von der EU-Kommission nicht hinreichend beachtet werden. Diese Diskussion wird aber nicht nur primär in Deutschland geführt, in allen anderen EU-Staaten ist dieses Thema ebenfalls in der Diskussion und spielt eine wesentliche Rolle – unabhängig von der Frage des öffentlichen Nahverkehrs. Die genaueren Hintergründe dieser Diskussion, die auch demokratietheoretische Aspekte und Probleme der Akzeptanz aufgreift, sollen hier nicht weiter erläutert und vertieft werden, auch wenn sie natürlich die fachspezifische Diskussion im Bereich des ÖPNV beeinflussen.

Im ÖPNV wird diese Diskussion weitgehend von deutschen und auch österreichischen Vertretern bestritten. Zwar ist der Nahverkehr auch in den anderen EU-Staaten vorwiegend eine kommunale und regionale Aufgabe, die Brüsseler Vorgaben und die Entscheidungen des EuGH zum ÖPNV werden aber vor allem hierzulande stark entlang der oben bereits umrissenen Fronten diskutiert. Ein wesentlicher Grund dafür ist, dass sich die Wettbewerbsproblematik in vielen EU-Staaten nicht stellt. In manchen Staaten sind die Ausschreibung von ÖPNV-Leistungen und der Einsatz von Vergabeverfahren bereits langjährig eingespielt – so vor allem in Dänemark, Schweden und Großbritannien. Andere Staaten wiederum haben die Rolle von Staat und Unternehmen wesentlich eindeutiger festgelegt und damit auch die Aufgaben der Akteure klar definiert – ein Beispiel dafür ist Frankreich, das den ÖPNV eindeutig als staatliche Aufgabe definiert hat und wo die Unternehmen eine eindeutige Rolle als ausführende Akteure staatlicher Planung haben. Diskussionen um die Zuordnung etwa der in Deutschland besonders umstrittenen Bereiche der Planung und des Marketings sind damit kaum nötig und werden nicht geführt. Es fällt auch auf, dass in anderen europäischen Ländern die oben erwähnte grundsätzliche Diskussion zur kommunalen Rolle wesentlich weniger den ÖPNV betrifft oder ihn als Beispiel heranzieht. Die Vermutung liegt nahe, dass im ÖPNV weniger die Entwicklung des europäischen normativen Rahmens, als vielmehr die spezielle deutsche Situation der Auslöser der eingangs erwähnten Diskussion ist. Und in der Tat geht der deutsche Rechtsrahmen zwar grundsätzlich von einer privatwirtschaftlichen, gewerblichen Erbringung von ÖPNV-Leistungen aus, die faktische Umsetzung erfolgt aber überwiegend nur mittels öffentlicher Gelder. Diese Konstellation ist so kaum in anderen Ländern zu finden.

Insgesamt sind die Entwicklungen und der spezifische Rechtsrahmen im europäischen Ausland in Deutschland noch vielfach unberücksichtigt geblieben. Dabei sind dort viele Erfahrungen in unterschiedlichen Themenfeldern gesammelt worden, die auch dem deutschen ÖPNV Hilfestellungen geben können, gerade weil sie oft Aspekte betreffen, die hierzulande erst allmählich an Bedeutung gewinnen. Andere Länder haben bereits Erkenntnisse aus wettbewerblichen Verfahren, sie können auch von den Auswirkungen berichten; ihre Erfahrungen helfen dabei, Fehler zu vermeiden.

Ziel der zusammen mit der Deutschen Akademie für Verkehrswissenschaft, Hamburg, sowie mit Unterstützung des Deutschen Städtetages durchgeführten Fachtagung „Europäischer Nahverkehr: Planung – Organisation – Finanzierung", deren Beiträge mit diesem Band vorliegen, war es daher, die europäischen Erfahrungen in den Bereichen des Wettbewerbs, der Planung und Integration des ÖPNV in die gesamte Verkehrs- und Siedlungsplanung sowie der Aufgabenteilung zwischen Unternehmen und politisch verantwortlicher Ebene den deutschen Kommunen und Aufgabenträgern zugänglich zu machen. Die Beiträge der Referentinnen und Referenten aus verschiedenen europäischen Ländern stellen daher die Situation der ÖPNV-Planung, -Organisation und -Finanzierung in den jeweiligen Ländern vor. Sie sollen helfen, Antworten vor allem auf folgende Fragen zu finden:

- Wie sehen die rechtlichen und finanziellen Rahmenbedingungen in den europäischen Staaten aus, welche Modelle gibt es?

- Wie funktioniert das Zusammenspiel zwischen politischen und unternehmerisch verantwortlichen Akteuren in den verschiedenen Ländern?

- Welche Erfahrungen gibt es mit Planung und Organisation unter wettbewerblichen Rahmenbedingungen?

- Von welchen Erfahrungen können deutsche Aufgabenträger profitieren, wo liegen die Vor- und Nachteile verschiedener Organisations- und Planungsformen?
- Wie wird im europäischen Ausland der Umbau bisheriger Strukturen bewerkstelligt, wie werden damit verbundene Probleme gelöst?

Die Beiträge bieten dazu einen ersten Überblick und sollen zur vertieften Diskussion und Beschäftigung mit europäischen Erfahrungen anregen. Sie sollen auch bei der Vorbereitung auf künftige Entwicklungen und Rahmenbedingungen helfen. Ein Teil der Folien und Texte wurde in englischer Sprache belassen, eine komplette Übersetzung war leider nicht möglich.

Den Einstieg bietet der Beitrag von *Didier van de Velde* von der TU Delft aus den Niederlanden. Er eröffnet einen Überblick über die unterschiedlichen Marktordnungen und den rechtlichen Rahmen in verschiedenen europäischen Ländern. Er zeigt deutlich die Unterschiede auf, die zwischen den Ländern bestehen, sei es bei den Marktzugangsformen oder den Differenzen zwischen marktinitiierten und behördeninitiierten Verkehren. Deutlich wird die Problematik des speziellen derzeitigen deutschen Modells grundsätzlich marktinitiierter Verkehre, die aber überwiegend auf öffentliche Zuschüsse angewiesen sind.

Seit Jahren Erfahrungen mit der wettbewerblichen Vergabe von ÖPNV-Leistungen auf Basis staatlicher bzw. regionaler und kommunaler Vorgaben haben die skandinavischen Länder. Dort werden die Erfahrungen als überwiegend positiv eingeschätzt, neben Kostenreduzierungen wird vor allem die verbesserte Transparenz als Ergebnis geschätzt. In seinem Beitrag stellt *Henning Palm* von der KCW GmbH, Hamburg/Berlin, seine Recherche zu den Ergebnissen in den skandinavischen Ländern vor und zieht einen europäischen Vergleich.

Ähnlich wie in Deutschland, aber dennoch mit spezifischen Eigenheiten verläuft die Diskussion in Österreich. Auch dort wird über die Novellierung des rechtlichen Rahmens für den ÖPNV vehement diskutiert und gestritten. Einen Überblick über die österreichische Entwicklung bietet der Beitrag von *Gerhard Fritz*, innconsult, Innsbruck. Er zeigt die heutigen, teilweise widersprüchlichen Grundlagen des österreichischen ÖPNV auf und gibt einen aktuellen Überblick über den Anpassungsprozess an europäische Vorgaben.

Traditionell staatlich erbracht wurde und wird vielfach der ÖPNV in Italien. Inzwischen erfolgt aber auch dort der Übergang zur zunehmenden wettbewerblichen Vergabe. Erste Erfahrungen positiver und negativer Art sowohl im straßengebundenen ÖPNV als auch im Eisenbahnbereich stellt *Franco Repossi* von der Region Lombardei in seinem Beitrag dar. Die Quintessenz seines Beitrags ist ebenfalls die Bedeutung von Transparenz und Effizienz.

Ausschließlich auf staatlicher Initiative basiert der französische ÖPNV. Die geringe Größe vieler französischer Gemeinden hat zudem bereits frühzeitig zu einer regionalen und auf gesamte Ballungsräume bezogenen Sichtweise geführt, kongruent damit einher ging die Abkehr von klassischen zentralistisch angelegten Steuerungsmodellen. Mit der „versement du transport" hat man zudem bereits seit Jahren ein auch im Ausland interessiert verfolgtes Modell der ÖPNV-Finanzierung, dessen sichtbarste Auswirkung die in den vergangenen Jahren in vielen französischen Städten wieder eingeführten Straßenbahnnetze sind. *Ulrich Noelle* und *Thierry Gouin* vom Centre d'études sur les réseaux, les transports, l'urbanisme et les constructions publiques (CERTU) in Lyon berichten in ihrem Beitrag über die Auswirkungen der Dezentralisierung auf die Entwicklung des französischen Nahverkehrs.

Eines der bekanntesten Beispiele aus Skandinavien ist der Kopenhagener Stadtverkehr, der bereits seit Jahren über Ausschreibungen gesteuert wird. *Anders Schwarz Lausten* von Hovedstadens Udviklingsråd (HUR) berichtet über die dort gemachten Erfahrungen mit Ausschreibungen, Vergabeverfahren und Qualitätsstandards. Interessant sind besonders die aus der bereits mehrfachen Vergabe über die Jahre erwachsenen Erkenntnisse, auch im Bereich des Controllings von Leistungen.

Großbritannien wird – je nach Standpunkt – als gelungenes oder abschreckendes Beispiel der privaten Erbringung von Dienstleistungen im öffentlichen Interesse betrachtet. Während in London Verkehre zentral geplant und ausgeschrieben werden, herrscht im übrigen England freier Wettbewerb „auf der Straße". *Nicole Rudolf* und *Dick Dunmore* von der Londoner Beratungsfirma Steer Davies Gleave Ltd. berichten über die dort gemachten Erfahrungen mit dem freien Wettbewerb sowie mit der Vergabe von Schienenverkehrsleistungen und Londoner Busleistungen. Sie zeichnen kein Schwarz-weiß-Bild, sondern heben sowohl Vor- als auch Nachteile deutlich hervor.

Welche Entwicklungen der Rechtsrahmen des ÖPNV in Deutschland und in Europa derzeit nimmt, beschreiben abschließend die Beiträge von *Oliver Mietzsch* vom Deutschen Städtetag und von *Martin Weinert*. Neben aktuellen Gerichtsurteilen stellt Mietzschs Beitrag vor allem den derzeitigen Stand der Novellierung der EU-Verordnung 1191/69 dar, die für den ÖPNV eine zentrale Bedeutung hat.

Eine abschließende Podiumsdiskussion diente auf der Fachtagung dazu, die Übertragbarkeit sowie die Risiken und Chancen ausländischer Konzepte aus unterschiedlichen Blickwinkeln zu vertiefen. Eine der Kernfragen dieser Diskussion sollte es sein zu klären, wie die Erfahrungen der europäischen Nachbarn für den deutschen ÖPNV genutzt werden können, wo es positive und wo es negative Entwicklungen gab und wie in Deutschland daraus gelernt werden kann. Thema der Diskussion waren ebenso die Frage des Mit- oder Gegeneinanders der wesentlichen Akteure des deutschen ÖPNV und die Suche nach gemeinsamen Standpunkten. Teilnehmer dieser Podiumsdiskussion waren *Oliver Mietzsch*, Verkehrsreferent des Deutschen Städtetages, *Gunther Mörl*, Geschäftsführer des Bundesverbands Deutscher Omnibusunternehmen, *Arnd Schäfer* vom Verkehrsverbund Berlin-Brandenburg (VBB), zugleich Geschäftsführer der BAG SPNV (Bundesarbeitsgemeinschaft der Aufgabenträger im Schienenpersonennahverkehr), *Dirk Schlömer*, Bereichsleiter Personenverkehr der Gewerkschaft Transnet, *Jan Werner*, Geschäftsführer des Beratungsunternehmens KCW GmbH, sowie *Reiner Zieschank*, Geschäftsführer der Dresdner Verkehrsbetriebe AG und Leiter der Landesgruppe Südost des VDV (Verband Deutscher Verkehrsunternehmen). Die wesentlichen Inhalte und Statements dieser Diskussion sind am Ende dieses Bandes in komprimierter Form zusammengefasst.

Didier M. van de Velde

Organisationsformen und unternehmerisches Handeln im Bereich des öffentlichen Verkehrs

Einleitung

In den letzten zwanzig Jahren unterlag die Organisation des öffentlichen Nah- und Regionalverkehrs in Europa gravierenden Veränderungen. Eine Gemeinsamkeit dieser Veränderungen war zunehmend der Einzug des Wettbewerbs in irgendeiner Form. Dieser lässt sich im Großen und Ganzen in zwei Bereiche unterteilen: den „Wettbewerb *im* Markt" und den „Wettbewerb *um* den Markt", wobei allerdings die in den verschiedenen Ländern heute umgesetzten Organisationsformen eine größere Vielfalt aufweisen als es diese Einteilung vorgibt. Während der „Wettbewerb *im* Markt" den Betreibern die Möglichkeit gibt, Dienstleistungen nach ihren Vorstellungen zu entwickeln, schreiben die nach dem „Wettbewerb *um* den Markt" funktionierenden Systeme meistens ziemlich genau vor, welche Dienstleistungen bereitzustellen sind, wobei diese jedoch in ihrer Anwendung beträchtlich voneinander abweichen.

Außer Großbritannien, wo freier Wettbewerb *im* Markt, Privatisierung und Deregulierung eingeführt wurden, haben sich die westeuropäischen Länder, in denen der Wettbewerb eingeführt wurde, verschiedener Formen regulierter Systeme unter Nutzung des „Wettbewerbes *um* den Markt" bedient. Derartige Systeme werden in breitem Umfange gegenwärtig in Schweden, Dänemark, Frankreich und den Niederlanden angewandt, während in anderen Ländern die Anwendung solcher Systeme entweder in der Planungs- oder Wachstumsphase ist (Deutschland). Die für Verkehr zuständigen Behörden können sich im Rahmen dieser Systeme – wenn sie wollen – sämtliche Kompetenzen zur Festlegung der Verkehrsdienstleistungen erhalten bzw. verschaffen. Dazu gehört die politisch wichtige Definition der gesellschaftlichen Aufgabe des öffentlichen Nahverkehrs. Innerhalb dieser Systeme werden dann wettbewerbliche Ausschreibungsverfahren genutzt, um effiziente Betreiber für die Realisierung von Leistungen auszuwählen, die meist von den Behörden selbst oder ihren Planungsbüros zentral geplant werden.

Ein entscheidender Nachteil liegt – sowohl bei den im staatlichen Eigentum befindlichen Monopolen als auch bei dem neuen System der Ausschreibungsverfahren auf der Grundlage zentraler Planung – in der Gefahr, dass beiden Systemen aufgrund monopolistischer Tendenzen und bürokratischer Unbeweglichkeit der Anreiz fehlt, auf die Bedürfnisse des Marktes einzugehen. Als entscheidender Nachteil des deregulierten Systems (in der in Großbritannien seit 1986 angewandten Form) wird hingegen die Gefahr empfunden, dass auf den Bedarf des Marktes nur unzureichend eingegangen wird, und zwar aufgrund eines grundsätzlich anderen Problems – des Marktversagens.

Obgleich sich die jeweils für einzelne Strecken durchgeführten Ausschreibungen, wie sie in Skandinavien und London praktiziert wurden, in der Tat als produktivitätssteigernd erwiesen haben, blieben jedoch entscheidend höhere Fahrgastzahlen aus, selbst wenn man einräumt, dass dieses System insgesamt offenbar besser abschneidet als der im übrigen Großbritannien herrschende freie Wettbewerb. Ohne die Bedeutung von Umsetzungsmechanismen bestreiten zu wollen, mit denen einer mangelhaften Effizenz der Leistungsbereitstellung – die häufig aus regulatorischem Versagen herrührt – begegnet werden soll, soll an dieser Stelle empfohlen werden, der Anwendung von Umsetzungsmechanismen stärkere Beachtung zu schenken, die den tatsächlichen Bedarf des Marktes aufdecken. Dies wird häufig vergessen, und da Regulierungsreformen im Bereich des öffentlichen Verkehrs meist aus politischen Bedenken angesichts wachsender Defizite heraus entstehen, führt dies leicht zu einer falschen Diskussion, bei der „Wettbewerb *um* den Markt" als *die* Alternative schlechthin zum „Wettbewerb *im* Markt" gesehen wird. So einfach ist die Angelegenheit allerdings nicht.

Leider sind die gegenseitigen Kenntnisse über die Organisationssysteme innerhalb Europas sowohl bei Behörden als auch bei Betreibern begrenzt. Dazu kommt ein Mangel an wirklich vergleichbaren Daten in Bezug auf die Leistungen, und beides gemeinsam behindert den gegenseitigen Lernprozess. In Anbetracht dieser mangelhaften Inspirationsquelle und der Tatsache, dass man von der britischen Deregulierung vielerorts keine hohe Meinung hat (oftmals bedingt durch die unzureichende Verfügbarkeit von Informationen) hat man sich in den meisten regulatorischen Reformprozessen, die die europäischen Länder in letzter Zeit eingeleitet haben, nicht für Deregulierung sondern – vielleicht eher unbewusst wie in den Niederlanden – für mehr Regulierung entschieden. Der in diesem Zusammenhang verwandte politische Sprachgebrauch lässt oft das Gegenteil vermuten, da die stärkere Einbindung des Privatsektors in streng kontrollierte Formen des Wettbewerbs *um* den Markt fälschlicherweise oft „Deregulierung" genannt wird (z.B. in Schweden).

In dieser Abhandlung werden im Interesse einer Einteilung zwei Rahmen erarbeitet, um so Licht in die Debatte um regulatorische Reformen im Bereich des öffentlichen Verkehrs zu bringen und einen Vergleich der verschiedenen Organisationsformen, die sich innerhalb der letzten fünfzehn Jahre herausgebildet haben, zu ermöglichen. Im Rahmen der Workshop-Präsentation wird beispielhaft eine Reihe ideal-typischer Organisationsformen dargestellt, in denen die Elemente der beiden vorhergehenden Rahmen miteinander kombiniert werden. Damit sollen sowohl die konzeptionellen Unterschiede zwischen den in verschiedenen Ländern gewählten Organisationsformen als auch die Rolle, die der Wettbewerb dabei spielt, deutlich werden.

Planungs- und Steuerungsebenen im öffentlichen Verkehr

Der öffentliche Verkehr ist eine am Markt angebotene Dienstleistung, d.h. es existiert ein Angebot und eine Nachfrage und es existiert ein Preis – selbst wenn dieser niedrig oder subventioniert ist –, der für die Nutzung der Dienstleistung gezahlt werden muss. Ähnlich wie bei anderen Waren- oder Dienstleistungsmärkten und ungeachtet der gesetzlichen und regulatorischen Rahmenbedingungen müssen zahlreiche Entscheidungen getroffen werden, bevor Personenverkehrsdienstleistungen angeboten und vertrieben werden können. Allgemein anerkannt ist, dass sich die Planungs- und Steuerungssysteme innerhalb von Unternehmen in hierarchisch angeordnete Arten der Geschäftätigkeit einteilen lassen, die sich je nach Umfang der Planungsvorhaben und je nach Planungshorizont voneinander unterscheiden. Dieses lässt sich ebenso wie bei anderen am Markt angebotenen Produkten auch auf den öffentlichen Verkehr anwenden. Auf der Grundlage verschiedener theoretischer Definitionen werden wir hier folgende Begriffe verwenden:

- *Strategische Ebene:* Die strategische Planung beschäftigt sich mit der Formulierung übergeordneter Ziele und der Bestimmung der im weitesten Sinne zur Erreichung dieser Ziele erforderlichen Mittel.
  Kurz gesagt: Was wollen wir erreichen?

- *Taktische Ebene:* Bei der taktischen Planung geht es darum, über die Beschaffung der Mittel, mit denen die übergeordneten Ziele erreicht werden können, zu beschließen und darüber zu entscheiden, wie diese Mittel am effektivsten eingesetzt werden können.
  Kurz gesagt: Welches Produkt kann uns bei der Erreichung der Ziele helfen?

- *Operative Ebene:* Sie stellt sicher, dass Aufträge und Anweisungen auf effiziente Weise umgesetzt werden.
  Kurz gesagt: Wie stellen wir dieses Produkt her?

In Abbildung 1 werden diese Ebenen auf den Bereich des öffentlichen Verkehrs übertragen, ohne jedoch bereits auf spezielle gesetzliche oder regulatorische Rahmenbedingungen einzugehen.

Die strategische Stufe ist das Herzstück des „unternehmerischen Handelns", und der Akteur, der für diese maßgeblichen Entscheidungen verantwortlich ist, ist der „Unternehmer", da er die Initiative für die Konzipierung und Bereitstellung der Dienstleistungen ergreift – und dabei in irgendeiner Form Risiken auf sich nimmt – und da er es ist, der zumindest die Hauptmerkmale der bereitzustellenden Dienstleistungen skizziert. Auf der taktischen Ebene werden diese Ziele in detaillierte Kenngrößen der Dienstleistungen übersetzt. Die eigentliche Gestaltung der Leistungen erfolgt auf dieser Ebene. Auf der operativen Stufe erfolgt die Umsetzung der taktischen Aspekte in das praktische Tagesgeschäft.

Abbildung 1:   Planungs- und Steuerungsebenen im Bereich öffentlicher Verkehr

Entsch.-phase	Allg. Beschr	Entsch. "Software"	Entsch. "Hardware"
Strategic Long term (5 years)	Was do we want to achieve?	**Allg. Ziele Aims** Verkehrspolitik Marktanteil Profitabilität **General service characteristics** Areas Target groups Intermodality	
Tactical Medium term (1-2 years)	Which services can help to achieve these aims?	**Detailed service characteristics** Fares Vehicles Image Routes Additional services Timetable	
Operation Short term (1-6 months)	How to produce these services?	**Sales** Selling activities Information to the public ...	**Production** Infrastructure management Vehicle rostering and maint. Personnel rostering and mngt

Wie bei jedem anderen Produktionsprozess können für jede der in der Tabelle dargestellten Entscheidungen einer oder mehrere Akteure verantwortlich sein. Allgemein kann die

Kette Strategie-Taktik-Operatives als eine Kette (bzw. eine Reihe von Ketten) der Auftragsdelegierung gesehen werden. Zahlreiche Organisationsformen dieser Kette von Auftraggebern und Auftragnehmern sind möglich, und dies wird mit der folgenden Einteilung anhand der Abgrenzung einer Reihe „reiner Organisationsformen" veranschaulicht, zu denen dann die real existierenden Organisationsformen in Beziehung gesetzt werden können.

Einteilung der Organisationsformen im öffentlichen Verkehr

Das in Abbildung 2 dargestellte Baumdiagramm zeigt eine globale Aufgliederung der Organisationsformen, wie sie im öffentlichen Verkehr in Europa zu finden sind. Das erste Unterscheidungsmerkmal in dem Diagramm ist die Aufspaltung in „Behörden-Initiative" und „Markt-Initiative". Diese Unterscheidung führt zu zwei grundlegend verschiedenen Organisationskategorien für das Angebot der Leistungen im öffentlichen Verkehr und hängt eng mit dem gesetzlichen Rahmen zusammen, in dem die Leistungen erbracht werden sollen. In behördlich initiierten Systemen verfügen die für Verkehr zuständigen Behörden über das *gesetzliche* Initiativmonopol, d.h. ein autonomer Eintritt in den Markt ist gesetzlich nicht möglich, und alle Leistungsangebote oder Markteintritte sind das Ergebnis einer bewussten, einseitigen Initiative der Behörden in Richtung auf eine Erbringung von Leistungen oder die Beauftragung derselben (dies ist dem Gesetz nach gegenwärtig beim öffentlichen Personennahverkehr in Frankreich und Belgien, aber auch seit 2001 in den Niederlanden der Fall). In marktwirtschaftlich initiierten Systemen basiert das Angebot an Verkehrsdienstleistungen auf dem Prinzip des selbstständigen Markteintritts, der aus einem Marktprozess mit mehr oder weniger regulatorischen Hürden für den Markteintritt resultiert (dies ist dem Gesetz nach gegenwärtig im öffentlichen Personennahverkehr in Großbritannien und Deutschland bzw. war bis 2001 in den Niederlanden der Fall).

Abbildung 2: Organisationsformen im öffentlichen Verkehr

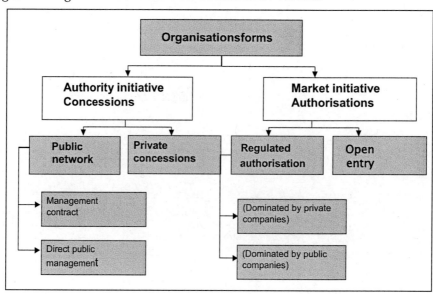

Ebenfalls ist anzumerken, dass bei allen in dieser Abbildung dargestellten Systemen Wettbewerbsausschreibungen zur teilweisen oder vollständigen Fremdvergabe der Leistungen zum Einsatz kommen können. Dies verdeutlicht, dass die Wettbewerbsausschreibung lediglich einen Auswahlmechanismus im Zusammenhang mit Outsourcing darstellt; es handelt sich dabei um eine Produktionsmethode, die jedem Initiator von Leistungen ungeachtet seiner Organisationsform offen steht, selbst jedoch keine Organisationsform ist. Konzessionsvergabe, Regulierung oder direkter Wettbewerb können somit nicht als Alternative zur Wettbewerbsausschreibung angesehen werden.

Marktinitiative

Die im Diagramm dargestellten, auf der Initiative des Marktes beruhenden Systeme haben gemeinsam, dass wirtschaftliche Dienstleistungen aus selbstständigen Marktprozessen heraus entstehen sollen.

Die Rolle der Behörden kann in diesen Systemen dreifacher Art sein:

- *Aufsichtsbehörde:* Die Behörde kann als Aufsichts- bzw. Regulierungsbehörde auftreten, indem sie die Tätigkeit unabhängiger Unternehmen am Markt steuert und entsprechend einschränkt (wie beispielsweise die von den deutschen Genehmigungsbehörden gewährten Genehmigungen).

- *Gewährung von Fördermitteln:* Die gleiche Behörde oder andere Behörden können einzelnen Nutzerzielgruppen Fahrpreisrabatte gewähren und/oder Verkehrsunternehmen subventionieren (z.B. durch Rabatte auf die Nutzung von Kraftstoff).

- *Anbieter/Lieferant:* Die Behörde kann in diesem System auch selbst Aufgaben übernehmen, indem sie als Anbieter fungiert. Dadurch wird die Behörde auf dem betreffenden Markt selbst zum Unternehmer – eine Situation, wie sie in einer Reihe von Ländern, beispielsweise Deutschland, durchaus üblich ist.

Bei den Markt-Initiativ-Systemen unterscheidet man zwischen vollständig wettbewerbsoffenen Systemen und Systemen mit Einschränkungen durch Genehmigungserfordernisse, bei denen den Betreibern mehr oder weniger dauerhafte und weit reichende Exklusivrechte eingeräumt werden.

Behörden-Initiative

Allgemein kennzeichnend für behördlich initiierte Systeme ist, dass die Dienstleistungen nur aus einer bewussten Handlung der Behörde heraus resultieren können. Dabei können keine Leistungen aus dem einfachen Wirken der Marktkräfte heraus entstehen, da keine gesetzlichen Regelungen existieren, die einen solchen unabhängigen Markteintritt möglich machen (ein solches gesetzliches öffentliches Initiativmonopol besteht in Frankreich). In diesem Sinne agiert die Behörde in diesem System als monopolistischer Unternehmer, da ohne Tätigwerden und Weisungen der Behörde keine Leistungen in Erscheinung treten. Innerhalb dieser Systeme kann man noch zwischen Formen unterscheiden, die entweder auf Konzessionsvergabe oder auf staatlichem Eigentum basieren.

Kombinationen

An dieser Stelle ist der Hinweis angebracht, dass mit der bis hierher vorgenommenen Einteilung lediglich eine Reihe reiner Organisationsformen dargestellt wurde. Wahrscheinlich wird es in der Praxis kein einziges Beispiel geben, das voll und ganz einer der in Abbildung 2 dargestellten Organisationsformen entspricht. Deshalb wird man nur durch sorgfältiges Lesen und Verstehen der gesetzlichen, regulatorischen und organisatorischen Rahmenwerke die notwendigen Informationen darüber erhalten können, in welchem Verhältnis die real existierende Organisationsform zu diesen reinen Organisationsformen steht. Zwischenformen mögen wünschenswert sein, sind auch möglich und existieren bereits. Wenn man sich die Praxis anschaut, wird darüber hinaus deutlich, dass mehrere Systeme in einem Gebiet auch nebeneinander bestehen können.

Eine andere Version, bei der Markt-Initiative mit Behörden-Initiative kombiniert ist, finden wir heute auch in der deutschen Gesetzgebung zum öffentlichen Verkehr. Entsprechend diesen gesetzlichen Bestimmungen erfolgt die Bereitstellung sämtlicher rentabler Leistungen über die unabhängige Marktteilnahme, die durch ein Genehmigungssystem reguliert wird. Darüber hinaus können dann auch nicht profitable Dienstleistungen erbracht werden, diese müssen jedoch durch die zuständige Verkehrsbehörde ausgeschrieben werden. Diese gesetzlichen Bestimmungen stimmen nicht immer mit der Realität überein, da der Unterschied zwischen profitablen und nicht profitablen Dienstleistungen durch verschiedene Förderungen und Quersubventionierungen verwischt wird.

Verwechslungen

Interessanterweise wird das Genehmigungssystem, sobald es von Unternehmen, die sich im Eigentum von Behörden befinden, dominiert wird, oft mit dem System der öffentlichen Verwaltung im Rahmen des Behörden-Initiativ-Systems verwechselt. Beide Organisationsformen sind einander in der Tat ähnlich, da in beiden Fällen sämtliche Leistungen von einem öffentlich-rechtlichen Unternehmen erbracht werden. Vom juristischen Standpunkt aus unterscheiden sich diese jedoch grundlegend. Das öffentlich-rechtliche Unternehmen im ersten Fall hat nur eine De-facto-Monopolstellung inne, während das Unternehmen im zweiten Fall eine De-jure-Monopolstellung einnimmt. Dynamisch betrachtet ist die Monopolstellung des öffentlich-rechtlichen Unternehmens im Genehmigungsfalle abhängig von der Geltungsdauer der Genehmigung bzw. von der Beibehaltung bestimmter Schutzregelungen, die sich auf das Bewilligungsverfahren für die Genehmigung beziehen. In diesem Sinne kann eine Bedrohung für den Markteintritt in dem Moment, in dem die Genehmigung erneuert wird, gesetzlich nicht ausgeschlossen werden. Bei dem öffentlich verwalteten Unternehmen existiert dagegen die Gefahr einer Bedrohung des Markteintritts rechtlich nicht.

Beispielhaft für eine solche Verwechslung ist die rechtliche Stellung der im Eigentum des französischen Staates befindlichen Verkehrsunternehmen (*Régies* und mit diesen verbundene Unternehmen) und der Stellung der öffentlichen Verkehrsbetriebe in Deutschland (*Stadtwerke* und mit diesen verbundene Unternehmen). Das französische Gesetz zum öffentlichen Verkehr (außerhalb der Region Paris), das auf dem Behörden-Initiativ-System basiert, gewährt der Verkehrsbehörde rechtlich Vorrang bei der Schaffung von Dienstleistungen für den Personenverkehr. Dabei wird der Behörde ebenfalls das Recht eingeräumt, darüber zu entscheiden, ob diese Verkehrsleistungen direkt von der Behörde (eigene Erbringung, oder Eigenbetrieb mit gesondertem öffentlich-rechtlichem Status) bereitgestellt werden, oder ob die Leistungen an einen anderen Betreiber (über ein spezielles Vergabeverfahren) delegiert werden. Das deutsche öffentliche Verkehrsrecht, das auf dem Grundsatz der Markt-Initiative beruht, gibt dem Markt den Vorrang in Bezug auf die Schaffung von Verkehrsdienstleistungen im Personenverkehr. Damit wird den behördeneigenen Unternehmen keinerlei gesondertes Recht auf die Erstinitiative eingeräumt. Jedoch haben die geringe Profitabilität dieser Dienstleistungen – Hand in Hand einerseits mit einigen Besonderheiten des deutschen Rechts, denen zufolge die bestehenden Versorgungsunternehmen bislang stark geschützt sind, und andererseits mit einer weit verbreiteten Praxis der Quersubventionierung des öffentlichen Verkehrs mit den Gewinnen anderer kommunaler Unternehmen bzw. Stadtwerke (wie beispielsweise Stromverteilung) – zu einer Situation geführt, in der öffentlich-rechtlichen Unternehmen in Deutschland nicht direkt eine Bedrohung aus der gesetzlich fixierten Forderung nach freier Ausschreibung aller nicht profitablen Dienstleistungen erwächst. Ändern könnte sich dies angesichts der gegenwärtig in Deutschland zu beobachtenden Tendenz in Richtung auf eine schärfere Auslegung des Gesetzes sowie durch die Wettbewerbsverschärfung auf dem Stromsektor, die eine Quersubventionierung bald unmöglich machen könnte. Das Beispiel verdeutlicht wiederum den vorstehend genannten Aspekt, nämlich dass ein hinreichendes Verständnis der gesetzlichen Rahmenbedingungen für die Analyse und Gestaltung der regulatorischen Reformen von wesentlicher Bedeutung ist.

Beispiele für Organisationsformen

Kombiniert man die oben dargestellten Planungs- und Steuerungsebenen mit den Aspekten, die im Hinblick auf die Einteilung der Organisationsformen erarbeitet wurden, lassen sich sowohl die bestehenden als auch die konzeptionellen Organisationsformen im Bereich des öffentlichen Verkehrs grafisch darstellen. Zur Veranschaulichung werden anlässlich des Workshops einige Organisationsformen vorgestellt.

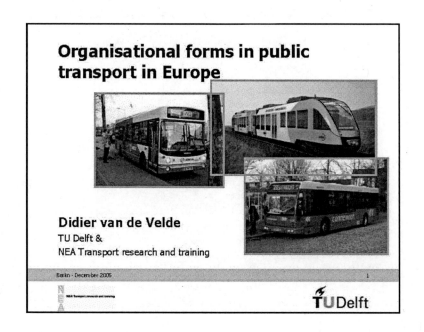

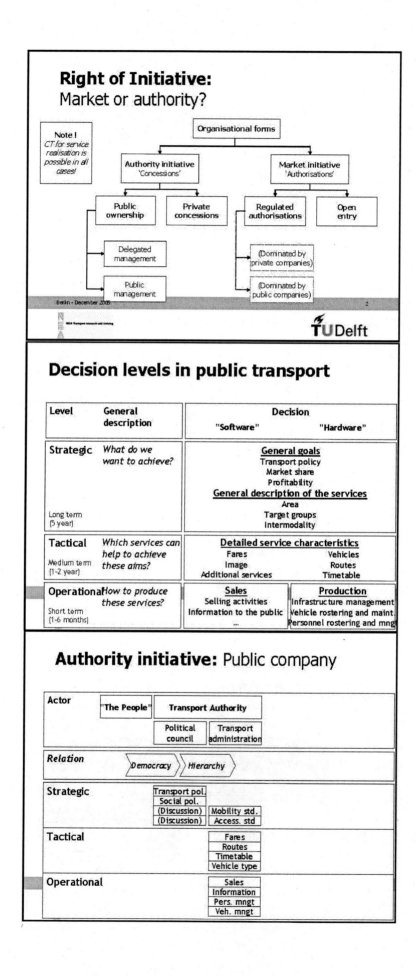

Authority initiative: Central planning with route-by-route CT

Actor	"The People"	Transport Authority		Transport operator
		Political council	Transport administration	Private cyes

Relation	Democracy	Hierarchy	Contract

Strategic		Transport pol. Social pol. (Discussion) (Discussion)	Mobility std. Access. std	
Tactical			Fares Routes Timetable Vehicle type	
Operational			Sales Information	Sales Information Pers. mngt Veh. mngt

(Competitive tendering)

Authority initiative: Central planning with separation and route-by-route CT

Actor	"The People"	Transport Authority		Admin. company	Transport operator
		Political council	Transport administration	Company owned by TA	Private cyes

Relation	Democracy	Hierarchy	Contract	Contract

Strategic		Transport pol. Social pol. (Discussion) (Discussion)	Mobility std. Access. std	(Suggestions) (Suggestions)	
Tactical				Fares Routes Timetable Vehicle type	
Operational				Sales Information	Sales Information Pers. mngt Veh. mngt

(Negotiations / Competitive tendering)

Authority initiative: Central planning with route-by-route CT

Actor	"The People"	Transport Authority		Transport operator
		Political council	Transport administration	Private cyes

Relation	Democracy	Hierarchy	Contract

Strategic		Transport pol. Social pol. (Discussion) (Discussion)	Mobility std. Access. std	
Tactical			Fares Routes Timetable Vehicle type	
Operational			Sales Information	Sales Information Pers. mngt Veh. mngt

(Competitive tendering)

Authority initiative: Central planning with route-by-route CT & dvlpt incentives

Actor				
	"The People"	Transport Authority		Transport operator
		Political council	Transport administration	Private cyes

Relation	Democracy → Hierarchy → Contract

Strategic	Transport pol. / Social pol. / (Discussion) / (Discussion)	Mobility std. / Access. std		
Tactical		Fares (Min. std.) (Min. std.) (Min. std.)	Competitive tendering	Routes / Timetable / Vehicle type
Operational		Sales / Information		Sales / Information / Pers. mngt / Veh. mngt

Authority initiative: Competitive tendering of the dvlpt and realisation

Actor				
	"The People"	Transport Authority		Transport operator
		Political council	Transport administration	Private cyes

Relation	Democracy → Hierarchy → Contract

Strategic	Transport pol. / Social pol. / (Discussion) / (Discussion)	Mobility std. / Access. std		
Tactical		(Min. std.) (Min. std.) (Min. std.) (Min. std.)	Competitive tendering	Fares / Routes / Timetable / Vehicle type
Operational		(Min. std.) (Min. std.)		Sales / Information / Pers. mngt / Veh. mngt

Authority initiative: Competitive tendering of the development and realisation (BR Franchising)

Actor					
	"The People"	Transport Authority		Admin. company	Transport operator
		Political council	Transport administration	Indep. organisation	Private cyes

Relation	Democracy → Hierarchy → Instructions → Contract

Strategic	Transport pol. / Social pol. / (Discussion) / (Discussion)	Mobility std. / Access. std			
Tactical			Translation	(Min. std.) (Min. std.) (Min. std.) (Min. std.)	Comp. tendering	Fares / Routes / Timetable / Vehicle type
Operational				(Min. std.) (Min. std.)		Sales / Information / Pers. mngt / Veh. mngt

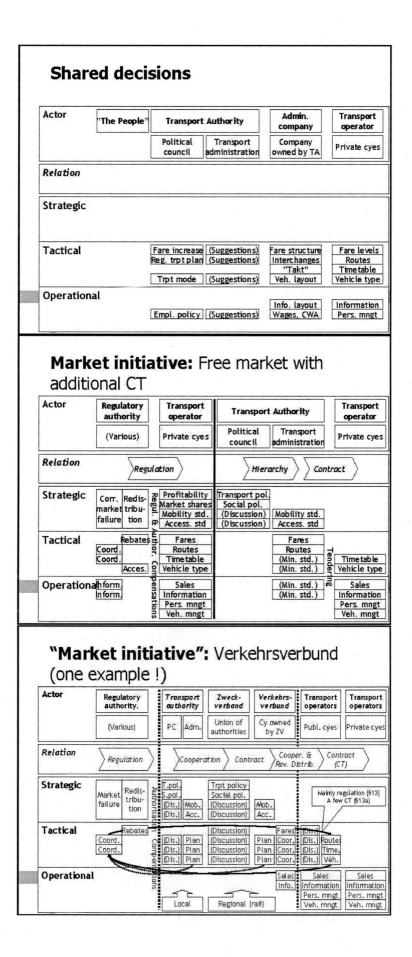

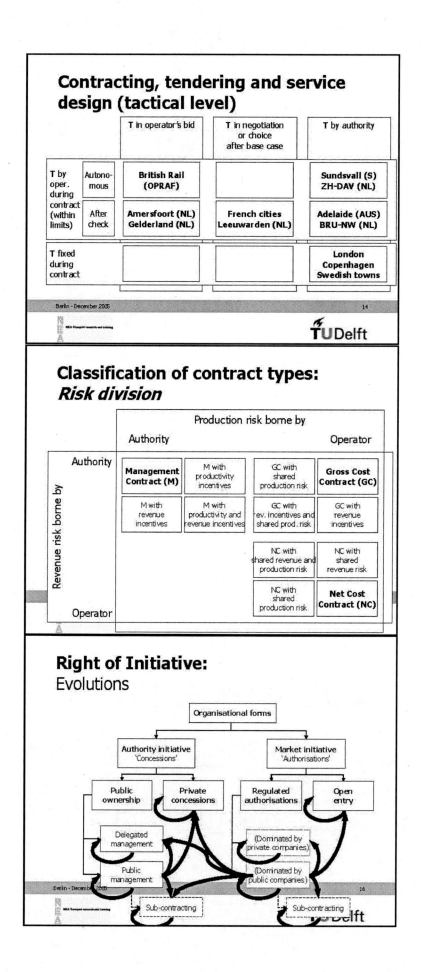

Henning Palm

Überblick über Ergebnisse wettbewerblicher Marktorganisation in Skandinavien

Ausschreibungswettbewerb ist als Marktform im deutschen ÖPNV seit geraumer Zeit im Gespräch. Die Diskussion bewegt sich dabei vor allem um die Fragen *„muss* ausgeschrieben werden?" und „bringt Ausschreibungswettbewerb finanzielle Vorteile?". Eine insgesamt eher skeptische Haltung gegenüber Ausschreibungen im ÖPNV spiegelt sich im Blick nach Dänemark und Schweden wider, wo bereits vor über 15 Jahren die ersten Verkehrsleistungen im Wettbewerb vergeben wurden. Zu den dortigen Marktergebnissen werden vielfach negative Einschätzungen abgegeben, von denen drei hervorstechen:

- Ausschreibungswettbewerb führe nur kurzfristig zu Einsparungen für die öffentliche Hand. Mittel- bis langfristig würde das vorherige Preisniveau wieder erreicht und sogar überschritten. Dies werde durch Preisanstiege von plus 40 Prozent bei jüngeren Ausschreibungen in Schweden belegt. Auch müssten die Kosten auf der Regieebene mit den Einsparungen im betrieblichen Bereich aufgerechnet werden.

- Ausschreibungswettbewerb gefährde die mittelständisch geprägte Anbieterstruktur. Der Wettbewerb um den niedrigsten Preis führe rasch zu einer Dominanz von Großkonzernen.

- Im Ausschreibungswettbewerb werde das Angebot von Behörden gestaltet, die nicht in der Lage seien, auf die Bedürfnisse der Fahrgäste einzugehen.

Übersehen wird vielfach, dass weder in Dänemark noch in Schweden ein Zwang für Aufgabenträger zur Ausschreibung gesehen wird. Die Möglichkeit zur Ausschreibung steht vielmehr in einem Systemwettbewerb zur Eigenproduktion durch aufgabenträgereigene Verkehrsunternehmen. Das Ergebnis dieses Systemwettbewerbs ist in beiden Ländern eindeutig: Die wettbewerbliche Marktorganisation dominiert. Interessant ist dabei vor dem Hintergrund der deutschen Diskussion, dass das Gewicht des Ausschreibungswettbewerbs bis heute in Dänemark und Schweden zunimmt. Jüngste Beispiele für den Übergang von der Eigenproduktion zum Ausschreibungswettbewerb sind die Städte Umeå und Århus.

Sowohl in Dänemark als auch in Schweden haben die Provinzen und Kommunen als ÖPNV-Aufgabenträger einen erheblichen Anteil an der Finanzierung des Verkehrsangebotes. Im System der wettbewerblichen Marktorganisation verfügen sie über geeignete Werkzeuge, um Mitteleinsatz und Gegenleistung unabhängig von einzelnen Verkehrsunternehmen zu justieren. Zentraler fachlicher Ansprechpartner der Aufgabenträger zu allen Fragen des Nahverkehrs ist ihre Regieinstitution, die als Teil der Verwaltung oder als privatrechtliche Gesellschaft ausgestaltet sein kann. Die Regieinstitutionen haben zur Umsetzung der Ziele der Aufgabenträger die umfassende Aufgabenverantwortung im ÖPNV. Die Aufgabenverantwortung ist mit einer ebenso umfassenden Finanzverantwortung verknüpft. Den Regieinstitutionen stehen zur Leistungsbestellung neben den Nahverkehrsbudgets der Aufgabenträger in den meisten Fällen auch die Fahrgelderlöse zur Verfügung. Die finanzielle Verflechtung von Zentralstaatlichkeit und den dezentralen Aufgabenträgern ist gering. Engagiert sich der Zentralstaat (wie z.B. in Schweden im Falle der Bestellung von interregionalen Eisenbahnverkehrsleistungen), fließen die Mittel den Regieinstitutionen oder den Aufgabenträgern zu.

Das Hauptinstrument zur Angebotsgestaltung sind die Verkehrsverträge, die die Regieinstitutionen mit Verkehrsunternehmen abschließen. Über die Verkehrsverträge lassen sich sämtliche aus Aufgabenträgersicht relevanten Angebotsparameter wirksam steuern.

Die Vergabe der Verkehrsverträge erfolgt im Rahmen wettbewerblicher Vergaben. Dies garantiert den Aufgabenträgern die Erbringung der Verkehrsleistungen zu echten Marktpreisen. Die daraus resultierende Unabhängigkeit der Aufgabenträger und ihrer Regieinstitutionen vom operativen Geschäft ermöglicht es ihnen, sich auf ihren öffentlichen Auftrag, der Versorgung von Bevölkerung und Wirtschaft in sämtlichen Landesteilen mit zufriedenstellenden Verkehrsleistungen, zu konzentrieren. Die Zielvorgaben, nach denen schwedische Regieinstitutionen arbeiten, spiegeln die Ziele der Verkehrspolitik unmittelbar wieder und weisen ein hohes Maß an Kontrollierbarkeit auf (z.B. Erhöhung der Kundenzufriedenheit auf 75 Prozent bis 2010). Da die Ziele gleichzeitig auch gegenüber der Öffentlichkeit transparent gemacht werden, entsteht ein hohes Maß an Verbindlichkeit.

Die Betrachtung der Entwicklung der Marktpreise für Nahverkehrsleistungen in Dänemark und Schweden ergibt meist folgendes Bild: Mit Einführung des Ausschreibungswettbewerbs erfolgte eine deutliche Senkung der Verkehrsleistungspreise, die ungefähr bis Ende der 1990er-Jahre anhielt. Seither ist ein Anstieg der Preise zu beobachten. Gleichwohl ergeben sich im Quervergleich von Städten, in denen ausgeschrieben wird, mit Städten, in denen die Verkehrsleistungen „in-House" erstellt werden, auch heute noch mitunter deutliche Preisnachteile der Eigenproduktion. Auch ist festzustellen, dass die Einführung von Wettbewerb zu einer dauerhaften Steigerung der Produktivität im Nahverkehrssektor geführt.

Dennoch stellt sich bei den anhaltenden Meldungen über Ausschreibungen in Schweden, die zu einer erheblichen Erhöhung der Kosten für die Aufgabenträger geführt hätten, die Frage nach deren Hintergrund. Die Vermutung, die Preissteigerungen seien Ergebnis einer Marktkonzentration („Oligopole"), erweist sich dabei als irreführend. Seit 1998 haben bei den drei größten Busunternehmen Schwedens wenigstens einmal die (Mehrheits-) Eigentümer gewechselt. Hauptgrund waren dabei meist verfehlte Renditeziele. Noch 2003 haben sämtliche Großanbieter ein negatives Jahresergebnis ausgewiesen. Auch ist zu beobachten, dass sich die deutlichen Kostensteigerungen nicht auf die ausgeschriebenen Verkehrsleistungen beschränken, sondern auch die Fälle von Eigenproduktion betreffen.

Weiterführend ist ein Blick auf die Entwicklung der Produktionskosten der Verkehrsunternehmen. Hier ist seit Ende der 1990er-Jahre insbesondere in den Bereichen Personal und Treibstoff ein erheblicher Anstieg zu verzeichnen. Im Verhältnis zum allgemeinen Verbraucherpreisindex, der in den schwedischen Verkehrsverträgen Grundlage der Preisfortschreibung war, hat sich seither eine Schere weit geöffnet. Mit den beobachteten sprunghaften Preisanstiegen bei der Neuvergabe von Verkehrsleistungen, die zuletzt Ende der 1990er-Jahre vergeben wurden, wurde diese Schere geschlossen.

Darüber hinaus ist festzuhalten, dass die schwedischen Aufgabenträger auch im Rahmen von Neuvergaben Wert auf qualitative Angebotsverbesserungen gelegt haben. Insbesondere hinsichtlich der Umwelt- und Sicherheitsausstattung sowie der Anpassung der Fahrzeuge an die Bedürfnisse mobilitätseingeschränkter Fahrgäste konnten weitere Fortschritte erzielt werden. Die Erfüllung der Qualitätsstandards erforderte von den Verkehrsunternehmen in vielen Fällen die Beschaffung von Neufahrzeugen.

In Bezug auf die Oligopol-Vermutung ist darauf zu verweisen, dass im Rahmen der jüngsten Ausschreibungsrunden sowohl Großanbieter als auch kleine und mittlere Verkehrsunternehmen erfolgreich waren. Dabei kam es auch in den Fällen zu deutlichen Preisanstiegen, in denen ausschließlich kleine und mittlere Unternehmen zu Zuge kamen.

Abschließend zur Frage der Preisentwicklung erscheint ein Quervergleich zu den jüngsten Ausschreibungsergebnissen in Dänemark lohnend. In Dänemark finden sich – trotz der prinzipiell gleichen Marktorganisation – keine Entsprechungen zu den deutlichen Preisanstiegen in Schweden. Die Auflösung liefert ein Vergleich der Regelungen zur Preisfortschreibung in den Verkehrsverträgen. Hier beziehen sich die dänischen Verträge nicht allein auf den Verbraucherpreisindex, sondern auf einen differenzierten „Warenkorb", mit dem die tatsächliche Kostenstruktur der Verkehrsunternehmen abgebildet wird.

Bei der Bewertung der Regiekosten fällt auf, dass diese im Verhältnis zum Gesamtbudget, das die einzelnen Regieinstitutionen zu verantworten haben, sehr gering sind. Der Anteil der Personalkosten der drei größten schwedischen Regieinstitutionen an deren Gesamtbudget liegt zwischen einem und 2,5 Prozent. Dabei decken die Regieinstitutionen häufig neben originären Regieaufgaben wie Angebotsplanung und Tarifgestaltung auch Aufgaben im Bereich der Fahrgastinformation ab.

Daneben ist zu berücksichtigen, dass ein zeitlicher und sachlicher Zusammenhang zwischen der Einrichtung der Regieinstitutionen und der Einführung von Ausschreibungswettbewerb in Dänemark und Schweden fehlt. In beiden Ländern wurden die Regieinstitutionen in den 1970er-Jahren geschaffen, um das zersplitterte Nahverkehrsangebot zu koordinieren. Die ersten Ausschreibungen folgten erst zehn bis 15 Jahre danach. In die Betrachtung der finanziellen Effekte des Ausschreibungswettbewerbs darf daher nur der Anteil des Regieaufwandes einfließen, der ursächlich auf die Ausschreibungen zurückzuführen ist. Dieser anteilige Aufwand für die Durchführung von Ausschreibungen und Vertragssteuerung ist, wie das Beispiel Kopenhagen zeigt, gering. Dies gilt auch im Verhältnis zu den Einsparungen im Verkehrsbetrieb.

Die Anbieterstruktur hat sich sowohl in Dänemark als auch in Schweden stark verändert. Die Anzahl der Anbieter ist insbesondere in Dänemark zurückgegangen, wo die staatliche Combus bis 2001 durch unterkalkulierte Angebote den Wettbewerb erheblich verzerrt hat. Dennoch bedienen private mittelständische Unternehmen in Dänemark und Schweden gemessen an ihrem Anteil am Busfuhrpark jeweils über ein Drittel des Marktes. Die Marktposition der kleinen und mittleren Unternehmen scheint stabil zu sein. Das dänische Verkehrsministerium konstatierte 2004: „Die jüngsten Ausschreibungsrunden deuten ... nicht darauf hin, dass die großen Anbieter weitere Marktanteile gewinnen."

Die größte Veränderung ist in Bezug auf die Marktanteile öffentlicher Verkehrsunternehmen zu beobachten. Anfang der 1990er-Jahre hatten diese einen Marktanteil von gut 80 Prozent in Schweden. Heute ist ihr Anteil auf rund zehn Prozent gesunken. Dass diese Entwicklung auch im Jahr 2005 noch anhält, zeigen die jüngeren Beispiele Polarbuss (Umeå) und Dalabuss (Provinz Dalarna), die nach Verlust ihrer Verkehrsleistungen aufgelöst wurden. Zu einem Großteil konnten Verkehrskonzerne von dieser Verschiebung der Marktanteile profitieren. In vielen Fällen traten diese unmittelbar als Erwerber öffentlicher Verkehrsunternehmen auf. Parallel zum Rückzug der öffentlichen Unternehmen ist der geöffnete Markt allerdings so stark gewachsen, dass auch kleine und mittlere Unternehmen hiervon profitieren konnten. Bemerkenswert ist, dass seit Beginn der Marktöffnung in Schweden kleine und mittlere Busunternehmen in branchenübergreifenden Wachstumsrankings immer wieder vordere Ränge einnehmen. Die großen Mittelständler wie Bergkvarabuss in Schweden oder Bent Thykjær in Dänemark konkurrieren mittlerweile erfolgreich mit den Verkehrskonzernen um Teillose von über 100 Bussen.

Die Marktergebnisse in Dänemark und Schweden sind durchweg ermutigend. Exemplarisch für eine insgesamt hohe Angebotsqualität sind die eingehaltenen Umweltstandards. Die Zusammensetzung der Busflotte im ÖPNV in den drei einwohnerstärksten Städten bzw. Regionen in Deutschland und Schweden nach eingehaltenen EURO-Abgasnormen ergibt folgendes Bild: Während in Schweden die Anteile von Fahrzeugen, die lediglich EURO I oder niedriger erfüllen, zwischen fünf und knapp 25 Prozent liegt, beträgt die entsprechende Spanne in Deutschland 40 bis gut 60 Prozent. Der tatsächliche Unterschied dürfte größer sein, da in der schwedischen Statistik die nicht dieselgetriebenen Fahrzeuge, die in der Regel besonders umweltverträglich sind (z.B. Gasbusse), noch nicht berücksichtigt sind.

Bemerkenswert ist daneben, dass Schweden das Land innerhalb der EU ist, das dem gemeinsamen Ziel eines Anteils von 5,75 Prozent regenerativer Kraftstoffe am gesamten Kraftstoffbedarf der Fahrzeugflotte bis 2010 bereits am nächsten gekommen ist. Der schwedische Nahverkehr leistet hierzu unter anderem durch eine stark zunehmende Verbreitung von biogas- und ethanolgetriebenen Fahrzeugen seinen Beitrag.

Die Fahrgäste äußern im europäischen Vergleich jeweils hinter Luxemburg die zweitgrößte Zufriedenheit (Schweden) bzw. die zweitniedrigste Unzufriedenheit (Dänemark). Die nationale Untersuchung „Kollektivtrafikbarometer" ist in Schweden 2002 zu dem Ergebnis gekommen, dass die Kundenunzufriedenheit im Nahverkehr auf einem Niveau mit anderen Dienstleistungsbranchen liegt. Daneben ist hervorzuheben, dass der Anteil der zufriedenen Kunden unter den jugendlichen Fahrgästen unter 20 Jahren am höchsten ist und dass die Fahrgäste dem Fahr- und Servicepersonal – trotz vermuteter negativer Anreizwirkung der üblichen Bruttoverträge – besonders gute Noten ausstellen.

Die Fahrgastzahlen sind im schwedischen ÖPNV bis 1993 zurückgegangen (wobei der Rückgang von 1992 auf 1993 durch die Umstellung der Statistik auf die Daten elektronischer Fahrscheindrucker überzeichnet ist). Seither ist jedoch ein deutlicher Aufwärtstrend zu verzeichnen.

Der Modal-Split gemessen in Personenkilometern hat sich in Dänemark und Schweden nach Angaben der Statistik von Eurostat in den letzten zehn Jahren zu Gunsten von Bus und Bahn entwickelt. Dabei ist zu berücksichtigen, dass in die Statistik neben dem überwiegend regulierten Eisenbahnfernverkehr und dem Busfernverkehr auch der Reisebusverkehr eingegangen ist. Gleichwohl sprechen die Zahlen gegen eine Fehlentwicklung im Nahverkehr.

In der Summe ist in Bezug auf die in Deutschland mitunter diagnostizierten Nachteile der wettbewerblich organisierten Märkte in Dänemark und Schweden festzuhalten, dass diese entweder unzutreffend sind oder in keinem ursächlichen Zusammenhang zum Ausschreibungswettbewerb stehen. Damit erscheint Ausschreibungswettbewerb für Nahverkehrsmärkte, die durch einen hohen öffentlichen Finanzierungsanteil gekennzeichnet sind, als geeignete Marktform. Die Unabhängigkeit der Aufgabenträger vom operativen Geschäft versetzt sie in die Lage, sich auf das Erreichen ihrer politischen Ziele zu konzentrieren. Für die effiziente Umsetzung der politischen Vorgaben steht dem Aufgabenträger mit seiner Regieinstitution ein zentraler Ansprechpartner zur Verfügung, bei dem Aufgaben- und Finanzverantwortung zusammengefasst sind. Mitteleinsatz und Gegenleistung werden über die abgeschlossenen Verkehrsverträge unmittelbar transparent. Schließlich ist über die wettbewerbliche Vergabe der Verträge der Bezug der Verkehrsleistungen zu echten Marktpreisen sichergestellt.

Marktorganisation
Systemwettbewerb in Dänemark und Schweden

- Nur wenige Beispiele von Eigenproduktion (u.a. Luleå, Skellefteå)
- **rd. 95%** aller Verkehrsleistungen sukzessive im Wettbewerb vergeben (Stand 2003)

Quelle: Alexandersson/Pyddoke, Leder upphandling till lägre kostnader?

Busverkehr:
- Eigenproduktion nur noch im Stadtverkehr Århus sowie in Teilen des Stadtverkehrs Odense; Århus kündigte 2005 Wechsel zum Ausschreibungswettbewerb an

Eisenbahn (Verkehrsministerium i.d.R. Aufgabenträger):
- Bisher nur Ausschreibung eines Teilnetzes in Mittel- und West-Jütland
- Zweites Teilnetz (Öresundzüge) wird derzeit ausgeschrieben

Steuerbarkeit durch Aufgabenträger
Effiziente Zielumsetzung

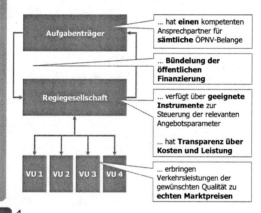

- ... hat **einen** kompetenten Ansprechpartner für **sämtliche** ÖPNV-Belange
- **Bündelung der öffentlichen Finanzierung**
- ... verfügt über **geeignete Instrumente** zur Steuerung der relevanten Angebotsparameter
- ... hat **Transparenz über Kosten und Leistung**
- ... erbringen Verkehrsleistungen der gewünschten Qualität zu **echten Marktpreisen**

Steuerbarkeit durch Aufgabenträger
Effiziente Zielumsetzung

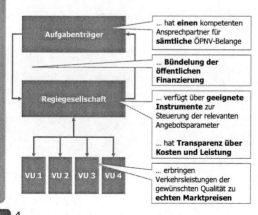

- ... hat **einen** kompetenten Ansprechpartner für **sämtliche** ÖPNV-Belange
- **Bündelung der öffentlichen Finanzierung**
- ... verfügt über **geeignete Instrumente** zur Steuerung der relevanten Angebotsparameter
- ... hat **Transparenz über Kosten und Leistung**
- ... erbringen Verkehrsleistungen der gewünschten Qualität zu **echten Marktpreisen**

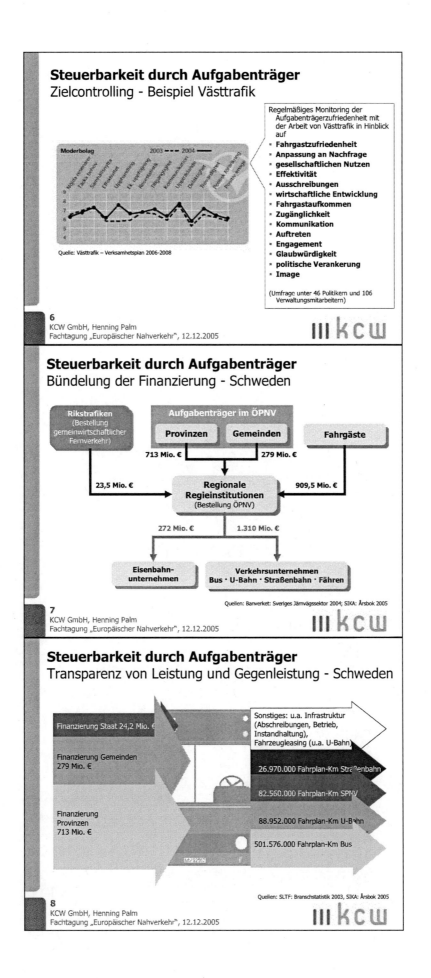

Preisfrage
Zahlt sich Wettbewerb aus? - Dänemark

Entwicklung der Kosten je Busstd. (Dkr, Preise=1998)

[Diagramm: HUR — Gesamt, exkl. HUR]

Quelle: Dänisches Verkehrsministerium, Trafikredegørelse 2004

9
KCW GmbH, Henning Palm
Fachtagung „Europäischer Nahverkehr", 12.12.2005

Preisfrage
Zahlt sich Wettbewerb aus? – Århus vs. Kopenhagen

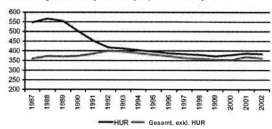

Preis je Busstunde in Århus (Eigenproduktion, 2005)	635 Kronen
Aktueller Preis je Busstunde in Kopenhagen (17. Ausschreibungsrunde 2005)	448 Kronen

Quellen: Pressemitteilung Århus Kommune: Rådmand Peter Thyssen: FOA misinformerer om busdrift, 10.11.2005; HUR

10
KCW GmbH, Henning Palm
Fachtagung „Europäischer Nahverkehr", 12.12.2005

Preisfrage
Zahlt sich Wettbewerb aus? – Schweden gesamt

Entwicklung der Kosten je Buskm (Durchschnittswerte)

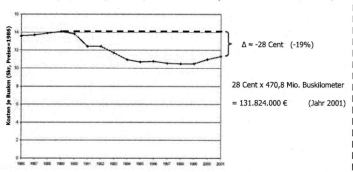

$\Delta \approx -28$ Cent (-19%)

28 Cent x 470,8 Mio. Buskilometer
= 131.824.000 €   (Jahr 2001)

11
KCW GmbH, Henning Palm
Fachtagung „Europäischer Nahverkehr", 12.12.2005

Preisfrage
Zahlt sich Wettbewerb aus? – Produktivität in Stockholm

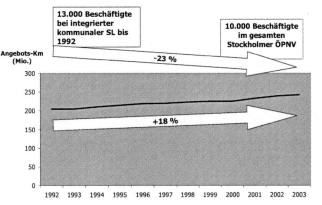

13.000 Beschäftigte bei integrierter kommunaler SL bis 1992

10.000 Beschäftigte im gesamten Stockholmer ÖPNV

−23 %

+18 %

Angebots-Km (Mio.)

Quellen: MARETOPE, Appendix B, Barriers and tools D4, S.252 ; www.sl.se; SLTF Branschstatistik

Preisfrage
Die „Post-Dumping"-Epoche in Schweden?

Jahr	Ausschreibung	Entwicklung Bestellerentgelt
2005	Regionalbusverkehr Skåne	+18%
2004	Regionalbusverkehr Uppland	+19%
2004	Umlandgemeinden Göteborg	+9%
2004	Stadtverkehr Lund	+18%
2003	Regionalbusverkehr Skåne	+22%
2003	Regionalverkehr Värmland (+ Stadtverkehr Kristinehamn u. Schülerverkehr Arvika)	+25%
2003	gesamter Busverkehr Kronoberg	+24%
2003	Regionalverkehr Norrbotten	+9%
2003	Teilnetze Stadtverkehr Göteborg	+15%
2003	gesamter Busverkehr Östergötland	+40%

 steigende Preise – ein Problem des Ausschreibungswettbewerbs?

„In den letzten Jahren sind die Kosten für den ÖPNV in Umeå relativ stark angestiegen. Die kostentreibenden Faktoren sind im Großen und Ganzen typisch für die gesamte schwedische Nahverkehrsbranche."
(Umeå Kommun, Verksamhetsplan, 27.10.2004, S.88)

Der Nahverkehr in Umeå ist 2005 erstmals im Wettbewerb vergeben worden.

→ **Preisanstieg ist unabhängig von der Marktorganisation**

ÖPNV-Konzerne – ein sicherer Anlagetipp?

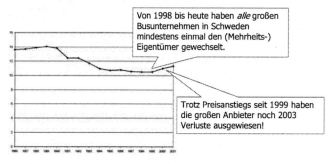

Von 1998 bis heute haben *alle* großen Busunternehmen in Schweden mindestens einmal den (Mehrheits-)Eigentümer gewechselt.

Trotz Preisanstiegs seit 1999 haben die großen Anbieter noch 2003 Verluste ausgewiesen!

→ **Der Markt beherrscht die „Großen"**

15
KCW GmbH, Henning Palm
Fachtagung „Europäischer Nahverkehr", 12.12.2005   ⅲ kcw

 1. Das Personal der Verkehrsunternehmen
2. Erdölproduzenten

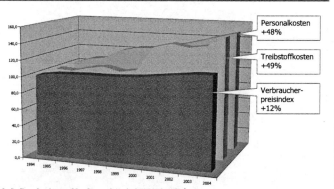

Personalkosten +48%

Treibstoffkosten +49%

Verbraucherpreisindex +12%

16   Quelle: Eigene Berechnung auf Grundlage von Daten des Statistiska Centralbyrån
KCW GmbH, Henning Palm
Fachtagung „Europäischer Nahverkehr", 12.12.2005   ⅲ kcw

 3. Fahrgäste
4. Allgemeinheit und Umwelt

Jahr	Ausschreibung	Entwicklung Bestellerentgelt	Qualitätsverbesserungen
2005	Regionalbusverkehr Skåne	+18%	teilw. EURO V, Niederflur, Rollstuhlplätze
2004	Regionalbusverkehr Uppland	+19%	ausschließlich Neufahrzeuge mit Klimaanlage
2004	Umlandgemeinden Göteborg	+9%	überwiegend Neufahrzeuge
2004	Stadtverkehr Lund	+18%	ausschließlich neue Gasbusse
2003	Regionalbusverkehr Skåne	+22%	Niederflur bei Neufahrzeugen, Sicherheitsgurte
2003	Regionalverkehr Värmland (+ Stadtverkehr Kristinehamn u. Schülerverkehr Arvika)	+25%	mehr als 80 Neufahrzeuge, „höhere Sicherheits- und Komfortanforderungen"
2003	gesamter Busverkehr Kronoberg	+24%	knapp 50% Neufahrzeuge
2003	Regionalverkehr Norrbotten	+9%	teilw. Niederflur, neue Doppeldecker
2003	Teilnetze Stadtverkehr Göteborg	+15%	überwiegend Neufahrzeuge, sehr anspruchsvolle Umweltstandards
2003	gesamter Busverkehr Östergötland	+40%	Umstellung auf Biogasbetrieb in größeren Städten

5. Ausschreibungsgewinner

Jahr	Ausschreibung	Entwicklung Bestellerentgelt	Zuschlag an
2005	Regionalbusverkehr Skåne	+18%	Connex, Arriva, **Isaksson, Thygesson**
2004	Regionalbusverkehr Uppland	+19%	**KR-Trafik**
2004	Umlandgemeinden Göteborg	+9%	**Buss i Väst, Tjörns Omnibuss, Orusttrafiken**
2004	Stadtverkehr Lund	+18%	**Bergkvarabuss**
2003	Regionalbusverkehr Skåne	+22%	**Bergkvarabuss, Thygesson, Olssons Buss**
2003	Regionalverkehr Värmland (+ Stadtverkehr Kristinehamn u. Schülerverkehr Arvika)	+25%	Swebus, **Förenade Buss**, Connex
2003	gesamter Busverkehr Kronoberg	+24%	Connex, ... **15 KMU**
2003	Regionalverkehr Norrbotten	+9%	**Centrala Buss**, Connex, **Granbergs**
2003	Teilnetze Stadtverkehr Göteborg	+15%	**Göteborgs Spårvägar (kommunal)**
2003	gesamter Busverkehr Östergötland	+40%	Connex, Orusttrafiken, ... **15 KMU**

Übersicht - Preisentwicklung in Dänemark

Jahr	Ausschreibung	Entwicklung Bestellerentgelt	Zuschlag an
2005	Nordjütland, Lokalverkehr	-2% bis -14 %	fünf KMU
2005	Ribe Amt, Stadt- und Regionalverkehr	-12%	Ribe Rutebiler, Nørre Nebel – Tarm – Skjern Busser, Bent Thykjær
2005	Provinz Århus, Regionalverkehr	-830 T€ p.a.	Connex, **De grønne Busser**, P. P. Busselskab, Todbjerg
2005	Südjütland, Stadt- und Regionalverkehr	-12%	Bent Thykjær, Iversen Busser, Bajstrup Rejser, Wulff
2004	Provinz Ringkjøbing, Lokal- und Regionalverkehr	-3%	acht KMU
2004	Nordjütland, Stadt- und Regionalverkehr	-4%	Wulff, fünf KMU
2004	Vejle Amt, Regional- und Lokalverkehr	-322 T€ p.a.	Bække Buslinier
2003	Provinz Storstrøm, Stadt- und Regionalverkehr	+2%	Arriva, Connex, Østtrafik
2003	Nordjütland, Regionalverkehr	+0,5 %	Tylstrup Busser

Preisfortschreibung – Beispiel Kopenhagen

Der Preisfortschreibungsindex setzt sich aus den folgenden Teilindizes zusammen

1) 8,1 % Verbraucherpreis-Teilindex für Instandhaltung und Reparaturen von Fahrzeugen
2) 3,3 % Verbraucherpreisindex
3) 7,0 % Preisindex für Kraftfahrzeugtreibstoff
4) 8,6 % Preisindex für gewerbliche Kraftfahrzeuge
5) 65,4 % Lohnindex für den privaten Sektor
6) 7,6 % Zinsentwicklung

   100,0 % Total

Quelle: HUR

KCW GmbH, Henning Palm
Fachtagung „Europäischer Nahverkehr", 12.12.2005

Regieaufwand
Gesamtaufwand und eigener Personalaufwand der drei größten Regieinstitutionen in Schweden

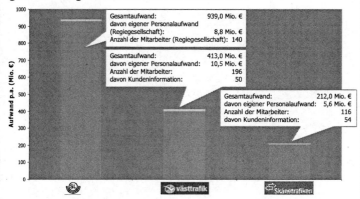

Quellen: Geschäftsberichte SL (2004), Västtrafik (2004), Skånetrafiken (2003)

Regieaufwand
Bedeutung für die Preisfrage

Kein zeitlicher und sachlicher Zusammenhang zwischen der Einrichtung der Regieinstitutionen und Ausschreibungswettbewerb:

- Einrichtung der Regieinstitutionen in Dänemark und Schweden bereits Mitte bis Ende der 1970er Jahre. Ziel: Bessere Abstimmung des zersplitterten ÖPNV-Angebotes.
- Erste Ausschreibungen 10 bis 15 Jahre später (ab 1989 in Schweden, ab 1990 in Kopenhagen und ab 1994 im übrigen Dänemark)

→ **Für die Preisfrage ist der Regieaufwand relevant, der vom Ausschreibungswettbewerb verursacht wird.**

Preisfrage
Gesamtbetrachtung – Großraum Kopenhagen

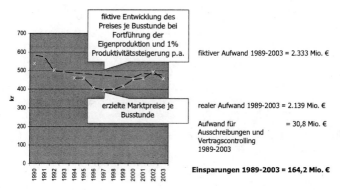

Quelle: Tetraplan: Besparelse ved udlicitering af bustrafik i Hovedstadsområdet 2005.

Anbieterstruktur
Anzahl der Busunternehmen

  650 Busunternehmen im ÖPNV, Fernlinien- und Reiseverkehr
Quelle: SIKA – Årsbok 2005

- heute gut **100** Busunternehmen im ÖPNV tätig (1988: rund 400)
  Quelle: Dänisches Verkehrsministerium, Trafikredegørelse 2004
- **Staatsversagen:** Unterkalkulierte Angebote der staatlichen **Combus** vor allem zu Lasten kleiner und mittlerer privater Anbieter – Combus wird das mit Abstand größte Busunternehmen (**35% Marktanteil**).
- Arriva und Connex übernehmen 2001 die konkursreife Combus.

Anbieterstruktur
Gesamtbetrachtung – Dänemark

%-Anteile am Busfuhrpark - 2005

kleine u. mittlere private Busunternehmen; 36
Verkehrskonzerne; 64

„Die jüngsten Ausschreibungsrunden deuten [..] nicht darauf hin, dass die großen Anbieter weitere Marktanteile gewinnen."
(dän. Verkehrsministerium, Trafikredegørelse 2004)

Quelle: Amtsrådsforeningens entreprenørstatistik, zitiert auf: http://myldretid.dk/nyheder/nr/358.

Anbieterstruktur
Gesamtbetrachtung – Schweden

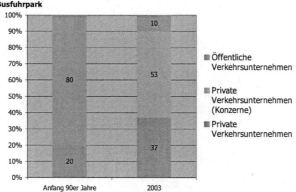

Quellen: SLTF: Kollektivtrafiken i Sverige 2002 S.19; BR: Statistik om bussbranschen 2003.

Anbieterstruktur
Erfolgreiche private Busunternehmen - Beispiele

Orusttrafiken (S)
- Im Jahr 2004 neuntplatziert auf der *branchenübergreifenden* Liste der Unternehmen, die über zehn Jahre hinweg am stärksten gewachsen sind (durchschnittliches Umsatzwachstum von 42% p.a.)
- 2002 an norwegische Staatsbahn veräußert

KR Trafik (S)
- *Branchenübergreifend* wachstumsstärkstes Unternehmen in der Provinz Jämtland 2005 (428% Umsatzwachstum in drei Jahren); Verfünffachung des Umsatzes zwischen 2001 und 2004
- Eigentümergeführt (seit 2003 Orusttrafiken mit 25% beteiligt)

Bergkvarabuss (S)
- Größtes eigentümergeführtes Busunternehmen Schwedens
- Ab Sommer 2006 Betreiber des gesamten Linienverkehrs der Provinz Blekinge (140 Busse)

Tapanis Buss (S)
- Branchenübergreifend wachstumsstärkstes Unternehmen der Provinz Norrbotten 2000 (936% Umsatzwachstum in drei Jahren)
- Mitglied der Kooperation „Centrala Buss"

Unibus (DK)
- gegründet 1986 mit einem Reisebus
- Wachstum auf über 100 Busse (1994) nach Erfolgen bei Ausschreibungen
- 1997 Verkauf an Arriva

Bent Thykjær (DK)
- gegründet Anfang der 1980er Jahre mit einem Taxi
- Mit 255 Bussen im ÖPNV heute drittgrößtes Busunternehmen in Dänemark

Steuerbarkeit durch Aufgabenträger
Zielvorgaben - Beispiele

- „Eines der Ziele von Västtrafik Göteborgsområdet ist, dass das Fahrgastaufkommen von 1999 bis 2005 um 15% steigen soll." (Västtrafik Geschäftsbericht 2003)
- „Das Ziel für das Jahr 2010 ist, dass mindestens 75 Prozent der Fahrgäste mit unserer Arbeit zufrieden sind und höchstens 10 Prozent unzufrieden." (SL, Geschäftsbericht 2004)
- „Spätestens im Jahr 2030 soll SL's gesamte Flotte von rund 1.800 Bussen mit erneuerbaren, umweltfreundlichen Treibstoffen fahren." (SL, Geschäftsbericht 2004)
- „Spätestens 2010 muss der ÖV zugänglich für mobilitätseingeschränkte Bürger sein" (Beschluss des schwedischen Parlamentes vom Dezember 2001).
- „Niemand soll in Folge von Straßenverkehrsunfällen zu Tode kommen oder sich ernsthaft verletzen" (Beschluss des schwedischen Parlamentes vom Oktober 1997).

Marktergebnisse
Fuhrparkstruktur nach Umweltstandards

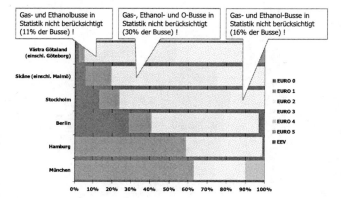

Quellen: Öko-Institut/Green goal; Fahrzeugdatenbank FRIDA

Marktergebnisse
Verbreitung von (Bio-) Gasbussen

Methangasbusse, Anteil an der Busflotte in acht Ländern

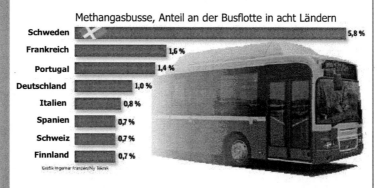

- Schweden: 5,8 %
- Frankreich: 1,6 %
- Portugal: 1,4 %
- Deutschland: 1,0 %
- Italien: 0,8 %
- Spanien: 0,7 %
- Schweiz: 0,7 %
- Finnland: 0,7 %

Grafik Ingemar Franzen/Ny Teknik

Quelle: Ny Teknik, 04/2004

Marktergebnisse
Kundenzufriedenheit - Schweden

SLTF-Kollektivtrafikbarometer

- Befragung von 29.600 Bürgerinnen und Bürgern (2002) zwischen 15 und 75 Jahren
- 65% der Fahrgäste sind zufrieden
- Ein Zehntel aller Befragten sind unzufrieden mit dem ÖPNV. Der ÖPNV liegt damit auf einem Niveau mit anderen Dienstleistungsbranchen.
- Höchste Zufriedenheit bei Jugendlichen unter 20 (67%)
- 70% der Fahrgäste mit Fahr- und Servicepersonal zufrieden

Marktergebnisse
Globalzufriedenheit der ÖPNV-Fahrgäste

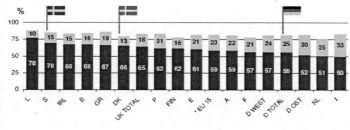

Land	Zufrieden	Unzufrieden
L	78	10
S	70	15
IRL	68	15
B	68	16
GR	67	19
DK	66	13
UK TOTAL	65	18
P	62	21
FIN	62	16
E	61	21
*EU 15	59	23
A	59	22
F	57	21
D WEST	57	24
D TOTAL	56	25
D OST	52	30
NL	51	25
I	50	33

Quelle: Eurobarometer 58 im Auftrag der EU-Kommission – Sonderausgabe, Dezember 2002
„Die Meinung der Verbraucher über die Dienstleistungen der Daseinsvorsorge"

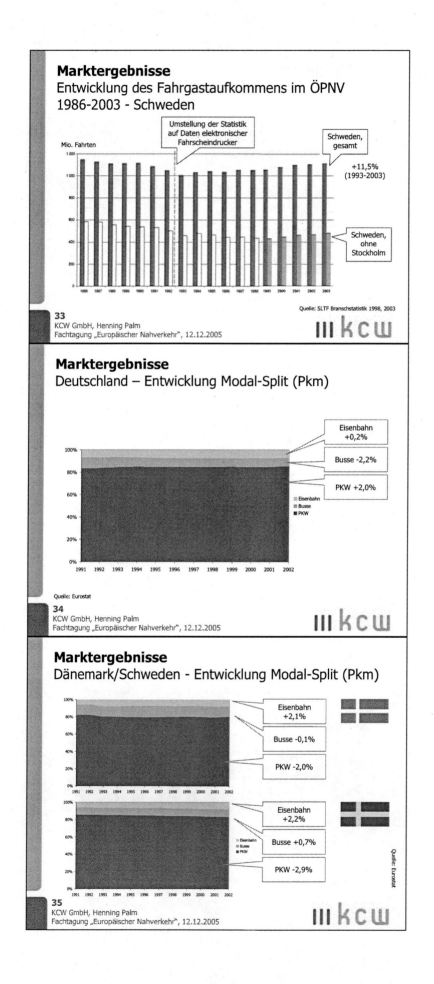

Zusammenfassung I – Vorteile des Modells für Aufgabenträger

- Steuerbarkeit der wesentlichen Angebotsparameter

- Transparenz über eingesetzte öffentliche Mittel und erhaltene Gegenleistung

- Einkauf der Leistungen zu echten Marktpreisen.

- (Preisanstiege bei Personal- und Kraftstoffkosten sind in jedem System möglich!)

36
KCW GmbH, Henning Palm
Fachtagung „Europäischer Nahverkehr", 12.12.2005

III kcw

Zusammenfassung II - Marktergebnisse

- Die Anbieterstruktur verändert sich. Öffentliche Verkehrsunternehmen geraten in die Defensive.

- Bei der Umweltverträglichkeit des ÖPNV nimmt Skandinavien eine Vorreiterrolle ein!

- Die Fahrgäste sind in deutlicher Mehrheit zufrieden!

- Entwicklung des Modal-Splits zugunsten von Bus und Bahn!

37
KCW GmbH, Henning Palm
Fachtagung „Europäischer Nahverkehr", 12.12.2005

III kcw

III kcw

Rückfragen:

_____
_____
_____
_____
_____

Henning Palm
KCW GmbH – Berlin

Büro Hamburg
Steinstraße 7
20095 Hamburg

tel. 040.325775-28
fax 040.325775-18

palm@kcw-online.de
www.kcw-online.de

Gerhard Fritz

ÖPNV in Österreich zwischen Staatswirtschaft und Wettbewerb[1]

Einige Zahlen und Fakten

Der modal-split-Anteil des ÖPNV ist, worauf auch der Rechnungshof in seinem Bericht vom Herbst 2004 warnend hingewiesen hatte, nachhaltig rückläufig[2]. Gleichzeitig aber wachsen die ÖPNV-Ausgaben des Bundes stetig an[3]. Auch der Länderanteil an der Finanzierung ist, nach einem Knick 2002, wieder stetig angestiegen und betrug 2004 441,6 Mio. Euro[4].

Insgesamt wurden im österreichischen ÖPNRV im Jahr 1998 rund 1,5 Mrd. Personen befördert, davon 990 Mio. allein im innerstädtischen Verkehr[5]:

Wiener Linien:	46,8 % aller Fahrgäste im ÖPNRV
GVB Graz:	6,2 %
Linz Linien:	5,6 %
IVB Innsbruck:	3,0 %

Im innerstädtischen Verkehr wurden auch die Marktanteile gehalten oder gesteigert – im Regionalverkehr gingen sie zurück.

Bei Gesamtkosten des ÖPNRV in Österreich von 1,93 Mrd. Euro im Jahre 1999 ergab sich eine Gesamtbelastung der öffentlichen Haushalte von etwa 1,3 Mrd. Euro; die Gemeinden tragen dazu 429 Mio. Euro bei.

Aus dem Vergleich der Daten ergibt sich, dass das BMVIT in seinen Zahlen von heuer Wien als Land zählt, das WiFo aber Wien den Gemeinden zuzählte.

Das WiFo schätzte in seiner Studie 2002 anhand von Daten bis 1999 die gesamten Systemkosten des ÖPNV auf rund zwei Mrd. Euro; etwa ein Drittel davon stammte aus Fahrgasterlösen, der Rest aus verschiedensten Töpfen der öffentlichen Hand. Der Staatssekretär im BMVIT, Mag. Kukacka, gab anhand aktueller Daten und Schätzungen in seinen Ausführungen zur Nahverkehrsreform stets einen Kostendeckungsgrad aus Fahrgasterlösen von 20 bis 25 Prozent an[6].

---

1 Bei der nachträglichen textlichen Ausformulierung der Präsentation wurden fallweise auch noch ergänzende Quellen bis Februar 2006 berücksichtigt.
2 Zahlen aus der Mobilitätsstudie des BMVIT; Vortrag von Dr. Gerhard Stindl, Gestico – Berater des Staatssekretärs im Verkehrsministerium; Mag. Kukacka, zuständig für die Nahverkehrsreform – Wien, Business Circle, 15.11.2005.
3 Ergebnisse der Arbeitsgruppe Nahverkehrsreform/Finanzierung im BMVIT, Februar 2005.
4 *Stindl.*
5 *Robert Wieser*, Wirtschaftsforschungsinstitut, Wettbewerb im öffentlichen Personennah- und Regionalverkehr, 2002. Salzburg und Klagenfurt sind hier nicht ausgewiesen; die Landeshauptstädte Bregenz, Eisenstadt und St. Pölten haben keine eigenen kommunalen Verkehrsunternehmen; ihre Stadtbuslinien werden von der Postbus GmbH betrieben.
6 Die Kosten der aus dem aus einer lohnsummensteuerähnlichen Abgabe gespeisten Familienlastenausgleichsfonds im Sozialministerium finanzierten Schüler- und Lehrlingsfreifahrt von immerhin 335 Mio. erscheinen bei den VU natürlich als „Tarifersätze" unter Beförderungseinnahmen, werden aber aus öffentlichen Mitteln gedeckt.

Einige wesentliche Verkehrsunternehmen

- Postbus GmbH
  Anfang 2005, nach einem langwierigen Kartellrechtsstreit[7] mit Bahnbus fusioniert, nun ein Betrieb der ÖBB Personenverkehr AG. 2 100 Busse, 900 Linien, 4 000 Mitarbeiter/-rinnen, 245 Mio. Fahrgäste/Jahr, Umsatz 350 Mio./a.; Tochter CSAD Budweis in Tschechien.

- Dr. Richard
  Größtes privates Busunternehmen; 800 Autobusse, 1 350 Mitarbeiter/-innen an neun Standorten, mehrere regionale Tochtergesellschaften; Umsatz 91,8 Mio./a.
  2005 Übernahme der Buslinien der Stadtbus Salzburg in die Albus Salzburg Verkehrsbetrieb GesmbH – 51 Prozent Dr. Richard.

- Blaguss
  245 Busse, Linien vor allem in Ostösterreich; Tochterfirmen in Ungarn und Slowakei.

- SABtours
  Beteiligung der E-Werke Wels. Stadtbus Wels, Linien in Oberösterreich. 100 Busse.

Dr. Richard, Blaguss und SABtours waren anfangs auch als Konsortialführer einer Bietergemeinschaft für eine „österreichische Lösung" im Rahmen der nach der Fusion Postbus-ÖBB eingeleiteten „Teilprivatisierung"[8] von knapp einem Drittel der Postbus-Linien aufgetreten. Sie verloren aber nach einigen Verhandlungsrunden das Interesse, insbesondere weil nicht nur Linienkonzessionen samt zugehörigen Werkstätten und Immobilien[9] zum Verkauf standen, sondern auch teilweise beamtete Fahrer und Fahrerinnen mit übernommen werden mussten. Auch ursprünglich interessierte european player, wie Arriva plc., wandten sich nach einem Einblick in den Data Room fluchtartig ab[10]. Am Ende wurden die zum Verkauf stehenden Linien großteils von regionalen KMUs übernommen, die sie teilweise schon vorher als Subunternehmer im Auftrag des Postbus befahren hatten.

- Zum Vergleich
  Wiener Linien GmbH & Co. KG, ein Unternehmen der Wiener Stadtwerke Holding AG: 747 Mio. Fahrgäste 2005, Marktanteil 34 Prozent aller innerstädtischen Wege,

---

Die je nach Schätzung zu zwei Dritteln bis vier Fünfteln aus Steuermitteln erfolgende Finanzierung hindert aber die VU nicht daran, praktisch alle Linien als „eigenwirtschaftliche" Verkehre entsprechend der dem PBefG durchaus ähnlichen Formulierung des KflG konzessioniert zu haben.

7 Mit der bemerkenswerten – und vom deutschen BKA als „denklogisch unmöglich" und „singulär in der europäischen Fusionskontrolljudikatur" bezeichneten – Feststellung, dass die Fusion von Post- und Bahnbus schon deswegen keine marktbeherrschende Stellung schaffen könne, weil die Fahrgäste ja immer noch die Wahl hätten, mit dem eigenen Auto zu fahren, und mit dem Hinweis darauf, dass aufgrund der spezifisch österreichischen Verbund-Organisation und des Konzessionsrechts im KflG ohnehin höchstens ein – offenbar wenig schutzwürdiger – „Restwettbewerb" bestehe

8 Die Regierung, die im Rahmen des Kartellverfahrens stets die Gefahr einer marktbeherrschenden Stellung des ÖBB-Postbus bestritten hatte, war dann zum Ergebnis gekommen, dass – so der Staatssekretär wörtlich – eine marktbeherrschende Stellung „entstanden" war, der mit einer Teilprivatisierung abgeholfen werden sollte. Von einer öffentlichen Interessentensuche im Supplement S des ABl der EG war wohlweislich abgesehen worden, schließlich sollte es eine „österreichische Lösung" werden.

9 Das Konzessionsrecht des KflG war in einer „Lex Postbus" rechtzeitig geändert worden, um den Verkauf von Linienkonzessionen zu ermöglichen.

10 Persönliche Mitteilung eines involvierten Arriva-Managers auf dem Citop 2004.

fünf U-Bahn-, 32 Straßenbahn- und 81 Autobuslinien, 313 000 Jahresnetzkartenbesitzer/-innen, d.i. „jeder vierte erwachsene Wiener"[11]. 8 000 Beschäftigte, Gesamtnetzlänge 930 km. Tochterfirma Wiener Lokalbahn WLB – mit europäischer Eisenbahnlizenz[12]. Bustochter für den Wettbewerb außerhalb Wiens.

Ein durchschnittliches kommunales Unternehmen in einer Mittelstadt wie Innsbruck – 130 000 Einwohner/-innen – hat 27 Linien, 19 Straßenbahngarnituren, 18 O-Busse und ca. 100 Busse, 400 MitarbeiterInnen und 45 Mio. Fahrgäste/Jahr[13].

„Wettbewerbliches Gesamtbild"

„Abschließend ist festzuhalten, dass der Wettbewerb zwar möglich ist, aber nur sehr eingeschränkt praktiziert wird"[14]. Bahn- und Postbus zusammen hatten im Nah- und Regionalverkehr – ausgenommen die von kommunalen Unternehmen bedienten Stadtlinien – in den insgesamt sieben Verbundbereichen[15], ausgedrückt in Prozent der Tariferlöse, einen Marktanteil von zwischen 72 Prozent in der Steiermark und 100 Prozent in Vorarlberg. In fünf der sieben untersuchten Verbundbereiche lag der Marktanteil über 85 Prozent.

Struktur und wesentliche Probleme – und der Rechnungshof

„Marktgegenseite der Busunternehmungen im Linienverkehr – nur der Linienverkehr ist relevant – ist nicht primär der Fahrgast, sondern vielmehr auf Grund der Regelungen des ÖPNRV-G die Verkehrsverbünde bzw. die Gebietskörperschaften. Ganz Österreich wird – gesetzlich angeordnet – über Verkehrsverbundorganisationen versorgt. Die Verkehrsverbundorganisationen sind gegenüber den Busunternehmungen monopolistische Nachfrager in ihrem Gebiet.

Nach dem Kraftfahrlinien-Gesetz ist der Kraftfahrlinienverkehr – streng streckenmäßig fixiert – konzessionspflichtig. Es gibt 2 900 Konzessionen.

---

11 APA-OTS 22.2.2006.
12 Wirbt im – liberalisierten – Güterverkehrsmarkt auf der Homepage mit dem Claim: „Die Alternative zu den Staatsbahnen."
13 Innsbruck hat mit Gemeinderatsbeschluss vom Dezember 1999 als einzige Stadt in Österreich die Trennung von Besteller und Ersteller rechtlich und unternehmensorganisatorisch vollzogen, in einer ähnlichen Konstellation, aber zeitlich noch früher wie Frankfurt/Main mit der Aufgabenträgerorganisation traffiQ und dem VU VGF. Die Innsbrucker Verkehrsbetriebe und Stubaitalbahn GmbH wurde als „Verkehrskoordinator" und Aufgabenträgerorganisation „betraut" und entspricht in etwa einer „Lokalen Nahverkehrsgesellschaft" nach dem hessischen ÖPNVG; sie ist auch Eigentümer und Betreiber der Infrastruktur. Der Busverkehr wird von der ebenfalls kommunalen InnBus GmbH – im Auftrag der IVB im Wege der „Auferlegung" i.S.d. VO 1191/69 i.d.g.F. – erbracht; eine „InnBahn" als Betreiberin des derzeit noch bei der IVB angesiedelten Schienenverkehrs ist in Gründung.
14 „Zusammenschluss der Österreichischen Bundesbahnen (ÖBB) mit der Österreichischen Postbus AG (ÖPAG)", Prof. Dr. Carl Christian von Weizsäcker, Köln, Metropolitan Consulting Group GmbH, Berlin, Juli 2003, vorgelegt als Privatgutachten im Rahmen des Fusionsprüfungsverfahrens vor dem OLG Wien als Kartellgericht erster Instanz, S. 7.
15 Wien, Niederösterreich und das nördliche Burgenland bilden zusammen den VOR, Verkehrsverbund Ostregion.

In Folge des strengen öffentlich-rechtlichen Konzessionssystems nach dem Kraftfahrlinien-Gesetz und des vom ÖPNRV-G angeordneten Verkehrsverbundsystems ist Wettbewerb bloß in sehr geringem Umfang möglich."[16]

Das Öffentlicher Personennah- und Regionalverkehrsgesetz – ÖPNRV-G (im Juli 1999 als eines der letzten Gesetze der damaligen Großen Koalition beschlossen und am 1.1.2000 in Kraft getreten), sollte eigentlich *„durch Schaffung klarer Strukturen für die Organisation und Finanzierung des öffentlichen Personenna- und Regionalverkehrs einen konsequenten Übergang zum Bestellerprinzip bei nicht eigenwirtschaftlich erbrachten Verkehrsdiensten"*[17] schaffen.

Daraus ist nichts geworden. Das ÖPNRV-G beschränkte sich weitest gehend auf Finanzierungsregelungen, legte die Aufgabenträgerverantwortung alles andere als klar fest[18], überwies (im Prinzip vernünftigerweise) die Regelung der Verkehrsverbünde (mit demonstrativen Aufzählungen von Kompetenzen und Kann-Bestimmungen) in den Bereich der Privatwirtschaftsverwaltung der Gebietskörperschaften[19] (was „unbürokratischere" Gestaltungsmöglichkeiten durch GmbHs im Eigentum der Gebietskörperschaften ermöglicht, aber andererseits eine Festlegung von Pflichtaufgaben im Rahmen der Gewährleistungsverantwortung der Aufgabenträger vermissen lässt), lieferte eine (glücklicherweise nirgends zur Gestaltung angewandte) kartellrechtswidrige Definition der Verbünde[20], schuf eine neue Finanzierungsquelle, die aber niemand nutzt[21], klammerte den Bereich der Infrastrukturfinanzierung vollends aus[22], und vor allem: Brachte das Bestellprinzip nicht wirklich.[23]

Denn am gleichen Tag, am 14.7.1999, wurde eine Reform des KflG beschlossen, die an den Kernbestimmungen – einer im europäischen Vergleich etwas eigenwilligen Defini-

---

16 Tätigkeitsbericht der Bundeswettbewerbsbehörde, 1. Juli 2003 bis 30. April 2004, BWB/GD-214/1.
17 Parlamentarische Materialien, 1132/A XX.GP, Antrag der Abgeordneten Rudolf Parnigoni, Mag. Helmut Kukacka, Kröll, Edler und Genossen, Erläuterungen, A. Allgemeiner Teil.
18 Für den Stadt-, Umland und Regionalverkehr (ohne präzise Abgrenzung) sind (allerdings in Bezug auf die Angebotsplanung - § 11) „die Länder und Gemeinden" zuständig.
19 Allerdings mit unsinnigen Detailregelungen wie der, dass Verbundgrenzen sich an Fahrgastströmen zu orientieren haben, aber gleichzeitig in der Regel – ausgenommen den VOR in der Ostregion – mit Bundesländergrenzen identisch sind – was sich natürlich keineswegs decken muss.
20 „Unternehmensverbünde", in denen die zusammengeschlossenen Verkehrsunternehmen marktregulierende Aufgabenträgerfunktionen wahrnehmen.
21 Die „Verkehrserregerabgabe" (gedacht für EKZs „auf der grünen Wiese"), als Gemeindeabgabe, traute sich keine einzige Gemeinde – wegen der Standortkonkurrenz um Kommunalsteuer-Einnahmen – einzuführen.
22 Worauf vor allem der heutige Staatssekretär im BMVIT, damals Verkehrssprecher der ÖVP, in einer fulminanten und, wie das Protokoll vermerkt, mit Beifall bedachten, Rede hinwies; das Hohe Haus beschloss auch umgehend einen Entschließungsantrag – Parlamentsprotokoll, XX. GP, 14.7.99; Entschließungsantrag 1119/A (E) – und forderte *„in Vorbereitung des nächsten Finanzausgleichs die Investitionsbedürfnisse im Rahmen der Städte und Ballungsräume sowie den zusätzlich notwendigen Mittelbedarf der Länder und Gemeinden zur Finanzierung des öffentlichen Personennah - und Regionalverkehrs zu ermitteln und darauf aufbauend einvernehmlich einen konkreten Vorschlag für eine Finanzierungsbedeckung inklusive einer Prioritätenreihung zu erarbeiten"*; dies ist nie geschehen.
23 Im Begutachtungsverfahren zur vorhergehenden Regierungsvorlage waren die Einwände von allen möglichen Seiten knüppeldick gekommen. Mit der zur Ende gehenden Legislaturperiode wurde aber einfach der – unveränderte –Regierungsantrag ohne jede Rücksicht auf die Ergebnisse des Begutachtungsverfahrens als Initiativantrag von Abgeordneten der Regierungsparteien SPÖ und ÖVP – darunter der heute für die Reform zuständige Staatssekretär – neu eingebracht und in größter Schnelligkeit beschlossen.

tion der „Eigenwirtschaftlichkeit"[24] (die wortgleich auch im ÖPNRV-G steht) und, darauf aufbauend, an einer heute als gemeinschaftsrechtswidrig[25] erkannten Regelung des Bestandsschutzes für Konzessionen (der praktischen Verhinderung jeglichen Genehmigungswettbewerbs) – festhielt. Einmal erteilte (eigenwirtschaftliche)[26] Linienkonzessionen bleiben praktisch auf ewig in der Hand des Bestandskonzessionärs, fast ohne Möglichkeit für einen Wettbewerber, bei (formellem) Auslaufen und vor (praktisch automatischer) Verlängerung einen konkurrierenden, (für das „öffentliche Verkehrsbedürfnis") „besseren" Konzessionsantrag einzubringen[27]. Sie bleiben so fest in der Hand des Bestandskonzessionärs, dass er sie seit einer 2003 erfolgten KflG-Novelle („Lex Postbus") sowie bei Unternehmensübergang oder -teilung wie ein „asset" verkaufen kann[28].

Der „Genehmigungswettbewerb" à l'Autrichienne spielt sich in etwa folgendermaßen ab:

Bei Wiedererteilung einer bestehenden Konzession ist „bei gleichem Angebot" der bisherige Konzessionsinhaber „vor allem zu berücksichtigen" (§ 29 Abs 1 KflG).

§ 30 (1): Stellt der Konzessionsinhaber spätestens sechs Monate vor Ablauf einer auf die volle Konzessionsdauer des § 15 Abs. 1 erteilten Konzession den Antrag auf Verlängerung der Konzessionsdauer bei sonst unverändertem Inhalt der Konzession, so ist diesem Antrag stattzugeben, sofern kein anderer Konzessionswerber vorhanden ist (...).

Einen solchen konkurrierenden Genehmigungsantrag gibt es aber praktisch nie, weshalb der theoretisch mögliche Genehmigungswettbewerb zu einem äußerst residualen „Restwettbewerb" verkommen ist. Denn woher weiß ein potenzieller Wettbewerber, wann er einen konkurrierenden Genehmigungsantrag einzubringen hat? Er kann es nicht wissen.

7.5.2002: Beschwerde eines VU beim Verwaltungsgerichtshof gegen das Amt der Tiroler Landesregierung (und BMVIT) wegen Verweigerung einer Auskunft über den Ablaufzeitpunkt von Konzessionen – Erledigung dreieinhalb Jahre später.

---

24 § 23 Abs 3 Z 1: „eigenwirtschaftlicher Betrieb (ist) ein solcher, dessen Kosten ausschließlich aus den Erlösen des Beförderungsentgeltes gedeckt werden. Unter solchen Erlösen sind auch Zahlungen von Teilbeträgen des Beförderungsentgeltes durch Dritte, wie verbundbedingte Fahrpreisersätze sowie Fahrpreisersätze zur Gewährung von Sondertarifen für bestimmte Fahrgastgruppen oder zum Ersatz von Fahrpreisen auf Basis sonstiger privatrechtlicher Verträge zu verstehen" – die sonstigen „Zahlungen" sind aber nur dann keine EG-rechtlich verbotenen Beihilfen, wenn sie auf einem in einem transparenten Vergabeverfahren vergebenen Verkehrsdienstvertrag beruhen; eben dies ist nicht der Fall. Näheres im Urteil C-280/00 („Altmark Trans") des EuGH.

25 Vertragsverletzungsverfahren gegen die Republik Österreich, Schreiben der GD Binnenmarkt vom 13.10.2004, 2003/4378 – C(2004)3808.

26 Die Eigenwirtschaftlichkeit wird nicht einmal dann in Frage gestellt – was nach § 23 immerhin theoretisch möglich wäre –, wenn der Betreiber unter Verweis auf höheren Zuschussbedarf mit der Einstellung von Linien droht (so geschehen und Gegenstand einer Anfrage im niederösterreichischen Landtag 2004 mit Linien der (damaligen) Postbus AG im ländlichen Raum.

27 Genau unter Verweis darauf kommt die GD Binnenmarkt zum Schluss, dass die österreichischen Linienkonzessionen keine (erlaubten) „ausschließlichen Rechte" i.S.d. Gemeinschaftsrechts sein können.

28 Tatsächlich waren ja bei der Postbus-Teilprivatisierung (neben einigen Immobilien und Werkstätten) die Linienkonzessionen die hauptsächlich für die Bieter interessanten „Vermögenswerte."

Das VU hatte – in Zusammenhang mit Verkehrsdienstverträgen, die der Verkehrsverbund Tirol mit Bestandskonzessionären abgeschlossen hatte[29] – unter Berufung auf das Auskunftspflichtgesetz Auskunft über die Laufzeit von Konzessionen verlangt.

Auskunft mit Bescheid verweigert: Das Ansuchen sei „nicht nachvollziehbar."

Neben der bei auskunftsunwilligen Behörden schon fast rituellen Berufung auf den „Datenschutz" mit folgenden bemerkenswerten Argumenten:

- Informationen über das Ablaufdatum von Konzessionen würden zwar einer Verkehrsverbundbundorganisation erteilt, nicht aber einem Verkehrsunternehmen.

- Die Strecken, auf die sich die Anfrage beziehe, seien „weit entfernt vom Verkehrsbereich" des VU.

- Verkehrsunternehmen müssten die „gleiche Ausgangssituation" haben und könnten ausschließlich auf der Grundlage eines Pflichtenhefts der Verbundorganisation ein Angebot legen. – Mangels eines Vergabeverfahrens gab es natürlich kein Pflichtenheft und keine Gelegenheit zur Angebotslegung.

- Die „Wettbewerbsneutralität" gebiete es, nicht ein einzelnes Unternehmen durch die Herausgabe von Informationen über das Ablaufdatum von Konzessionen zu begünstigen.

Dies befand dann allerdings der VwGH nach gebührender Bedenkzeit denn doch für „gesetzwidrig"[30].

Allerdings nur auf der Grundlage des AuskunftspflichtG, das es der Behörde auferlege, eine begehrte – und nicht irgendwelchen gesetzlichen Geheimhaltungsvorschriften unterliegende – Auskunft zu erteilen, ohne dass der Frager ein spezifisches rechtlich begründetes Interesse nachzuweisen habe[31]. Auf die vom Anwalt des VU ebenfalls angesprochenen Grundrechtsfragen – die das deutsche Bundesverwaltungsgericht[32] schon ausjudiziert hat – in Zusammenhang mit der Berufsfreiheit nach Art 6 u 18 Staatsgrundgesetz 1867 bzw. den Grundfreiheiten des EG-V ging der VwGH daher erst gar nicht ein; diese Büchse der Pandora wollte er lieber nicht aufmachen[33].

In einer Ende 2005 beschlossenen Novelle zum KflG wurde immerhin, in Reaktion auf das erwähnte Vertragsverletzungsverfahren, wenigstens die quasi-automatische ad-infinitum-Verlängerung von Konzessionen gestrichen; eine Transparenzpflicht für die Konzessionsbehörden – etwa in Form eines Konzessionskatasters oder der Pflicht zur öf-

---

[29] Eine de-facto-Direktvergabe ohne förmliches Vergabeverfahren, die nach damaliger – mittlerweile von EuGH-Urteilen und einer Novelle des BVergG überholten – Rechtsansicht der Vergabekontrolle 1. Instanz der Vergabekontrolle nicht zugänglich war.
[30] 2002/03/0110-6 vom 30.9.2005.
[31] „Der Pflicht der Behörde zur Auskunftserteilung nach § 1 Abs. 1 AuskunftspflichtG korrespondiert ein subjektives öffentliches Recht des Einschreiters. Ein über das in der Vorschrift des § 1 Abs. 1 AuskunftspflichtG anerkannte, rechtliche Interesse des Antragstellers an der Auskunftserteilung schlechthin hinausgehendes, aus den besonderen Verwaltungsvorschriften abzuleitendes rechtliches Interesse an der Auskunftserteilung fordert das AuskunftspflichtG nicht". – VwGH 89/17/0028; 94/15/0015; 97/04/0239.
[32] BVerwG 3 C 46.02, 3. Senat, 2.7.2003.
[33] Das hatte allerdings die EU-Kommission schon ein halbes Jahr vorher mit ihrem Vertragsverletzungsverfahren gegen die Republik Österreich getan.

fentlichen Interessentensuche zum Zeitpunkt des Auslaufens eigenwirtschaftlicher Konzessionen – wurde allerdings nicht verankert[34]. Ebenso fehlen, noch immer, nachvollziehbare und den Ermessensspielraum der Behörde begrenzende Kriterien für die Bestimmung des „öffentlichen Verkehrsbedürfnisses", dem der „beste" Konzessionsantrag eben „am besten" entspricht.

Wenigstens einem dringenden Anliegen der Aufgabenträger wurde nach der Begutachtung im Regierungsentwurf entsprochen: Die Schaffung vernünftiger Linienbündel als Voraussetzung für mögliche Ausschreibungen von Verkehrsdienstverträgen.

§ 15 Abs. 1:
Es ist jetzt klargestellt, dass die Konzessionshöchstlaufzeit von nunmehr acht Jahren von der Behörde verkürzt werden darf – nämlich „zur Erreichung der in § 37 Abs. 3 angeführten Ziele". Dieser besagt: „(3) Die Aufsichtsbehörden haben bei ihren Maßnahmen auch die Ziele der Bundes- und Landesplanung zu beachten."

Angesichts dieser Verhältnisse[35] fragen sich auch wohlmeinende, auf Sparsamkeit und Effizienz bedachte Verkehrsverbünde, wie sie (abgesehen von einigen wenigen neuen Linien[36]) Verkehrsdienstleistungen „bestellen" sollen, wenn sie ausschließlich mit dem Bestandskonzessionär Verhandlungen führen können. Da kommen dann Verträge heraus, die „auf der Grundlage eines für beide Seiten zumutbaren Preises"[37] ohne förmliches Vergabeverfahren und ohne jeden Wettbewerb auf Betreiberseite geschlossen werden.

Die ÖPNV-Gesetzgebung ist so diffus, dass der vom Staatssekretär im BMVIT für die Entwicklung von (seit Anfang 2004 immer wieder angekündigten) Nahverkehrsreformvorschlägen bestellte Consulter als erstes ein etwa 40 Seiten umfassendes Rechtsgutachten über die (dem BMVIT womöglich nicht in allen furchtbaren Details bekannten?) Rechtsgrundlagen erstellen musste[38].

Ebenso erging es dem Rechnungshof der Republik, dessen 35-seitiger Rohbericht vom Herbst 2004[39] auch erst mühsam erforschen musste, wer nun wirklich (in organisatorischer, marktregulierender und finanzieller Hinsicht) wofür kompetent und verantwortlich ist.

In der Kurzfassung des Prüfergebnisses[40] hält der Rechnungshof fest:

---

34 VU, die sich im Genehmigungswettbewerb engagieren wollen, sind offenbar darauf verwiesen, die Konzessionsbehörde periodisch – und „blindlings"– mit Anfragen nach dem AuskunftspflichtG zu traktieren.
35 Im Detail geschildert in: *Martin Baltes* (Geschäftsführer der Innsbrucker Verkehrsbetriebe und Stubaitalbahn GmbH), Ist ein geordneter Übergang in den Wettbewerb möglich? Handlungsbedarf für den ÖPNRV-Rechtsrahmen. 24.11.2004, Business Circle, Tagungsband der Jahrestagung, S. 42 ff.
36 Aber auch dann liegen diese in der Regel im „Verkehrsbereich" eines Bestandskonzessionärs, der sich entsprechend im Konzessionsverfahren quer legen kann – ein drohender Einnahmenverlust in einem solchen Verkehrsbereich (§ 14) an einen Konkurrenten ist nach § 7 Abs. 1 Z 4 lit. b u c ein „im öffentlichen Interesse" liegender Verweigerungsgrund für eine neue Konzession.
37 Sic! – wörtlich zitiert im erwähnten Vertragsverletzungsschreiben der Kommission vom 13.10.2004.
38 *Gestico*, Zwischenbericht „Projekt des öffentlichen Personennah- und Regionalverkehrs in Österreich (ÖPRNV-Reform 2005)", 15.9.2004.
39 Vom BMVIT wiederholt in öffentlichen Stellungnahmen als Begründung für die Dringlichkeit der Reform zitiert und schon lange nicht mehr „vertraulich".
40 Rechnungshof-Rohbericht ÖPNRV, S. 4 ff.

- Zersplitterte Aufgaben- und Finanzierungsstrukturen führten zu Unübersichtlichkeit und Effizienzmängeln beim Mitteleinsatz.

- Eine verkehrspolitisch gewünschte Verlagerung gelang weder von der Straße auf die Schiene noch vom MIV auf den ÖPNRV.

- Eine dem Aufgabenumfang (Einbindung in die Planung) entsprechende Übertragung der Finanzierungsverantwortung an die Länder und Gemeinden[41] erfolgte bisher nicht.

- Die Verträge des BMVIT über gemeinwirtschaftliche Leistungen im Schienenverkehr waren primär auf die Konservierung bisheriger Strukturen ausgerichtet. Das BMVIT war mit der Vorlage entsprechender Berichte an den Nationalrat seit 1999 im Rückstand.

- Die systematische Bevorzugung bestehender Konzessionsinhaber hemmte im Bereich der Kraftfahrlinien den Wettbewerb um Verkehrsdienstverträge. Richtlinien des BMVIT zur Belebung und Sicherstellung des Wettbewerbs (sic!) fehlten.

- Dem BMVIT fehlten weitgehend Daten über die Entwicklung des ÖPNRV[42].

Ernüchterndes Fazit: Der Bund[43] zahlte (exklusive Infrastruktur[44]) 2003 aus elf verschiedenen Budgettöpfen in drei verschiedenen Ministerien insgesamt 1,058 Mrd. Euro[45] – gleichzeitig konnte der öffentliche Verkehr *„weder mit dem dynamischen Wachstum der Gesamtmobilität noch mit jenem des MIV mithalten"*[46]. (Leonhard Höfler hat aus der Verkehrserhebung Oberösterreich herausgearbeitet, dass zwischen 1982 und 2001 die werktäglich zurückgelegten Wege beim MIV um 54 Prozent zugenommen, beim ÖPNV um sieben Prozent abgenommen haben[47].)

Ein aktuelles Prüfergebnis für die Länderverantwortung liegt auch vor[48]:

- Der Einfluss der VVV GmbH ist derzeit nicht in allen Bereichen gegeben, da zentrale Steuerungsaufgaben wie Angebotsplanung und Bestellung nicht im Kompetenzbereich der Gesellschaft liegen. Angebotsplanung und -bestellung erfolgen dezentral über die regionalen Zweckverbände. Die Aufgaben- und Kompetenzverteilung der Systempartner Land, Gemeinden, Zweckverbände und VVV GmbH sollten neu geregelt werden[49].

---

41 Aber auch der entsprechenden Finanzierungsmittel (etwa im 2005 neu in Kraft getretenen FAG)!
42 RH, S. 16.
43 Über die Zahlungen der Länder und Gemeinden liegen überhaupt keine aktuellen zusammenfassenden Zahlen vor. Das WiFo schätzt in einer Studie von 2002 (Robert Wieser, „Wettbewerb im öffentlichen Personennah- und –Regionalverkehr") die Gesamt(„betriebs"-)kosten des Systems ÖPNV auf rund zwei Mrd. Euro (für 1999), wofür damals schon etwa 1,3 Mrd., also zwei Drittel, von den öffentlichen Händen finanziert waren. Neuere Schätzungen des Staatsekretärs im BMVIT sprechen von bis zu drei Viertel öffentlicher Finanzierung.
44 Inklusive Infrastruktur werden es nach Angaben des BMVIT etwa 2,3 Mrd. jährlich sein.
45 RH, S. 6.
46 RH, S. 15.
47 Business Circle, S. 88.
48 Landes-Rechnungshof Vorarlberg, Prüfbericht über die Verkehrsverbund Vorarlberg GmbH, November 2004, 10. Beilage 2004 zu den Sitzungsberichten des XXVIII. Vorarlberger Landtages.
49 Hier und im Folgenden: ebenda, Zusammenfassung der Ergebnisse, S. 5 ff.

- Der Bund wird künftig seinen Finanzierungsanteil reduzieren und deckeln. Wer die Finanzierungslücke trägt, ist bis dato noch nicht geklärt. Das Land fördert bereits heute den ÖPNV mit zusätzlichen Landesmitteln.

- Der Gesamtaufwand des Landes für den ÖPNV ist nicht transparent, die Ermittlung gestaltet sich auf Grund der verteilten Daten schwierig[50].

- Derzeit werden Beförderungszahlen, Kosten und Erlöse aus Verkehrsdiensten nicht systematisch erhoben und ausgewertet. Damit fehlen wesentliche Grundlagen zur Beurteilung der Wirtschaftlichkeit von Strecken, Linien, Kursen, Regionen sowie von Pilotversuchen bzw. Projekten.

- Ein funktionsfähiges Verbundsystem weist mehrere Erfolgsfaktoren auf. Wesentlich sind eine klare Aufgabenverteilung und -zuordnung, die Schaffung von Transparenz hinsichtlich Angebot, Nachfrage und Finanzierung sowie deren Steuerung und die Sicherstellung der Wirtschaftlichkeit und Zweckmäßigkeit. Diese Erfolgsfaktoren sind bei der Neuausrichtung der VVV GmbH zu berücksichtigen.

Dem ist – für das gesamte System – wenig hinzu zu fügen.

Die dann schrittweise in die Öffentlichkeit getragenen Reformvorstellungen des BMVIT[51] zielten zunächst vor allem auf Regionalisierung nach bundesdeutschem Muster (eindeutige Aufgaben- und Finanzierungsverantwortungszuordnung[52]) und auf vorsichtige Wettbewerbsorientierung (echtes Bestellprinzip, Förderung des Genehmigungswettbewerbs durch Reform des Konzessionsrechts). Von gemeinschaftsrechtskonformem Ausschreibungswettbewerb ist bislang nicht die Rede[53], wenn auch der zuständige Staatssekretär Mag. Kukacka verschiedentlich in Pressestellungnahmen Andeutungen in diese Richtung fallen ließ.

Kürzungen der Bundesmittel (und entsprechend Einsparungsbemühungen der Länder und Gemeinden) und der Druck des Vertragsverletzungsverfahrens gegen Österreich könnten allerdings einen echten kontrollierten Wettbewerb im Sinne der Vorstellungen der Kommission auf die Tagesordnung setzen.

---

50 Die Aufwendungen des Landes und der Gemeinden schätzt der Landesrechnungshof auf 40 Mio. – was die etwa 300 Mio., die das WiFo für 2002 (siehe dort) als Länder- und Gemeindeanteile schätzt, definitiv zu niedrig aussehen lässt.
51 Dr. Alexander Biach, Staatssekretariat im BMVIT, „Grundsatzüberlegungen für eine Reform des öffentlichen Personennah- und -regionalverkehrs in Österreich", Business Circle, 24.11.0204 (nicht im Tagungsband enthalten).
52 angedacht ist dabei auch eine „Verländerung" der Schieneninfrastruktur bei den „Nebenbahnen".
53 auch noch nicht im vorläufigen Endbericht von Gestico, 11.10.2004. Auch in den 2005 publizierten Gesetzesvorschlägen wie der – bereits beschlossenen – KflG-Novelle sowie dem Entwurf für ein ÖPNRV-G 2006 ist nur vereinzelt schamhaft, in untergeordneten Hinweisen, von den „vergaberechtlichen Verpflichtungen" die Rede. Aber schon das reichte aus, um von Seiten ausschreibungsunwilliger Verbundorganisationen oder Länder wütenden Protest im Begutachtungsverfahren gegen derlei unnötigen – und die bestehenden Verkehrsdienstverträge und „Regionalverkehrskonzepte" gefährdenden – bürokratischen Liberalismus zu provozieren, so etwa in der Stellungnahme des Amtes der Tiroler Landesregierung vom 28.2.2006, Präs.II-42/421.

Die Reform 2005/06 – und einige kritische Anmerkungen dazu

„ÖVP-Bundeskongress, Kukacka: Mehr Transparenz der Finanzierungsstruktur durch eine Verländerung der ÖPNV-Fördermittel. Ziel einer Reform ist deshalb sowohl die Schaffung von mehr Transparenz und Effizienz der Finanzierungsstruktur durch eine Verländerung der ÖPNV-Fördermittel. Zugleich solle die Bestellerfunktion an die Länder und Verbundorganisationen übergeben werden."[54]

Im Folgenden darf ich einige wesentliche Inhalte aus der Stellungnahme der Innsbrucker Verkehrsbetriebe und Stubaitalbahn GmbH zum Begutachtungsentwurf des ÖPNRV-G[55] wiedergeben:

Die Zielsetzungen des Entwurfs, nämlich insbesondere die Erhöhung der Effizienz des Mitteleinsatzes entsprechend den Anregungen des Bundesrechnungshofes durch Konzentration der Entscheidungs- und Finanzierungsverantwortung bei kundnahen Aufgabenträgern, mit dem Ziel einer Trendumkehr sowohl beim stetig steigenden Finanzierungsaufwand als auch beim Rückgang des Modal-split-Anteils, insbesondere im Regionalverkehr, nicht aber im Stadtverkehr, wird ausdrücklich geteilt und begrüßt. Die sich daraus ergebende größere Transparenz, und auch die Erweiterung des Spielraums der Aufgabenträger, sind natürlich lobenswert.

Es ist aber darauf hinzuweisen, dass – wie auch schon im Entwurf der KflG-Novelle – die Realisierung dieser im Allgemeinen Teil der Erläuterungen dargelegten Zielsetzungen durch teilweise unklare, teilweise unvollständige Regelungen fraglich erscheint, und dass die im Vorblatt konstatiere Kompatibilität mit dem EG-Recht auch nicht in allen Punkten gesichert scheint.

Insbesondere dürfte es wohl nötig sein, auch die grundsätzliche Kompatibilität mit dem bereits im Mitentscheidungsverfahren befindlichen Kommissionsvorschlag KOM 2005/0319 zu sichern, um für den Fall der von der österreichischen Ratspräsidentschaft ja beabsichtigten Fortschritte im legislativen Prozess der Union der Gefahr einer baldigen Novellierungsnotwendigkeit des neuen Gesetzes vorzubeugen.

Der vom BMVIT ausdrücklich unterstützte Verordnungsvorschlag KOM 2005/0319 vom 20.7.2005 als neue EG-Rechtsgrundlage für die Organisation und Finanzierung des ÖPNRV sieht vor:

Art 2:
(b) „zuständige Behörde" ist jede öffentliche Stelle oder Gruppierung
Öffentlicher Stellen eines Mitgliedstaates, die befugt ist, den öffentlichen Personenverkehr zu organisieren und öffentliche Dienstleistungsaufträge in einem bestimmten

---

54 APA-OTS 16.10.2004.
55 Begutachtungsentwurf ÖPNRV-G 2006, GZ. BMVIT-239.597/0001-II/SCH6/2005. Die Stellungnahme der IVB datiert vom 7.2.2006. Die Begutachtungsfrist lief am 28.2.2006 aus. Eine Reaktion des Ministeriums bzw. die Absicht, am Regierungsentwurf Änderungen vorzunehmen, liegt noch nicht vor. Die meisten Stellungnahmen, darunter auch die des Österreichischen Städtebundes, lehnten den Entwurf – mit unterschiedlichsten Begründungen – vehement ab. Sowohl der Regierungsentwurf als auch wesentliche Stellungnahmen finden sich auf der Homepage des österreichischen Parlaments: http://www.parlin kom.gv.at/portal/page?_pageid=908,1001972&_dad=portal&_schema=PORTAL.
Als wesentlichster Stolperstein erweist sich die Finanzierungsfrage; eine nächste und möglicher Weise entscheidende Verhandlungsrunde mit den Ländern findet Mitte März 2006 statt.

geographischen Gebiet zu vergeben, oder jede mit einer derartigen Befugnis ausgestattete Einrichtung
– z.B. eine Aufgabenträgerorganisation

(c) „zuständige örtliche Behörde" ist jede zuständige Behörde, deren geographischer Zuständigkeitsbereich sich nicht auf das gesamte Staatsgebiet erstreckt
– z.B. ein kommunaler Verkehrskoordinator wie die IVB.

Ihre Aufgabe ist es – Art 1 Abs. 1 – die Erbringung von Dienstleistungen zu gewährleisten, die insbesondere häufiger, sicherer, hochwertiger oder preisgünstiger sind als die, die das freie Spiel des Marktes ermöglicht hätte.

„Die Kommunen können entscheiden, wie sie den öffentlichen Personenverkehr organisieren wollen." (Presseaussendung der Kommission IP/05/975, 20.7.2005)

Entsprechend besagt auch der Gesetzesentwurf:

§ 7 Abs. 1:
Aufgaben der Länder und Gemeinden im ÖPNRV sind:
1. Planung nachfrageorientierter Verkehrsleistungen
2. Betrieb von VVOGen zur Umsetzungen der ... wahrzunehmenden Aufgaben des jeweiligen Landes und dessen Gemeinden
3. Abschluss von Verträgen über gemeinwirtschaftliche Leistungen
4. Abgeltung der ... Durchtarifierungsverluste ... unter Verwendung der dafür zugewiesenen Bundesmittel
5. Abgeltung der zusätzlich bestellten gemeinwirtschaftlichen Verkehrsdienstleistungen ...
6. Bereitstellung der notwendigen Daten für das Monitoring.

Entgegen der grundsätzlichen Anerkennung der für den Nahverkehr als Dienstleistung von allgemeinem wirtschaftlichem Interesse geradezu existenzwichtigen Aufgabenträgerrolle der Städte nimmt der Entwurf des ÖPNRV-G 2006 aber keineswegs im nötigen Ausmaß Bedacht auf die Wahrnehmung dieser Aufgabenträgerverantwortung durch die Städte.

Es fehlt eine klare Aufgabenabgrenzung und Zusammenarbeitsverpflichtung zwischen den in § 7 pauschal erwähnten „Ländern und Gemeinden" bzw. den jeweiligen Aufgabenträgerorganisationen.

Der Gesetzesentwurf, der laut § 1 Abs. 1 eigentlich die „finanziellen Grundlagen für den Betrieb des ÖPNRV" legen sollte, kennt in seinem 3. Abschnitt, „Finanzierung", nur mehr die Länder; die Gemeinden werden hier nicht mehr erwähnt[56].

---

56 Im Abschnitt „Finanzierung" des Entwurfes werden die derzeit vom Bund zur Verfügung gestellten Mittel für den Nahverkehr aufgelistet und, unterteilt nach „Verbundförderungsmitteln", „Bestellmittel" für die Neubestellung zusätzlicher Verkehre, „Gemeinwirtschaftliche Zuschüsse für den Schienenverkehr" und „Schüler- und Lehrlingsfreifahrt", mit einer Valorisierungsklausel – die sich je zur Hälfte nach dem Verbraucherpreisindex und den Entwicklung der Fahrgastzahlen bemisst; dies immerhin ein gewisser Effizienzanreiz! – summenmäßig bestimmt den Ländern, und ausschließlich den Ländern, zugeteilt. Die Gemeinden, die selbst mit LNGs Aufgabenträgerverantwortlichkeit wahrnehmen, wären darauf verwiesen, als Bittsteller bei ihren Ländern vorstellig zu werden.

Wenn aber der Grundgedanke der „Regionalisierung" die Effizienzsteigerung durch Zusammenführung der Planungs-, Bestell- und Finanzierungsverantwortung auf der jeweils bürgernächsten Ebene ist, die die besten Voraussetzungen für eine nachfrageorientierte Angebotsgestaltung hat, dann können die Gemeinden als Aufgabenträger nicht einfach übergangen werden.

Die im Sinn der Transparenz und Effizienz beabsichtigte gebündelte Mittelübertragung an Aufgabenträger setzt voraus

- sowohl eine klare Definition und Zuordnung der Aufgabenträgerverantwortung

- als auch eine der Verantwortung adäquate Mittelausstattung, auch im Sinne des finanzverfassungsrechtlichen Konnexitätsprinzips.

Wir haben daher schon nach der Veröffentlichung eines ersten Entwurfs – „Stand LH-Konferenz 4.11." – noch vor der offiziellen Begutachtung, im November 2005, dem BMVIT einen Vorschlag unterbreitet, den wir wiederholen dürfen, zumal er nach Mitteilungen aus dem Kabinett des Herrn Staatssekretärs grundsätzlich befürwortet wird.

§ 7 Abs. 1 Ergänzung
Unter Bedachtnahme auf das Subsidiaritätsprinzip und insbesondere auf die Begriffsbestimmungen des § 3 und im Rahmen einer engen Kooperation zwischen den Gebietskörperschaften oder ihren Aufgabenträgerorganisationen als „zuständige Behörden" im Sinne der VO EWG 1191/69 und allfälliger Nachfolgeverordnungen sind Aufgaben der Länder und Gemeinden im öffentlichen Personennah- und Regionalverkehr:

...[57]

§ 7 Abs. 3 neu
Die nach Maßgabe der Bestimmungen des 3. Abschnitts, „Finanzierung", §§ 10-13, den Ländern zustehenden Beträge fließen dann, wenn Gemeinden ihre Aufgabenträgerverantwortung gemäß Abs. 1 selbst wahrnehmen, und unter Bedachtnahme auf das Ausmaß der von ihnen selbst dafür aufgewendeten Mittel, auch den Gemeinden zu. Beim Abschluss entsprechender Vereinbarungen zwischen Ländern und Gemeinden ist, was die Weitergabe der Mittel gemäß §§ 10-13 betrifft, insbesondere Bedacht zu nehmen auf die Verhältniszahlen, die sich aus den Bestimmungen des § 20 Abs. 2-4 FAG ergeben[58].

---

[57] Damit würde klar gestellt, dass Gemeinden – und insbesondere die Städte – eine eigenständige Aufgabenträgerrolle insbesondere für den Personennahverkehr i.S.d. § 3 Abs. 1, also Stadt- und Vororteverkehre, haben, die sie im Rahmen der Zielsetzungen des Gesetzes, insbesondere der Verbundintegration und der Qualitätsziele des § 15, natürlich nur in enger und verpflichtender Kooperation mit den Ländern wahrzunehmen haben. Inwieweit und mit welchen organisatorischen Mitteln sie diese Aufgaben selbst wahrnehmen oder sie an andere Gebietskörperschaften und deren Aufgabenträgerorganisationen abtreten, bleibt offen; dies soll einen breiten Handlungsspielraum für alle beteiligten Akteure eröffnen. Gleichzeitig wird mit dieser Bestimmung – vor dem Hintergrund des F-VG 1948, §§ 2, 3 und insbesondere 4, Konnexitätsprinzip – auch die Absicht des Gesetzgebers unterstrichen, im Rahmen der Verländerung der Organisations- und Finanzierungsverantwortung für den ÖPNRV allen Gebietskörperschaften finanzielle Mittel für die Aufgabenwahrnehmung zur Verfügung zu stellen.

[58] Mit dieser Bestimmung würde klar gestellt, dass
- es nicht um „zusätzliche", vom BMF zur Verfügung zu stellende Mittel geht, sondern um die Aufteilung der von den §§ 10 – 13 vorgesehenen Mittel,
- der Bund die Hingabe dieser Mittel an die Bedingung knüpft, dass auf die Aufgabenträgerverantwortung gem § 7 Abs. 1 neu Bedacht genommen wird,

In enger Verbindung damit halten wir es für zweckmäßig, die Möglichkeit der Schaffung einer eigenen Aufgabenträgerorganisation für Gemeinden, die den Stadt- und Vorortverkehr selbst beauftragen, sowie natürlich eine Kooperations- und Abstimmungsverpflichtung für jene „Lokalen Nahverkehrsgesellschaften" mit der VVOG des jeweiligen Verbundraums vorzusehen. Eine solche „LNG", wie sie in Innsbruck mit Gemeinderatsbeschluss vom 6.12.1999 eingerichtet und mit der Koordination aller sich aus dem ÖPNRV-G in der jeweils geltenden Fassung ergebenden Gemeindekompetenzen betraut wurde, nimmt die Besteller-Funktion der Gebietskörperschaft wahr und muss daher auch Empfängerin entsprechender Mitteltransfers sein können; sie muss auch in der Lage sein, Verkehrsleistungen durch Dienstleistungsauftrag oder Auferlegung erbringen zu lassen. Sie wird natürlich verpflichtet sein, die Regelungen des Verkehrsverbundes i.S.d. § 5 Abs. 3 für alle Fahrgäste wirksam werden zu lassen, sowie in allen Schnittstellenproblematiken das Einvernehmen mit der zuständigen VVOG herzustellen. Als Vorbild könnten die entsprechenden Regelungen im hessischen ÖPNVG dienen.

Die Nichtanwendung der Bestimmungen über Verkehrdienstverträge für die unter die „Bereichsausnahme" BGBl. 519/1994[59] fallenden Verkehrsunternehmen scheint zweifelhaft. Es ist in der Literatur schon die Auffassung vertreten worden, diese Bereichsausnahme würde der vom EuGH geforderten Bestimmtheit und Rechtssicherheit nicht entsprechen – siehe Rs C-280/00 vom 24.7.2002, „Altmark Trans", Rn. 59-62. Auch mit den neuen Definitionen des § 3 ist es fraglich, ob die Rechtslage für einzelne Unternehmen „hinreichend bestimmt und klar" ist. Dies ergibt sich auch daraus, dass die Zuordnung von Verkehrsunternehmen in den ausgenommenen oder nicht ausgenommenen Bereich in der Vergangenheit anlassbezogen „auf Einzelfallbasis" vorgenommen wurde, was dem Grundsatz der Rechtssicherheit, der es dem einzelnen Unternehmen ermöglicht, ex ante über den Umfang seiner Rechte und Pflichten Bescheid zu wissen, widerspricht.

Auch im Hinblick auf den Verordnungsvorschlag KOM 2005/0319 wäre es zweckmäßig, die Bereichsausnahme zu beseitigen und betr. die Vergabe von öffentlichen Dienstleistungsaufträgen schlicht auf das jeweils anwendbare Recht, insbesondere Vergaberegime, zu verweisen – nach dem Muster der §§ 7 Abs. 2 und 11 Abs. 4 KflG.

Die Problematik der Abgrenzung von „eigenwirtschaftlichen Verkehren" und „gemeinwirtschaftlichen Verkehren" bleibt, wie schon im KflG, erhalten. Diese Abgrenzung wird aber, insbesondere im Lichte des Kommissionsvorschlag KOM 2005/0319, zunehmend bedeutungslos für Organisation und Finanzierung des ÖPNRV. Sie wirft aber andererseits erhebliche beihilfenrechtliche Schwierigkeiten auf.

- der Bundesgesetzgeber aber nicht in die Gestaltungsverantwortung der Länder überschießend eingreift, sondern nur einen Rahmen festlegt, innerhalb dessen Vereinbarungen zwischen den Gebietskörperschaften zu treffen sind,
- die Weitergabe von Verländerungsmittel an Gemeinden ebenso an die Bedingung der tatsächlichen Wahrnehmung von Aufgabenträgerverantwortung und den Einsatz von Eigenmitteln geknüpft ist,
- aber dann, wenn Gemeinden unter erheblichem Einsatz eigener Haushaltsmittel Nahverkehrsdienstleistungen selbst erbringen oder bestellen, sie jedenfalls Anspruch auf Berücksichtigung bei der Verteilung der Verländerungsmittel haben,
- die von allen Beteiligten außer Streit gestellten Aufteilungskriterien des FAG – die ja, siehe z.B. FAG. § 20 Abs. 2 und Abs. 3 Z 2, Bedacht nehmen auf das Ausmaß der übernommenen Aufgabenträgerverantwortung – einen Orientierungsmaßstab für eine sachgerechte Mittelverteilung bieten.

59 Stadt- und Vorortekehre.

§ 4 Abs. 2:
„Unter Tariferlösen sind auch verbundbedingte Fahrpreisersätze und Fahrpreisersätze zur Gewährung von Sondertarifen für bestimmte Fahrgastgruppen zu verstehen."

Bei der herrschenden Praxis der Direktvergabe von Verkehrsdienstverträgen in Zusammenhang mit eigenwirtschaftlichen Konzessionen bleibt zur Vermeidung des Verdachts von Überkompensation – Urteil „Altmark Trans", drittes Kriterium, Rn. 93 – Handlungsbedarf.

Zugang zu Verbundmitteln wie der Abgeltung von Ab- und Durchtarifierungsverlusten, Abgeltung für die Schüler- und Lehrlingsfreifahrt ... hat ja nur, wer über eine in der Regel „eigenwirtschaftliche" Konzession und in der Folge über einen – in der Regel direkt vergebenen – Verkehrsdienstvertrag mit der VVOG verfügt. Dies ist aber, laut EU-Kommission – C 2004/3808 vom 13.10.2004 – vertragswidrig.

Der Abschluss eines Verkehrsdienstvertrags – unter Beachtung der vergaberechtlichen Vorschriften, wobei die Berufung auf die Direktvergabemöglichkeit unter Hinweis auf BVergG § 6 Abs. 1 Z 5, wie in der Vergangenheit von einzelnen VVOGen praktiziert, gerade nicht erfolgen kann, weil die Konzessionen nach KflG nach Rechtsmeinung der EU-Kommission eben nicht „mit dem EG-V übereinstimmende Rechts- oder Verwaltungsvorschriften" sind – wird jedenfalls Voraussetzung für die Zahlung von ADTV und SLF-Fahrpreisersätzen sein. Diese Mittel stehen aber dann, wenn vergaberechtliche Bestimmungen nicht eingehalten wurden, unter dem Verdacht der unerlaubten staatlichen Beihilfe – „Altmark Trans", Rn. 93. Im Falle einer Anfechtung durch einen übergangenen potenziellen Bieter gehen damit die Verkehrsunternehmen als Empfänger einer solchen Beihilfe das Risiko einer Rückforderung ein, die jedenfalls im Sinne des § 7 Abs. 2 die Eigenwirtschaftlichkeit des Verkehrs in Frage stellte. Die auf § 4 fußende Bestimmung des § 7 Abs. 2, die analog dem KflG die Ausschreibung von Verkehrsdienstverträgen oder die Auferlegung von Verpflichtungen des öffentlichen Dienstes einschränkt, ist im diesem Lichte EG-rechtlich bedenklich.

Der Verordnungsentwurf der EU-Kommission KOM 2005/0319 wird von der österreichischen Bundesregierung ausdrücklich begrüßt. Nach wie vor ist es ihr Ziel, im Zuge der österreichischen Präsidentschaft bis Sommer 2006 zumindest zu einer „politischen Einigung" als Vorstufe zur Festlegung der „Gemeinsamen Position" des Rates im Art-251-Mitentscheidungsverfahren zu kommen[60].

Derzeit wird in einer Ratsarbeitsgruppe auf Expertenebene heftig um Einzelheiten gerungen. Auf der formellen März-Tagung des Verkehrsministerrats sollen dann die offiziellen Meinungen der MS zu einer in dieser Arbeitsgruppe erarbeiteten Checklist von offenen Fragen und allenfalls möglichen Kompromissen[61] eingeholt werden – immer mit dem Ziel einer politischen Einigung bis Juni.

---

[60] Nachdem die britische Präsidentschaft das Thema liegen gelassen hatte und den Kommissionsvorschlag im Verkehrsministerrat nur „am Rande", in Zusammenhang mit Schnittstellenproblematiken zum 3. Eisenbahnpaket, andiskutiert worden war.

[61] Es geht vor allem, in Abstimmung mit dem Eisenbahnpaket, um die Definition von regionalem SPV in Abgrenzung vom städtischen SPNV sowie um die Frage des Verhältnisses der VO zum allgemeinen Vergaberecht – Stichwort „lex specialis", Herausnahme des Verkehrsvergaberegimes aus dem Geltungsbereich der VergabeRL – und um die Frage der Definition des „internen Betreibers", für den die Ausnahmemöglichkeit der Direktvergabe vorzusehen ist.

„Kukacka: Neue EU-Verordnung für öffentlichen Verkehr ist ein massiver Rückenwind für die österreichische Reform im öffentlichen Verkehr"

… rechnet Kukacka damit, dass Österreich im Rahmen seiner EU-Ratspräsidentschaft die Beschlussfassung der vorliegenden Verordnung „entscheidend vorantreiben werde"[62]. Sein Wort in Gottes Ohr.

Die bereits beschlossene KflG-Novelle und der Entwurfs des ÖPNRV-G 2006 bleiben allerdings auf halbem Weg stecken.

Das Ministerium und seine Berater hoffen auf

- die EU,
- das Vergabe- und Beihilfenrecht und
- den „Druck der leeren Kassen"

als Motor für „mehr Wettbewerb", was dann zu mehr Effizienz im Mitteleinsatz und mehr Wettbewerbsfähigkeit gegenüber dem MIV führen sollte. Im Selbstlauf, gewissermaßen.

Die Hoffnung stirbt zuletzt, sagt man nicht nur in Österreich.[63]

---

[62] APA-OTS 21.7.2005 in Reaktion auf die Veröffentlichung des Kommissionsentwurfs.
[63] PS: Der Verfasser bittet, nicht dahingehend missverstanden zu werden, dass die Schilderung mancher österreichischer Verhältnisse Rechtfertigung dafür sein könnte, dass in Deutschland alles bestens wäre und Änderungen daher wohl nicht nötig seien.

ÖPNV in Österreich
zwischen Staatswirtschaft und Wettbewerb

Mag. Gerhard Fritz

Gliederung:

- Einige Zahlen
- Struktur und wesentliche Probleme - der Rechnungshof
- Die Reform 2005 – mit einigen kritischen Anmerkungen

Gliederung:

- Einige Zahlen
- Struktur und wesentliche Probleme - der Rechnungshof
- Die Reform 2005 – mit einigen kritischen Anmerkungen

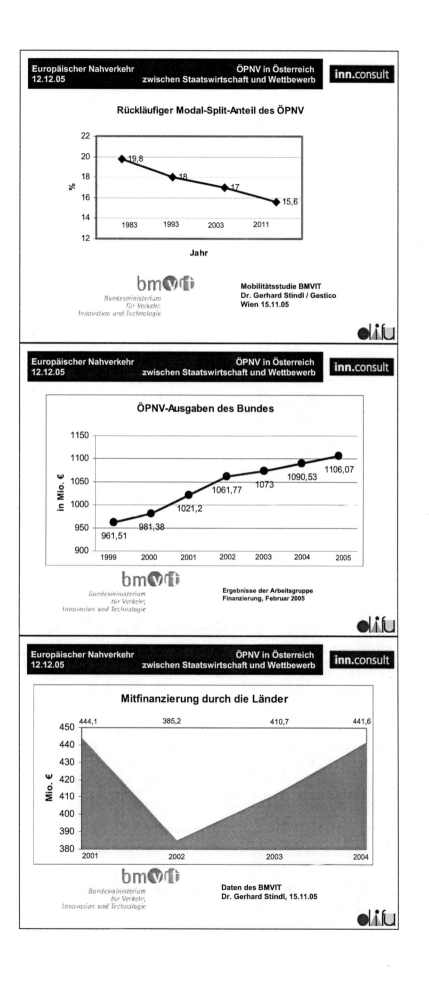

| Europäischer Nahverkehr | ÖPNV in Österreich | inn.consult |
| 12.12.05 | zwischen Staatswirtschaft und Wettbewerb | |

WIFO ROBERT WIESER
2002

WETTBEWERB IM ÖFFENTLICHEN PERSONENNAH- UND -REGIONALVERKEHR

- Insgesamt wurden im österreichischen ÖPNRV im Jahr 1998 rund 1,5 Mrd. Personen befördert, davon 990 Mio. allein im innerstädtischen Verkehr.
  Wiener Linien: 46,8 % aller Fahrgäste im ÖPNRV
  GVB: 6,2 %
  Linz Linien: 5,6 %
  IVB: 3,0 %   Salzburg und Klagenfurt sind nicht ausgewiesen

  Im innerstädtischen Verkehr wurden auch die Marktanteile gehalten oder gesteigert – im Regionalverkehr gingen sie zurück.

- Bei Gesamtkosten des ÖPNRV in Österreich von 1,93 Mrd. € im Jahre 1999 ergab sich eine Gesamtbelastung der öffentlichen Haushalte von etwa 1,3 Mrd. € (*VCÖ*, 2001)... die Gemeinden tragen 429 Mio. € bei.

  Aus dem Vergleich der Daten ergibt sich, dass das BMVIT in seinen Zahlen von heuer Wien als Land zählt, das WiFo aber Wien den Gemeinden zuzählte.

Postbus GmbH:
Anfang 2005 mit Bahnbus fusioniert,
Betrieb der ÖBB Personenverkehr AG.
2.100 Busse, 900 Linien,
4.000 MitarbeiterInnen,
245 Mio. Fahrgäste/Jahr, Umsatz 350 Mio./a.
Tochter CSAD Budweis in Tschechien.

Größtes privates Busunternehmen.
800 Autobusse, 1350 MitarbeiterInnen
an 9 Standorten, mehrere regionale
Tochtergesellschaften. Umsatz 91,8 Mio./a.
2005 Übernahme der Buslinien der Stadtbus
Salzburg in die Albus Salzburg
Verkehrsbetrieb GesmbH - 51 % Dr. Richard.

245 Busse, Linien vor allem in Ostösterreich
Tochterfirmen in Ungarn und Slowakei

SABtours

Beteiligung der E-Werke Wels. Stadtbus
Wels, Linien in OÖ. 100 Busse.

Zum Vergleich:

2004 735 Mio. Fahrgäste, 34 % Marktanteil aller innerstädtischen Wege.
8.000 Beschäftigte. 118 Linien. Netzlänge 930 km.

5 U-Bahnlinien, 636 Triebwägen, 420 Mio. Fahrgäste.

32 Straßenbahnlinien, 552 Straßenbahnen, 205 Mio. Fahrgäste.

81 Buslinien, 483 Autobusse, 110 Mio. Fahrgäste.

Tochterfirma Wiener Lokalbahn WLB – mit europäischer Eisenbahnlizenz.
Bustochter für den Wettbewerb außerhalb Wiens.

Ein kommunales Unternehmen in einer Mittelstadt wie Innsbruck hat
27 Linien, 19 Straßenbahngarnituren, 18 O-Busse und ca. 100 Busse,
400 MitarbeiterInnen und 45 Mio. Fahrgäste/Jahr.

Slide 1

Europäischer Nahverkehr — ÖPNV in Österreich zwischen Staatswirtschaft und Wettbewerb — inn.consult
12.12.05

„Wettbewerbliches Gesamtbild:

Abschließend ist festzuhalten, dass der Wettbewerb zwar möglich ist, aber nur sehr eingeschränkt praktiziert wird." (S. 7)

Absolute Marktanteile Öffentlicher **Regional**verkehr in Prozent auf Basis der Tariferlöse Bahn- und Busverkehr 2000 – OHNE kommunale Stadtverkehre

Marktanteile ÖBB/ÖPAG nach Zusammenschluss

ÖBB/ÖPAG: 77%, 99%, 72%, 84%, 85%, 85%, 100%
VOR+VVNB, OÖVV, StVG, WK, SW, VVT, VV

„Zusammenschluss der Österreichischen Bundesbahnen (ÖBB) mit der Österreichischen Postbus AG (ÖPAG)"
Prof. Dr. Carl Christian von Weizsäcker, Köln
Metropolitan Consulting Group GmbH, Berlin
Juli 2003

Slide 2

Europäischer Nahverkehr — ÖPNV in Österreich zwischen Staatswirtschaft und Wettbewerb — inn.consult
12.12.05

Gliederung:

- Einige Zahlen
- Struktur und wesentliche Probleme - der Rechnungshof
- Die Reform 2005 – mit einigen kritischen Anmerkungen

Slide 3

Europäischer Nahverkehr — ÖPNV in Österreich zwischen Staatswirtschaft und Wettbewerb — inn.consult
12.12.05

BWB Tätigkeitsbericht der Bundeswettbewerbsbehörde
1. Juli 2003 bis 30. April 2004   BWB/GD-214/1

• Marktgegenseite der Busunternehmungen im Linienverkehr – nur der Linienverkehr ist relevant - ist nicht primär der Fahrgast, sondern vielmehr auf Grund der Regelungen des ÖPNRV-G die Verkehrsverbünde bzw. die Gebietskörperschaften. Ganz Österreich wird - gesetzlich angeordnet – über Verkehrsverbundorganisationen versorgt. Die Verkehrsverbundorganisationen sind gegenüber den Busunternehmungen monopolistische Nachfrager in ihrem Gebiet.
• Nach dem Kraftfahrlinien-Gesetz ist der Kraftfahrlinienverkehr – streng streckenmäßig fixiert - konzessionspflichtig. Es gibt 2900 Konzessionen.
• In Folge des strengen öffentlichrechtlichen Konzessionssystems nach dem Kraftfahrlinien-Gesetz und des vom ÖPNRV-G angeordneten Verkehrsverbundsystems ist Wettbewerb bloß in sehr geringem Umfang möglich.

Europäischer Nahverkehr — 12.12.05 — **ÖPNV in Österreich zwischen Staatswirtschaft und Wettbewerb** — inn.consult

Das Öffentlicher Personennah- und Regionalverkehrsgesetz - ÖPNRV-G
(im Juli 1999 als eines der letzten Gesetze der damaligen Großen Koalition
beschlossen und am 1.1.2000 in Kraft getreten), sollte eigentlich

*„durch Schaffung klarer Strukturen für die Organisation und Finanzierung des öffentlichen Personennah - und Regionalverkehrs einen **konsequenten Übergang zum Bestellerprinzip** bei nicht eigenwirtschaftlich erbrachten Verkehrsdiensten"* schaffen.

Parlamentarische Materialien, 1132/A XX.GP,
Antrag der Abgeordneten Rudolf Parnigoni, Mag. Helmut Kukacka, Kröll,
Edler und Genossen, Erläuterungen, A. Allgemeiner Teil

Das Elend ist nur:
Wir haben
- **je nach Schätzung zwei Drittel bis drei viertel öffentliche Finanzierung der Kosten des gesamten ÖPNRV**
- **aber praktisch nur eigenwirtschaftliche Konzessionen**

Europäischer Nahverkehr — 12.12.05 — **ÖPNV in Österreich zwischen Staatswirtschaft und Wettbewerb** — inn.consult

Das ÖPNRV-G 2000
- beschränkte sich weitestgehend auf Finanzierungsregelungen
- legte die Aufgabenträgerverantwortung alles andere als klar fest
  ▶ "Länder *und* Gemeinden" ohne klare Abgrenzung zwischen Nah- und Regionalverkehr
- überwies die Regelung der Verkehrsverbünde
  (mit demonstrativen Aufzählungen von Kompetenzen und
  Kann-Bestimmungen) in den Bereich der Privatwirtschaftsverwaltung
  der Gebietskörperschaften
  ▶ freiere Gestaltungsmöglichkeit, aber keine Pflichtaufgaben für die Gewährleistungsverantwortung der Aufgabenträger
- lieferte eine (glücklicherweise nirgends zur Gestaltung angewandte) kartellrechtswidrige Definition der Verbünde ▶ Unternehmensverbünde

- brachte vor allem das Bestellprinzip nicht wirklich

Europäischer Nahverkehr — 12.12.05 — **ÖPNV in Österreich zwischen Staatswirtschaft und Wettbewerb** — inn.consult

Der Rechnungshof hat in einem Prüfbericht vom Herbst 2004 –
vom Ministerium unüblicher Weise schon als Rohbericht öffentlich gemacht –
vernichtende Feststellungen getroffen:

- Zersplitterte Aufgaben- und Finanzierungsstrukturen
  ▶ Unübersichtlichkeit und Effizienzmängel beim Mitteleinsatz.

- Die verkehrspolitisch gewünschte Verlagerung gelang weder von der Straße auf die Schiene noch vom MIV auf den ÖPNRV.

- Eine dem Aufgabenumfang (Einbindung in die Planung) entsprechende Übertragung der Finanzierungsverantwortung an die Länder und Gemeinden erfolgte bisher nicht.

- Die Verträge des BMVIT über gemeinwirtschaftliche Leistungen im Schienenverkehr waren primär auf die Konservierung bisheriger Strukturen ausgerichtet.

Europäischer Nahverkehr — 12.12.05 — ÖPNV in Österreich zwischen Staatswirtschaft und Wettbewerb — inn.consult

- Die systematische Bevorzugung bestehender Konzessionsinhaber hemmte im Bereich der Kraftfahrlinien den Wettbewerb um Verkehrsdienstverträge.
Richtlinien des BMVIT zur Belebung und Sicherstellung des Wettbewerbs (sic!) fehlten.

- Dem BMVIT fehlten weitgehend Daten über die Entwicklung des ÖPNRV aber auch der entsprechenden Finanzierungsmittel (etwa im 2005 neu in Kraft getretenen FAG)!

Ein ähnliches Ergebnis brachte ein Einschau des
Vorarlberger Landesrechnungshofs beim Vorarlberger Verkehrsverbund:
Landes-Rechnungshof Vorarlberg, Prüfbericht über die
Verkehrsverbund Vorarlberg GmbH, November 2004,
10. Beilage 2004 zu den Sitzungsberichten des XXVIII. Vorarlberger Landtages

---

Europäischer Nahverkehr — 12.12.05 — ÖPNV in Österreich zwischen Staatswirtschaft und Wettbewerb — inn.consult

„Der RH weist darauf hin,
dass zu lange Konzessionsfristen und
die systematische Rücksichtnahme
auf bestehende Konzessionen den Wettbewerb
um Verkehrsdienstleistungen (...) hemmen."
(S. 28 Pkt. 9.2.2.)

Durch die Konzessionen fühlen sich die Verbundorganisationen nämlich
an der Ausschreibung von Verkehrsdienstverträgen gehindert.
Das Bundesvergabegesetz - § 6 Abs. 1 Z 5 – „gilt nicht"
„für Dienstleistungsaufträge, die ... auf Grund eines ausschließlichen Rechts
vergeben werden, das auf Grund von mit dem EGV übereinstimmenden
Rechts- oder Verwaltungsvorschriften besteht".

Eben dies bestritt allerdings die EU-Kommission
im noch laufenden Vertragsverletzungsverfahren vom Oktober 2004,
das die Nahverkehrsreform auch antrieb.

Europäischer Nahverkehr — 12.12.05 — ÖPNV in Österreich zwischen Staatswirtschaft und Wettbewerb — inn.consult

KflG: **Bestandsschutz**

Bei **Wiedererteilung** einer bestehenden Konzession ist „bei gleichem Angebot"
der **bisherige Konzessionsinhaber** „vor allem zu berücksichtigen" (§ 29 Abs 1)

§ 30. (1) Stellt der Konzessionsinhaber spätestens sechs Monate vor Ablauf
einer auf die volle Konzessionsdauer des § 15 Abs. 1 erteilten Konzession
den Antrag auf Verlängerung der Konzessionsdauer
bei sonst unverändertem Inhalt der Konzession,
so ist diesem Antrag stattzugeben,
sofern kein anderer Konzessionswerber vorhanden ist (...)

> Dem stehen aber beträchtliche Hindernisse entgegen.

Europäischer Nahverkehr — ÖPNV in Österreich zwischen Staatswirtschaft und Wettbewerb
12.12.05

KflG § 30. (1) Stellt der Konzessionsinhaber spätestens sechs Monate vor Ablauf ... den Antrag auf Verlängerung..., so ist diesem Antrag stattzugeben, sofern kein anderer Konzessionswerber vorhanden ist (...)

„Im Prinzip" ist der Genehmigungswettbewerb um das „beste Angebot" zur „Befriedigung der Verkehrsbedürfnisse" möglich.
In der Praxis gibt es fast unüberwindbare Hindernisse:

**Woher weiß ein potenzieller Wettbewerber, wann er einen konkurrierenden Genehmigungsantrag einzubringen hat?
Er kann es nicht wissen.**

INNBUS

7.5.2002: Beschwerde beim Verwaltungsgerichtshof gegen das Amt der Tiroler Landesregierung (und BMVIT) wegen Verweigerung einer Auskunft über den Ablaufzeitpunkt von Konzessionen. – Erledigung 3 ½ Jahre später.
Die Inn-Bus GmbH hatte – in Zusammenhang mit Verkehrsdiensteverträgen, die der VVT abgeschlossen hatte - unter Berufung auf das Auskunftspflichtgesetz Auskunft über die Laufzeit von Konzessionen verlangt.

Auskunft verweigert: Das Ansuchen sei „nicht nachvollziehbar."
Neben der bei auskunftsunwilligen Behörden schon fast rituellen Berufung auf den „Datenschutz" mit folgenden bemerkenswerten Argumenten:

- Informationen über das Ablaufdatum von Konzessionen würden zwar einer Verkehrsverbundbundorganisation erteilt, nicht aber einem Verkehrsunternehmen.

- Die Strecken, auf die sich die Anfrage beziehe, seien „weit entfernt vom Verkehrsbereich" der Inn-Bus.

- Verkehrsunternehmen müssten die „gleiche Ausgangssituation" haben und könnten ausschließlich auf der Grundlage eines Penhefts der Verbundorganisation ein Angebot legen.

  > Mangels eines Vergabeverfahrens gab es natürlich kein Pflichtenheft und keine Gelegenheit zur Angebotslegung.

- Die „Wettbewerbsneutralität" gebiete es, nicht ein einzelnes Unternehmen durch die Herausgabe von Informationen über das Ablaufdatum von Konzessionen zu begünstigen.

Der VwGH - 2002/03/0110-6 vom 30.9.05: „gesetzwidrig".

Der Rechnungshof empfiehlt u.a.:
(„Zusammenfassende Empfehlungen", S. 34/35)

Effizienz des Mitteleinsatzes sicherstellen

⇨ messbare Ausweitung der Marktanteile des ÖPNV

Entflechtung der Eigentümer- und Bestellerfunktion

Innovatives Leistungsklima
⇨ Belebung des Wettbewerbs der Teilnehmer am ÖPNRV

Planungssicherheit ⇨ mehrjährige Förderungszusagen

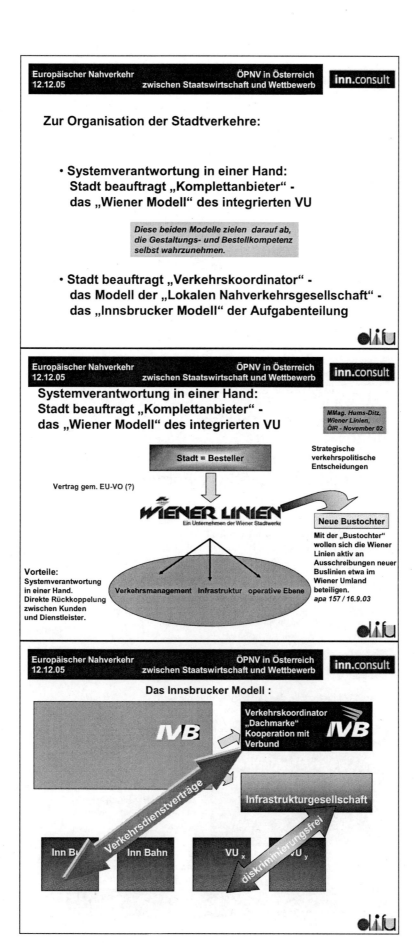

Europäischer Nahverkehr — ÖPNV in Österreich zwischen Staatswirtschaft und Wettbewerb
12.12.05 — inn.consult

Gliederung:

- Einige Zahlen
- Struktur und wesentliche Probleme - der Rechnungshof
- Die Reform 2005 – mit einigen kritischen Anmerkungen

Europäischer Nahverkehr — ÖPNV in Österreich zwischen Staatswirtschaft und Wettbewerb
12.12.05 — inn.consult

APA-OTS 16.10.04
ÖVP-Bundeskongress: Kukacka

Mehr Transparenz der Finanzierungsstruktur durch eine Verländerung der ÖPNV-Fördermittel

"Ziel einer Reform ist deshalb sowohl die Schaffung von mehr Transparenz und Effizienz der Finanzierungsstruktur durch eine Verländerung der ÖPNV-Fördermittel.
Zugleich solle die Bestellerfunktion an die Länder und Verbundorganisationen übergeben werden."

APA-OTS 21.7.05
Kukacka: "Kürzere Konzessionslaufzeiten, mehr Transparenz und eine breite Palette an Vergabemöglichkeiten für Verkehrsdiensteverträge sind die Eckpfeiler der nationalen Reformansätze..."

Europäischer Nahverkehr — ÖPNV in Österreich zwischen Staatswirtschaft und Wettbewerb
12.12.05 — inn.consult

Die kommende Novelle des ÖPNRV-G muss die Aufgabenträgerschaft klar benennen.

„Die Kommunen können entscheiden, wie sie den öffentlichen Personenverkehr organisieren wollen."
Presseaussendung der Kommission IP/05/975, 20.7.05

Derzeit: „Länder und Gemeinden" nur pauschal benannt.

„Pragmatisch" und implizit:
Länder ► Regionalverkehr
Städte ► urbaner Nahverkehr

Gestaltungsspielraum UND Finanzausstattung der Städte ◄ ÖPNRV-G

„Nachfrageorientierte Bestellung" ► „bewährtes Subsidiaritätsprinzip" lt. parl. Mat.
Gestaltung von Verbundräumen nach „Verkehrsströmen"

| Europäischer Nahverkehr | ÖPNV in Österreich | inn.consult |
| 12.12.05 | zwischen Staatswirtschaft und Wettbewerb | |

Dr. Gerhard Stindl, 15.11.05, „Die ÖPNV-Reform 2005" – GRUNDPRINZIPIEN:
- Föderalismus und Subsidiarität
- Sparsamkeit und Zweckmäßigkeit

▶ Aufgaben der Länder und Gemeinden nach ÖPNRV-G neu:
- Planung von Verkehrdienstleistungen
- Finanzierung der Verbünde unter zweckmäßiger Verwendung der Bundesmittel
  ▶ § 10 Abs. 1, Stand 4.11.: 55,5 Mio. für die VVOGen, aufgeteilt auf die Länder
  ▶ § 11 Abs. 1: 30 Mio. Bestellerförderung, aufgeteilt auf die Länder
  ▶ § 12 Abs. 4: 407,5 Mio. Tarifbestellung SPNRV, aufgeteilt auf die Länder
  ▶ SLF: 340 Mio.

Öffentliche Finanzierung der Betriebsausgaben 2004/5:
  Bund: 1,1 Mrd.
  Länder: 441,6 Mio.

... und die Gemeinden?

| Europäischer Nahverkehr | ÖPNV in Österreich | inn.consult |
| 12.12.05 | zwischen Staatswirtschaft und Wettbewerb | |

Die Städte bringen schon jetzt in großem Umfang (weit über die FAG-Zuweisungen hinaus) Eigenmittel für die Finanzierung des Nahverkehrs ein.

„Regionalisierung" kann nicht heißen: Alles Geld den Ländern – und die Gemeinden dürfen sich dort als Bittsteller anstellen.

| Europäischer Nahverkehr | ÖPNV in Österreich | inn.consult |
| 12.12.05 | zwischen Staatswirtschaft und Wettbewerb | |

bm◐◑
Bundesministerium
für Verkehr,
Innovation und Technologie

ÖPNRV-G 2006, Entwurf, Stand 4.11.
§ 7 Abs. 1:
Aufgaben der Länder und Gemeinden im ÖPNRV sind:
  1. Planung nachfrageorientierter Verkehrsleistungen
  2. Betrieb von VVOGen zur Umsetzungen der ... wahrzunehmenden Aufgaben des jeweiligen Landes und dessen Gemeinden
  3. Abschluss von Verträgen über gemeinwirtschaftliche Leistungen
  4. Abgeltung der ... Durchtarifierungsverluste ...unter Verwendung der dafür zugewiesenen Bundesmittel
  5. Abgeltung der zusätzlich bestellten gemeinwirtschaftlichen Verkehrsdienstleistungen ...
  6. Bereitstellung der notwendigen Daten für das Monitoring

... und mit welchem Geld nehmen die Gemeinden diese Verantwortung wahr?

Europäischer Nahverkehr — ÖPNV in Österreich zwischen Staatswirtschaft und Wettbewerb — 12.12.05 — inn.consult

Resolution des 55. Städtetages vom 10.6.05:
- „Die Auswirkungen von Entwürfen neuer Regelungen auf die Gemeinden müssen genau geprüft und auch finanziell dargestellt werden."
- „Die Städte lehnen weitere Aufgabenübertragungen ohne gerechte Kostenabgeltung ab."

⬇

Die „Regionalisierungsmittel"
sind bei jenen Gebietskörperschaften zu konzentrieren,
die Aufgabenträger sind
und die Bestellverantwortung wahrnehmen.
Dies sind die Länder *und* (Stadt-)Gemeinden.

BMVIT (und Rechnungshof):
Die Finanzierung aus unterschiedlichsten Töpfen
verschiedener Gebietskörperschaften ist
der Transparenz und der Effizienz wenig förderlich.

→ Gebündelte Übertragung dieser Mittel.

Aber direkt und in ausgewogenem Verhältnis an die Aufgabenträger!
In keinem Fall
– auch nicht im Zusammenhang mit der Schüler- und Lehrlingsfreifahrt –
an Aufgabenträgerorganisationen wie die Verbundorganisationsgesellschaften.
Länder und Gemeinden haben selbst zu entscheiden,
wie sie diese Mittel einsetzen und an wen sie sie allenfalls weitergeben.

Die Freiheit der Gemeinden, insbesondere der größeren Städte,
entweder eigene Regiegesellschaften zu betrauen – nach dem Muster
des hessischen ÖPNVG 2005 -
oder bestimmte Aufgaben
von den (Landes-)Verbundorganisationsgesellschaften erledigen zu lassen,
muss gesetzlich abgesichert werden.

Ein Diskussionsvorschlag der Stadt Innsbruck und der IVB:

§ 7 Abs. 1
Unter Bedachtnahme auf das Subsidiaritätsprinzip
und insbesondere auf die Begriffsbestimmungen des § 3
und im Rahmen einer engen Kooperation
zwischen den Gebietskörperschaften
oder ihren Aufgabenträgerorganisationen als „zuständige Behörden"
im Sinne der VO EWG 1191/69 und allfälliger Nachfolgeverordnungen
sind Aufgaben der Länder und Gemeinden
im öffentlichen Personennah- und Regionalverkehr:
...

- *Gemeinden – und insbesondere die Städte – haben eine eigenständige Aufgabenträgerrolle insbesondere für den Personennahverkehr iSd § 3 Abs. 1, also Stadt- und Vororteverkehre.*
- *Sie nehmen diese in Kooperation mit den Ländern und ihren VVOGen wahr, sind aber frei in der Wahl ihrer organisatorischen Mittel – Art 116 und 118 B-VG.*
- *Der Bundesgesetzgeber beachtet das Konnexitätsprinzip des F-VG.*

§ 7 Abs. 3 neu
Die nach Maßgabe der Bestimmungen des 3. Abschnitts, „Finanzierung",
§§ 10 – 13,
den Ländern zustehenden Beträge fließen dann,
wenn Gemeinden ihre Aufgabenträgerverantwortung
gemäß Abs 1 selbst wahrnehmen,
und unter Bedachtnahme auf das Ausmaß der von ihnen selbst
dafür aufgewendeten Mittel,
auch den Gemeinden zu.

Beim Abschluss entsprechender Vereinbarungen
zwischen Ländern und Gemeinden ist,
was die Weitergabe der Mittel gemäß §§ 10 – 13 betrifft,
insbesondere Bedacht zu nehmen auf die Verhältniszahlen,
die sich aus den Bestimmungen des § 20 Abs. 2 – 4 FAG ergeben.

Die Weitergabe von „Verländerungsmitteln" ist damit an die Bedingung geknüpft, dass
- *Gemeinden ihre Aufgabenträgerverantwortung selbst wahrnehmen*
- *Eigenmittel dafür aufwenden.*
§ 20 Abs. 2 u 3 FAG bezieht das Ausmaß der übernommenen Verantwortung ein und wäre daher als Orientierungsmaßstab tauglich.

Entwurf:
Bundesgesetz, mit dem das Kraftfahrliniengesetz geändert wird

„… in Konformität mit den anwendbaren Bestimmungen
sowohl des nationalen als auch des gemeinschaftsrechtlichen Vergaberechts …"
„…wird den Erfordernissen des primärrechtlichen Nichtdiskriminierungs-
und Transparenzgebotes entsprochen"

Da dürfen doch Zweifel angemeldet werden:

Der Genehmigungswettbewerb – ohnehin nur „Restwettbewerb" laut
OLG Wien im Fusionsverfahren Postbus –
wird nicht wirklich gefördert; die Schwächen des Konzessionsrechts bleiben:

- ▶ Streichung § 30 – automatische Verlängerung – reicht nicht
- ▶ § 29 Abs. 1 – Vorrang des Bestandskonzessionärs - bleibt
- ▶ Transparenzverpflichtungen für die Behörde fehlen – z.B. Kataster
- ▶ keine Kriterien für „öffentliches Verkehrsbedürfnis" - § 7 Abs 1 Z 3

Wenigstens einem dringenden Anliegen der Aufgabenträger
wurde nach der Begutachtung im Regierungsentwurf entsprochen:
Die Schaffung vernünftiger Linienbündel als Voraussetzung für mögliche
Ausschreibungen von Verkehrsdienstverträgen

§ 15 Abs. 1:
**Es ist jetzt klargestellt, dass die Konzessionshöchstlaufzeit von 8 Jahren
von der Behörde verkürzt werden darf – nämlich**
„zur Erreichung der in § 37 Abs. 3 angeführten Ziele"

Dieser besagt:
(3) Die Aufsichtsbehörden haben bei ihren Maßnahmen
auch die Ziele der Bundes- und Landesplanung zu beachten.

| Europäischer Nahverkehr | ÖPNV in Österreich | inn.consult |
| 12.12.05 | zwischen Staatswirtschaft und Wettbewerb | |

Aber es fehlen Transparenzverpflichtungen für die Behörde:
VwGH 2003/03/0110 vom 6.9.05

Das BMVIT hatte 2002 ein Auskunftsersuchen über das Ablaufdatum von Bestandskonzessionen wegen „mangelnder Parteienstellung" abgewiesen und hinzugefügt:
Die Behörde sei "aus dem Titel der Auskunftspflicht keinesfalls berechtigt, einem Unternehmen einen unverhältnismäßigen Informationsvorsprung zu verschaffen, der in weiterer Folge mit Sicherheit zu einer eindeutigen Wettbewerbsverzerrung führt."

Der Pflicht der Beh zur Auskunftserteilung nach § 1 Abs. 1 AuskunftspflichtG korrespondiert ein subjektives öffentliches Recht des Einschreiters.
Ein über das in der Vorschrift des § 1 Abs. 1 AuskunftspflichtG anerkannte, rechtliche Interesse des Antragstellers an der Auskunftserteilung schlechthin hinausgehendes, aus den besonderen Verwaltungsvorschriften abzuleitendes rechtliches Interesse an der Auskunftserteilung fordert
das AuskunftspflichtG nicht. – VwGH 89/17/0028; 94/15/0015; 97/04/0239

Die weiteren Ausführungen der belangten Behörde – *"Wettbewerbsverzerrung"* –
… lassen ebenfalls keinen Bezug zu § 1 Abs. 1 Auskunftspflichtgesetz erkennen und sind im Übrigen nicht nachvollziehbar.

Muss ein VU jetzt dauernd anfragen – oder könnte die Behörde nicht gleich einen transparenten Kataster führen?

| Europäischer Nahverkehr | ÖPNV in Österreich | inn.consult |
| 12.12.05 | zwischen Staatswirtschaft und Wettbewerb | |

Weiter gegangen als der VwGH - der sich nur zum AuskunftspflichtG äußerte – war bekanntlich schon 2003 das dt. Bundesverwaltungsgericht. Es sprach auch das Art. 6 u 18 StGG vergleichbare Grundrecht an, das ja auch dem KflG nicht fremd ist.

BVerwG 3 C 46.02
3. Senat, 2.7.03

Leitsatz:
Das Grundrecht aus Art. 12 Abs. 1 GG* kann es einer Behörde gebieten, bereits im Vorfeld eines Verwaltungsverfahrens (hier: Linienverkehrs-Genehmigungsverfahren) und damit unabhängig von einer verwaltungsverfahrensrechtlichen Beteiligten-Stellung einem potenziellen Verfahrensbeteiligten Informationen zur Verfügung zu stellen, welcher dieser bedarf, um sachgerecht die Frage prüfen und entscheiden zu können, ob und in welchem Umfang er sich um eine behördliche Genehmigung (Konzession) bewirbt.

„Ein aus dem vorbezeichneten Dilemma eines Neubewerbers folgendes sowie einer Behörde zumutbares Begehren hat auch verfassungsrechtliches Gewicht." (S. 6/7)

Dazu wollte sich der VwGH verständlicher Weise nicht äußern.

| Europäischer Nahverkehr | ÖPNV in Österreich | inn.consult |
| 12.12.05 | zwischen Staatswirtschaft und Wettbewerb | |

► Die Regelung für Bestell-Leistungen - § 23 – bleiben trotz der Klarstellung im Abs. 1
►*anwendbare Bestimmungen des Vergaberechts*
zwangsläufig ohne weiter gehende Auswirkungen:

Es können ja nur „zusätzliche Kurse" auf bestehenden Linien durch Ausschreibung „bestellt" werden.

Das österreichische Mischsystem aus

• fiktiv „eigenwirtschaftlichen" Linien und Genehmigungswettbewerb als de facto „Restwettbewerb"
  ►somit also „unternehmensinitiierten" Verkehren
• Aufgabenträgerorganisationen als „Bestellern"
  ►somit – faktisch kaum vorkommendem – „Behörden-ÖPNV"

bleibt im Wesentlichen bestehen.
Eine Kombination der Mängel aus beiden Systemen,

| Europäischer Nahverkehr | ÖPNV in Österreich | inn.consult |
| 12.12.05 | zwischen Staatswirtschaft und Wettbewerb | |

An der EG-rechtlich bedenklichen Definition der Eigenwirtschaftlichkeit
- § 23 Abs. 3 Z 1 KflG; § 3 Abs. 2 u. 3 ÖPNRV-G 2006 - wird fest gehalten.

„*Unter Tariferlösen sind auch verbundbedingte Fahrpreisersätze und
Fahrpreisersätze zur Gewährung von Sondertarifen für bestimmte
Fahrgastgruppen zu verstehen.*"

Bei der herrschenden Praxis der Direktvergabe von Verkehrsdienstverträgen
in Zusammenhang mit eigenwirtschaftlichen Konzessionen
bleibt zur Vermeidung des Verdachts von Überkompensation
– Urteil „Altmark Trans", drittes Kriterium, Rn 92 –
Handlungsbedarf.

Zugang zu ADTV, SLF... hat nur, wer über eine „eigenwirtschaftliche"
Konzession und daher über einen – idR direkt vergebenen –
Verkehrsdienstvertrag mit der VVOG verfügt. Dies ist aber,
laut EU-Kommission – C 2004 / 3808 vom 13.10.2004 - vertragswidrig.
Das OLG Koblenz hat kürzlich eine derart ausgestattete „eigenwirtschaftliche"
Konzession für rechtswidrig erklärt.

| Europäischer Nahverkehr | ÖPNV in Österreich | inn.consult |
| 12.12.05 | zwischen Staatswirtschaft und Wettbewerb | |

OBERVERWALTUNGSGERICHT
RHEINLAND-PFALZ

BESCHLUSS

*Zur „Überbrückung" der Dauer eines Rechtsstreits, ob eine erteilte eigenwirtschaftliche
Konzession nach § 13 PBefG rechtmäßig sei – ein übergangener Wettbewerber hatte
geltend gemacht, es handle sich wegen der damit verbundenen öffentlichen Zuschüsse
um eine gemeinwirtschaftliche, und es hätte ein Vergabeverfahren stattfinden müssen –
war dem bisherigen Betreiber von Linienverkehren eine „vorläufige" Konzession
erteilt worden, wogegen der Wettbewerber eine einstweilige Verfügung beantragt hatte.
Der Wettbewerber war erfolgreich.*

Aus der Begründung:
„Die Genehmigungserteilung ... in einer Konkurrenzsituation unterliegt nach
der Rechtsprechung des Bundesverwaltungsgerichts Verfahrensanforderungen,
die dem Grundrechtsschutz nach Art. 12 GG – *Berufsfreiheit* – gerecht
werden müssen."

| Europäischer Nahverkehr | ÖPNV in Österreich | inn.consult |
| 12.12.05 | zwischen Staatswirtschaft und Wettbewerb | |

„Das Gebot eines rechtsstaatlichen Verfahrens setzt voraus, dass für die
Wettbewerber gleiche Bedingungen eingehalten werden. ...

Insbesondere darf in diesem Zusammenhang nicht offen bleiben, ob ein
Angebot eigenwirtschaftlich in dem Sinne erbracht wird, dass es ohne
anderweitige Zuschüsse durch den Aufgabenträger nur auf der Grundlage
der durch den Unternehmer kalkulierten regulären Einnahmen zustande
kommt ..."

*Auf S. 8 und 9 der Urteilsbegründung kommt das OVG dann zum Schluss,
dass es sich wegen öffentlicher Zuschüsse in Wahrheit um einen
gemeinwirtschaftlichen Verkehr handle, für den ein Verkehrsdienstvertrag
auszuschreiben gewesen wäre:
Nur die Ausschreibung entspräche dem Ziel der
„Geringste-Kosten-Verordnung" – zu § 13 a PBefG, auf der Grundlage
der VO EWG 1191/69 idgF - und schaffe gleiche Wettbewerbsbedingungen
für die an der Konzession interessierten VU.*

Europäischer Nahverkehr — ÖPNV in Österreich zwischen Staatswirtschaft und Wettbewerb
12.12.05 — inn.consult

Verordnungsvorschlag KOM(2005) 319 endgültig, 20.7.2005

(15) Gebietskörperschaften können öffentliche Personenverkehrsdienste
- entweder selbst erbringen oder einen internen Betreiber ohne Ausschreibung damit beauftragen

→ ... muss die Möglichkeit der Eigenerbringung jedoch strengen Auflagen unterworfen werden:

Art^. 2 (j): vollständige Kontrolle entsprechend der über ihre eigenen Dienststellen;
Art. 5 Abs. 2: an keinem außerhalb des Zuständigkeitsgebiets der Behörde organisierten Ausschreibungsverfahren teilnehmen = Reziprozitätsprinzip

- oder diese Aufgabe der Erbringung einem Dritten übertragen

→ Ausschreibungspflicht als Dienstleistungsauftrag nach RL EG 2004/18 - Erw.grund (16), Art. 3 – 5, insbes. Art. 5 Abs 3

→ Gewährung ausschließlicher Rechte und / oder Ausgleichszahlungen für gemeinwirtschaftliche Verpflichtungen

→ Verbot der Überkompensation – Art. 4 Abs. 2

Europäischer Nahverkehr — ÖPNV in Österreich zwischen Staatswirtschaft und Wettbewerb
12.12.05 — inn.consult

Aufgabenträger, als „zuständige Behörde", müssen

- unter Berücksichtigung sozialer, umweltpolitischer und raumplanerischer Faktoren – *sh. Erwägungsgrund 4 des VOV 2005/0319*

- ÖPNV-Dienstleistungen jedenfalls gewährleisten – *durch „Eigenproduktion" oder durch Vergabe von Dienstleistungsaufträgen*

- den BürgerInnen und SteuerzahlerInnen „value for money", also qualitativ hoch stehende Dienstleistungen zu zumutbaren Kosten bieten

- also dem Verfassungsauftrag der „Sparsamkeit, Wirtschaftlichkeit und Zweckmäßigkeit" nachkommen

Der angestrebte „outcome" – die Versorgung mit einem ausreichenden, gegenüber dem MIV wettbewerbsfähigen ÖPNV-Angebot – muss „effizient", also unter Einsatz des geringsten „inputs" an Mitteln, erreicht werden.
Dazu zwingt auch die Budgetkonsolidierung.

Europäischer Nahverkehr — ÖPNV in Österreich zwischen Staatswirtschaft und Wettbewerb
12.12.05 — inn.consult

Österreichischer Städtebund

Vorschlag für eine Verordnung des Europäischen Parlaments und des Rates über öffentliche Personenverkehrsdienste auf Schiene und Straße

Wien, 29.September 05
Pilz/Tru
Klappe: 899 98
Zahl: 760/788/2005

Insgesamt ist zu unterstreichen, dass der Verordnungsvorschlag
– samt einzelnen Schwächen, die wohl der Orientierung für einen Kompromiss mit dem Parlament sowie der Überwindung der bisherigen jahrelangen Blockade im Rat dienen sollen –

- in wesentlichen Punkten die derzeit bestehende Rechtsunsicherheit beseitigt,

- die berechtigten Interessen sowohl der öffentlichen Auftraggeber als auch der Verkehrsunternehmen anerkennt und ihnen entgegen kommt, und

- insgesamt eine taugliche Grundlage für Organisation und Finanzierung des ÖPNRV ist.

| Europäischer Nahverkehr | ÖPNV in Österreich | inn.consult |
| 12.12.05 | zwischen Staatswirtschaft und Wettbewerb | |

Der zuständige Staatssekretär im BMVIT, Mag. Helmut Kukacka, hat den Verordnungsvorschlag der Kommission mehrfach begrüßt und das Bemühen der österreichischen Präsidentschaft um eine politische Einigung im Rat versprochen.

APA-OTS 21.7.05
„Kukacka: Neue EU-Verordnung für öffentlichen Verkehr ist ein massiver Rückenwind für die österreichische Reform im öffentlichen Verkehr"

\>\> ... rechnet Kukacka damit, dass Österreich im Rahmen seiner EU-Ratspräsidentschaft die Beschlussfassung der vorliegenden Verordnung "entscheidend vorantreiben werde". \<\<

Die vorliegenden Entwürfe des KflG-Novelle und des ÖPNRV-G neu bleiben allerdings auf halbem Weg stecken.

Das Ministerium und seine Berater hoffen auf
• die EU
• das Vergabe- und Beihilfenrecht
• und den „Druck der leeren Kassen"
als Motor für „mehr Wettbewerb" ►mehr Effizienz. Im Selbstlauf.

| Europäischer Nahverkehr | ÖPNV in Österreich | inn.consult |
| 12.12.05 | zwischen Staatswirtschaft und Wettbewerb | |

Danke für Ihre Aufmerksamkeit

inn.consult
Duilestraße 6 a
6020 Innsbruck
0512 5307 351
g.fritz@innconsult.at

wir bewegen die stadt. IVB

Franco Repossi

Auf dem Weg zum Wettbewerb im öffentlichen Verkehrssektor: Einige Erfahrungen in der Region Lombardei

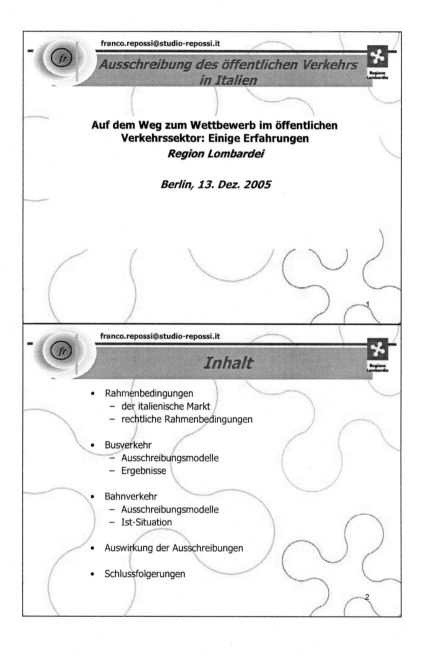

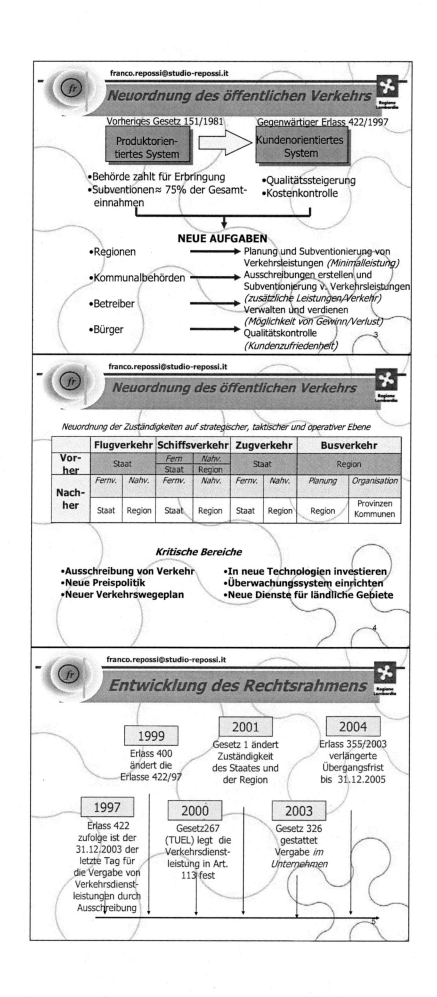

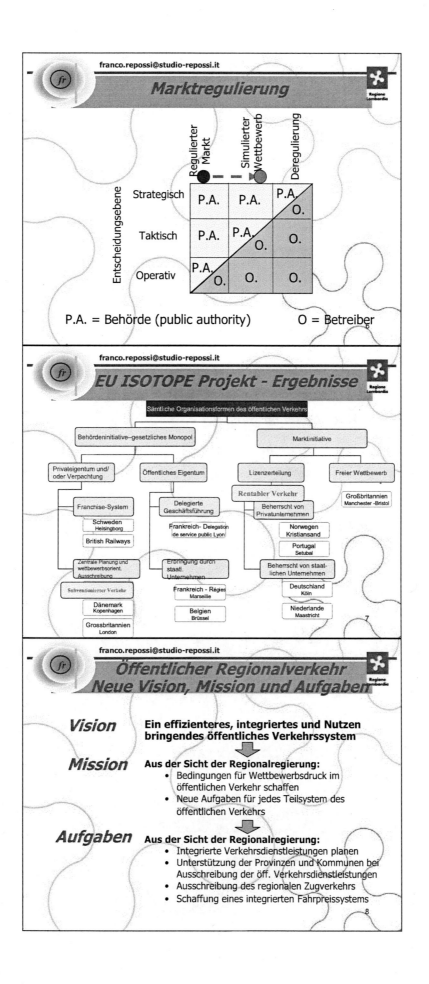

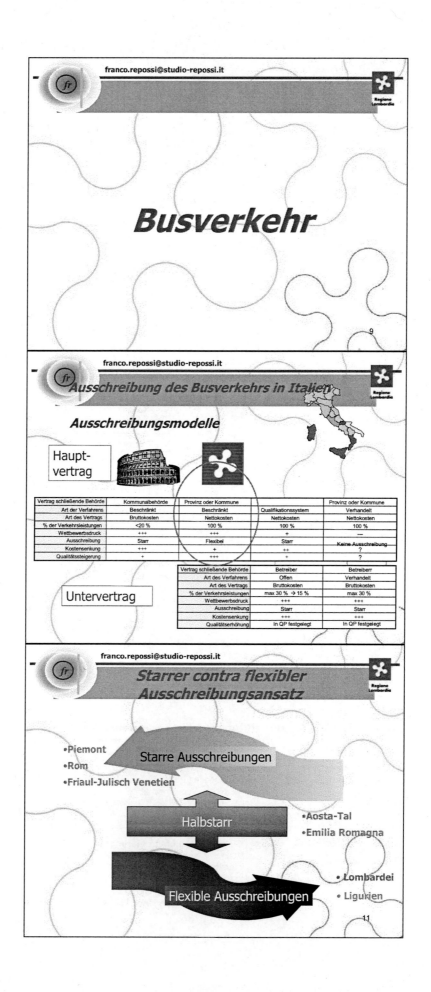

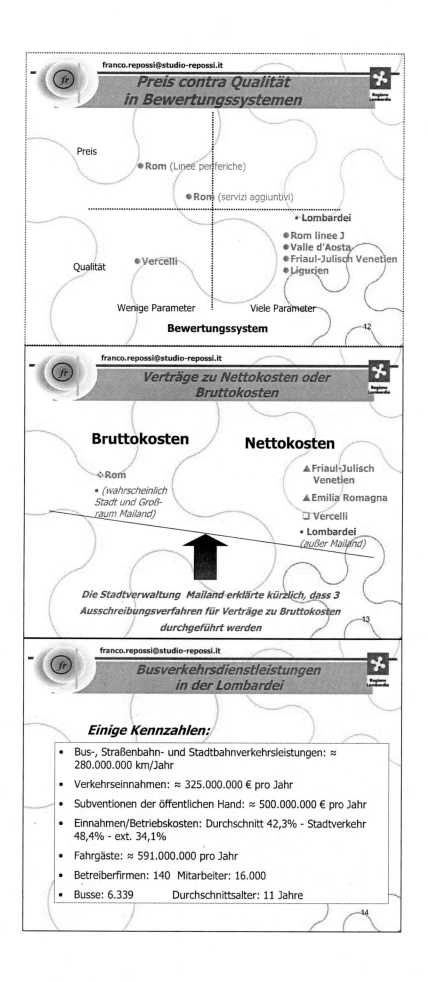

COMO	LECCO	SONDRIO	BERGAMO
urbano: ATM Milano (*)	urbano: LINEE LECCO	urbano: ASM Sondrio	urbano:ATI: ATB Bergamo - SAB - Locatelli - Zani - TBSO
extraurbano: ATI: SPT Linea - FNMA - AGI	extraurbano: ATI: Linee Lecco - Zani - SAL - SPT Linea	extraurbano: Lotto Chiavennasco: STPS Lotto Sondriese: STPS Lotto Tiranese: Perego	extraurbano Lotto sud: ATI: SAB, Zani, Locatelli, AGI, SAI Lotto est: ATI: SAB, Visinoni Lotto ovest:ATI: SAB, Locatelli, Zani

VARESE			BRESCIA
urbano: Cons. Insubria			urbano: ATI: BRESCIA Trasporti - SIA - AGI
extraurbano: da agg. Lotto 1 Lotto 2			extraurbano: Lotto Bassa pianura: ATI: SAIA Brescia - SIA - APAM Lotto Valle Trompia: ATI SIA Brescia - APTV - Brescia Trasporti - SAIA Lotto Val Camonica: gara integrata gomma ferro da aggiudicare
MILANO urbano: da aggiudicare extraurbano: da agg. Lotto 1 Lotto 2 Lotto 3 Lotto 4 Lotto 5 Lotto 6			

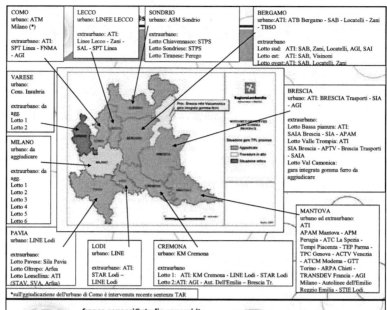

			MANTOVA
PAVIA urbano: LINE Lodi	LODI urbano: LINE	CREMONA urbano: KM Cremona	urbano ed extraurbano: ATI APAM Mantova - APM Perugia - ATC La Spezia - Tempi Piacenza - TEP Parma - TPC Genova - ACTV Venezia - ATCM Modena - GTT Torino - ARPA Chieti - TRANSDEV Francia - AGI Milano - Autolinee dell'Emilio Reggio Emilia - STIE Lodi
extraurbano: Lotto Pavese: Sila Pavia Lotto Oltrepo: Arfea Lotto Lomellina: ATI (STAV, SVA, Arfea)	extraurbano: ATI: STAR Lodi – LINE Lodi	extraurbano Lotto 1: ATI: KM Cremona - LINE Lodi - STAR Lodi Lotto 2:ATI: AGI - Aut. Dell'Emilia – Brescia Tr.	

*sull'ggiudicazione dell'urbano di Como è intervenuta recente sentenza TAR

---

 franco.repossi@studio-repossi.it

Ausschreibung des Busverkehrs in der Lombardei
Die wichtigsten Ergebnisse

- **Übertragung** von Funktionen im öff. Verkehr an Provinzen und große Kommunen
- **Für 40 von 45 Angeboten wurde Zuschlag erteilt** (10 von 11 Provinzen und 10 von 11 Kommunen)
- **Qualitätsverbesserung**: Senkung des Durchschnitts- und Höchstalters der eingesetzten Busse, Nutzung umweltfreundlicher Motoren, stärkere Beachtung des Fahrgastkomforts (Klimatisierung, Sauberkeit usw.) und der Zugänglichkeit (Niederflurbus). In vielen Fällen erhielten wir Investitionsmittel für neue Technologien (wie Echtzeit-Informationssysteme an Bushaltestellen, satellitengestützte automatische Fahrzeugüberwachungssysteme, Electronic-Ticketing-Systeme).
- **Zusätzliche Verkehrsleistungen** von etwa 1.800.000 km ($\approx$1,7% des vergebenen Gesamtumfangs)
  - Provinzen: 1.400.000 Bus*km zusätzliche Strecken im Vergleich zu den ausgeschriebenen 81 Mio. Bus*km.
  - Kommunen: 460.000 km zusätzliche Strecken im Vergleich zu den ausgeschriebenen 30 Mio. km.

---

 franco.repossi@studio-repossi.it

Ausschreibung des Busverkehrs in der Lombardei
Die wichtigsten Ergebnisse

- **Einige Angebote umfassten innovative Dienstleistungen** (bedarfsgerecht)
- **Einsparungen**: etwa 1,8 Mio. € pro Jahr von etwa 165 Mio. € ($\approx$1,1% des vergebenen Gesamtbetrages). Die Einsparungen verteilen sich wie folgt: Verkehrsleistungen in den Provinzen: 1.340.000 € und 450.000 € für Ausschreibungen der Kommunen.
- Die **Einsparungen** im Rahmen der bisherigen Vergabe (im Durchschnitt 1,1 %) wurden mit wesentlichen Reduzierungen (**7,5% in Lodi, 5% in Como, 4,3% in Pavia**) oder ohne Reduzierung (Provinz und Kommune Lecco) erzielt;
- **Die Höhe der den Kommunen und Provinzen von der Region zur Verfügung gestellten Finanzmittel ist seit 1998 unverändert.** Im Zeitraum 1992 – 1999 sanken die Kosten um 25%. Von daher ist die aus der Ausschreibung resultierende geringe Reduzierung in Verbindung mit den angebotenen qualitativen und quantitativen Verbesserungen zweifellos ein gutes Ergebnis für die Region Lombardei.

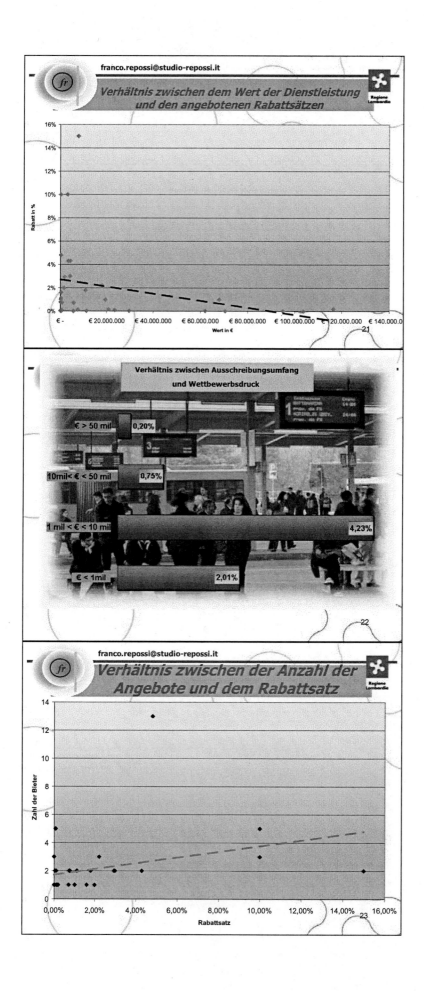

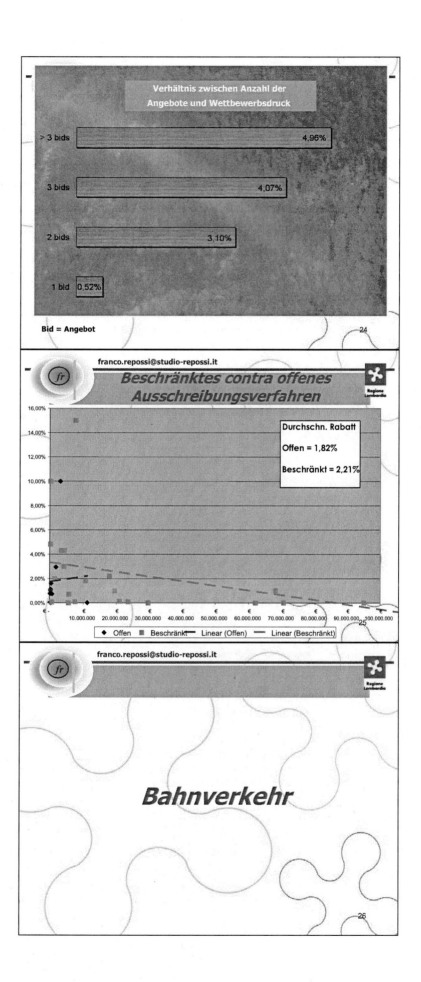

franco.repossi@studio-repossi.it

Ausschreibung des Bahnverkehrs in Italien

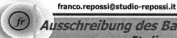

3 Regionen führten Ausschreibungen durch (Lombardei, Venetien und Ligurien).
3 unterschiedliche Herangehensweisen

Lombardei: 1 Ausschreibung für jede Strecke
  Bis jetzt 3 Ausschreibungen:
  - Varese- Milano (passante) – Pioltello;
  - Milano – Monza - Lecco – Como;
  - Brescia – Iseo – Edolo (in Verbindung mit der Ausschreibung des Busverkehrs in dem Gebiet)

Venetien: Regionalverkehr wurde in 2 Netzen für 2 unterschiedliche Ausschreibungen neu geordnet. Bisher läuft 1 Ausschreibung;

Ligurien: Der gesamte Regionalverkehr wird im Rahmen einer einzigen Ausschreibung vergeben. Das Verfahren läuft.

---

franco.repossi@studio-repossi.it

Ausschreibung des Bahnverkehrs in der Lombardei

Gegenwärtige Bahnverkehrsdienstleistungen in der Lombardei

EINIGE DATEN

- 1.970 km Streckennetz;
- 409 Bahnhöfe
- 1.750 Züge/Tag
- 36 Strecken
- etwa 27,3 Mio. km/Jahr (≈11% Italiens)
- 3,6 Mrd. Fahrgast-km/Jahr (18% Italiens)

---

franco.repossi@studio-repossi.it

Ausschreibung des Bahnverkehrs in der Lombardei

Schienenfahrzeugflotte

- **Alter:** Durchschnittsalter - 25 Jahre
- **Für Fernverkehr gebaut** (d.h. nicht an Bedürfnisse der Stadtbahn angepasst)
- **Zahlenmäßig zu schwach für derzeitigen Bedarf**

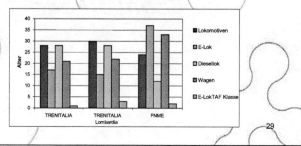

Szenario 2008

Geschätzte Nachfragesteigerung bis 2008

Ziele für Ausschreibung des Bahnverkehrs

- ✓ **Effizientere Leistungserbringung**: Wettbewerb führt zu höherer Produktivität, was mehr Züge zum selben Preis bedeutet
- ✓ **Höherer Qualitätsstandard**:
  - Gegenwärtige Verträge beruhen auf Verhandlungen: das Qualitätsniveau ist auf Vermittlung zurückzuführen
  - Dagegen ist die Region bei Ausschreibungen für den Vertragsinhalt voll verantwortlich
- ✓ **Innovation in Betriebsführung**: Die Vergabe erfolgt nicht nur nach dem Preis, sondern vor allem aufgrund des innovativen Charakters von Projekten, Kundenorientierung und Qualität

Ausschreibung des Bahnverkehrs in der Lombardei - Merkmale

- ✓ **Offen für viele Wettbewerber:**
  Beseitigung der wichtigsten Markthindernisse und Vermeidung von Protektionismus für derzeitige Vertragsinhaber (gilt insbesondere für Fahrzeugflotte und Betriebswerkstätten)
- ✓ **Wirtschaftlich nachhaltig:**
  Geringere Größe der Streckennetze:
  • experimentelle Ausschreibungen für kleine Streckennetze (1 – 1,5 Mio. km)
  • größere Zahl für definitive Ausschreibungen (max. 5 Mio. km)
  Diese Größen wurden gewählt, um einer möglichst großen Zahl von Wettbewerbern die Möglichkeit zur Unterbreitung von Angeboten zu geben
  Strategisch attraktiv:
  Alle Ausschreibungen vergeben Verkehrsdienstleistungen in strategischen Bereichen:
  • bezüglich des Verkehrs (derzeitiger oder potenzieller Verkehr)
  • bezüglich der Möglichkeit, Zugang zu strategischen Bereichen oder Märkten zu erhalten
- ✓ **Langfristig flexibel:**
  Die Lombardei wird die Ausschreibungen über viele Jahre streuen, um
  • ständig Möglichkeiten für den Markteintritt zu schaffen
  • einen hohen Wettbewerbsdruck beizubehalten

franco.repossi@studio-repossi.it

Ausschreibungen des Bahnverkehrs in der Lombardei

Problem: Eigentum an der Fahrzeugflotte

Die Verfügbarkeit der Fahrzeugflotte und anderer Sachwerte ist eines der größten Wettbewerbshindernisse:

- Die Investition ist zu hoch, wenn eine Region wie die Lombardei sämtliche Dienste als Ganzes ausschreibt (über 150 Züge, d.h. 1.476 Reisezugwagen)
- Die Beschaffung einer so großen Menge Material dauert zu lange (über 2 Jahre)
- Es ist nicht möglich, andere kompatible Züge zu beschaffen (keine Möglichkeit zum Kauf von Gebrauchtfahrzeugen)

---

 franco.repossi@studio-repossi.it

Ausschreibung des Bahnverkehrs in der Lombardei

Eigentum an der Fahrzeugflotte - Lösung

1. In der Ausschreibung wird festgestellt, dass der Fahrzeugpark dem besten Bieter überlassen werden muss. Wenn also die gegenwärtige Betreibergesellschaft verliert, muss sie den Fahrzeugpark an den erfolgreichen Bieter verkaufen oder vermieten (dagegen wurde eine Klage eingereicht...)
2. Die Region Lombardei kauft neue Fahrzeuge und verpachtet sie an den erfolgreichen Bieter
3. Ausschreibung kleinerer Leistungspakete

---

 franco.repossi@studio-repossi.it

Ausschreibung des Bahnverkehrs in der Lombardei
Nr. 1 - "PASSANTE": Mailand-Gallarate-Varese

Kennzahlen
- 22 Bahnhöfe
- Streckenlänge: 72 km
- Vertragslaufzeit: 9 Jahre
- 1 Zug/h Varese-Pioltello
- 1 Zug/h Gallarete-Pioltello
- 1,5 Mio. km pro Jahr
- 15 Elektrozüge der jüngsten Generation
- Die Region Lombardei kauft die Züge und verpachtet sie an den erfolgreichen Bieter

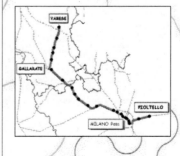

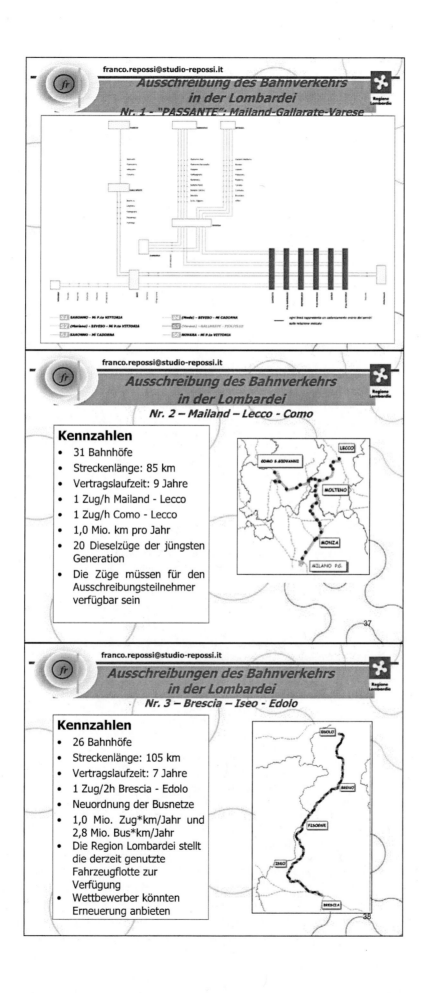

franco.repossi@studio-repossi.it

Ergebnisse der Ausschreibung des Bahnverkehrs
Ligurien

- Das Gesamtnetz in einer Ausschreibung – etwa 6.900.982 km/Jahr
- Vertragslaufzeit: 9 Jahre
- 589.845.420 €, d.h. ≈ 65 Mio. € pro Jahr und etwa 9,50 €/km
- **5 Interessenbekundungen**
  Trenitalia (derzeitiger Betreiber), FNMT, Arriva, Connex, Keolys (Citypendeln)
- **2 Submissionsangebote**
  Trenitalia (derzeitiger Betreiber), FNMT
- **Kein gültiges Angebot. Keine Leistungen beauftragt.**

---

franco.repossi@studio-repossi.it

Ergebnisse der Ausschreibung des Bahnverkehrs
Venetien

- **Gesamtnetz in zwei Ausschreibungen unterteilt**
  Erste Ausschreibung–10.555.000 km/Jahr
- Vertragslaufzeit: 6 Jahre
- 422.491.680 €, entspricht ≈ 70 Mio. €/Jahr
- 3 Interessenbekundungen
  - Trenitalia (derzeitiger Betreiber) zusammen mit Sistemi territoriali s.p.a.;
  - FNMT zusammen mit Citypendeln;
  - Connex;
- **Nur ein Bieter: Trenitalia (derzeitiger Betreiber)**
- **Auftrag an Trenitalia (Rabattsatz: 1%, neue Verkehrsleistungen: 11%; Investitionen in Fahrzeugflotte und Kommunikation)**
- **Neuer Vertrag gilt ab Dez. 2006.**

---

franco.repossi@studio-repossi.it

Ergebnisse der Ausschreibung des Bahnverkehrs
Lombardei

- Kleine Ausschreibungen (*eine je Strecke*)
  - A1) 1.660.000 km/Jahr
  - A2) 1.040.000 km/Jahr
  - A3) 1.004.000 km/Jahr (integriert mit Busverkehr 2.824.000 Bus*km/Jahr)
- Vertragslaufzeit: A1 und A2: 9 Jahre – A3: 7 Jahre
- Wirtschaftliche Rahmenbedingungen
  - A1) 7.700.000 €/Jahr
  - A2) 10.040.000 €/Jahr
  - A3) 12.110.000 €/Jahr
- Interessenbekundung: Trenitalia, FNMT, Connex Arriva, Keolys (Citypendeln) und andere Regionalverkehrsunternehmen
  - A1) 9 Interessenbekundungen
  - A2) 11 Interessenbekundungen
  - A3) 12 Interessenbekundungen
- A1) 2 Angebote eingereicht: Joint Venture ATM-Trenitalia-FNMT; Connex

franco.repossi@studio-repossi.it

Schlussfolgerungen

- Die Öffnung des italienischen Marktes für den Wettbewerb ist ein Prozess, der in den Regionen mit unterschiedlichem Tempo abläuft.
- Energisches Handeln seitens der Behörden ist auf politischer wie technischer Ebene erforderlich.
- Damit viele potenzielle Bieter bereitstehen, ist strategisches Handeln erforderlich.
- Qualitätssteigerung und Kostensenkung stehen in enger Beziehung mit Wettbewerbsdruck.
- Der Markt selbst würde Kostensenkungen anstelle von Investitionen in Qualität vorziehen. Deswegen muss die Behörde Qualitätsabstriche verhindern und ein klares Programm für Qualitätsverbesserungen vorgeben.

franco.repossi@studio-repossi.it

Vielen Dank für Ihre Aufmerksamkeit!

Wenn Sie weitere Informationen wünschen, können Sie sich gern jederzeit mit mir in Verbindung setzen:

franco.repossi@studio-repossi.it

Franco_Repossi@regione.lombardia.it

Ulrich Noelle und Thierry Gouin

Dezentralisierung und Organisation des öffentlichen Verkehrs in Frankreich

Die stärksten Auswirkungen auf die Organisation des öffentlichen Personenverkehrs hatte das neue französische Dezentralisierungsgesetz im Jahr 2004, nachdem 20 Jahre lang das 1982 in Frankreich verabschiedete Binnenverkehrsgesetz maßgeblich gewesen war. Dieser nicht unwesentliche Umstand bietet Gelegenheit, rückblickend zu untersuchen, wie das System funktionierte, wo seine Grenzen lagen und wie und in welche Richtung es verändert werden könnte oder sich weiterentwickeln müsste.

1. Die Zeit vor 1982

NB: Folgende Beschreibung der Situation vor 1982 und des durch die Dezentralisierungsgesetze eingeführten Systems basiert weitgehend auf Informationen des von CELSE 2001 unter dem Titel „Cadre juridique et institutionnel du transport de voyageurs"(rechtlicher und institutioneller Rahmen für den Personenverkehr) (siehe Bibliografie) veröffentlichten Dokuments, das dieses Thema erschöpfend behandelt.

1.1 Die Geburtsstunde der Eisenbahn

Bis 1914 galt das Verkehrsrecht im Wesentlichen für den Eisenbahnverkehr und war Ausdruck der Freiheit, den Verkehr zu organisieren und Verkehrsabkommen zu unterzeichnen. Ab 1830 begann das französische Eisenbahnnetz allmählich Form anzunehmen. Es wurde von den Kommunen, den Departements und von Unternehmen, die staatliche Konzessionen besaßen, betrieben. Die Privatinvestoren waren durch sechs regionale Eisenbahngesellschaften vertreten. Entsprechend den Bestimmungen des Gesetzes vom 11. Juni 1842, das Konzessionen mit einer Laufzeit von 99 Jahren vorsah, war der Staat für die Infrastruktur und die konzessionierten Unternehmen für die Schienenfahrzeugflotte und die Betriebskosten verantwortlich.

Am 1. Januar 1848 wurden Konzessionen für 4 000 Streckenkilometer vergeben. Mit dem Gesetz über die lokalen Eisenbahnen (voies ferrées d'intérêt locales – VFIL) vom 31. Juli 1913 wurde dann der rechtliche Rahmen für Bahnverkehrsleistungen abgesteckt.

1.2 Die Entwicklung des straßengebundenen öffentlichen Personenverkehrs

Der Personenverkehr auf der Straße wurde schnell als flexible, geeignete Lösung für die Mobilitätsbedürfnisse der Menschen erkannt. Es wurde ein Busverkehrssystem geschaffen, um die Menschen zur Arbeit zu bringen, einen geregelten öffentlichen Verkehr zu gewährleisten, Postsendungen zuzustellen und den Verkehr in ländlichen Gebieten abzusichern (Behörden, gesundheitliche Versorgung, lokale Märkte). Die Beförderung von Schulkindern war zu jener Zeit noch eine zu vernachlässigende Größe.

Angesichts der Entwicklung des straßengebundenen öffentlichen Verkehrs beschloss der Staat, Schutzmaßnahmen für die Eisenbahn zu ergreifen. Mit der Rechtsverordnung vom

19. April 1934 wurde die Registrierung von Verkehrsdiensten bei der Präfektur vorgeschrieben. Ab 1934 war es untersagt, neue Verkehrsdienste zu gründen. Der private Charterverkehr blieb von diesen Vorschriften ausgenommen.

Die SNCF (die französische nationale Eisenbahngesellschaft) wurde am 31. August 1937 gegründet und ist ein halbstaatliches Unternehmen mit 49 Prozent Privatkapital. Der Staat deckte das operative Defizit, setzte dafür aber die Fahrpreise fest. In den 1960er-Jahren wurde der SNCF zugestanden, die Fahrpreise selbst festlegen, wobei der Staat Ausgleichszahlungen für von ihm verhängte Auflagen leistete.

Das Gesetz über die Koordinierung und Harmonisierung des Schienen- und Straßenverkehrs vom 5. Juli 1949 verpflichtete die Unternehmen, ihre Verkehrsleistungen auf der Grundlage eines Departement-Verkehrsplans zu erbringen. Auf diese Weise wurde der Zugang zu diesem Markt geregelt. Es wurden Verkehrsgenehmigungen und operative Vorschriften (Strecken, Fahrpläne, Zugdichte, Dienstleistungen) herausgegeben. Die Genehmigungen wurden bald als erworbene und unbegrenzt gültige Rechte betrachtet. Die gemäß Verkehrsplan erfolgten Registrierungen waren übertragbar. Artikel 10 des Gesetzes sah für den Fall, dass eine Verkehrsleistung nicht erbracht wurde, eine Entschädigung vor, was die Vorstellung stärkte, es würde sich hier um Eigentumsrechte handeln.

1.3 Das Aufkommen des Autos und Unterstützung des öffentlichen Personenverkehrs

1971 wurde in der Pariser Region und dann mit dem Gesetz vom 11. Juli 1973 auch in anderen französischen Städten mit mehr als 300 000 Einwohnern die Sonderverkehrssteuer (Versement Transport – VT) eingeführt.

Im Rahmen des Steuersystems wurde vor dem Hintergrund eines schnellen demografischen und wirtschaftlichen Wandels (in den 60- und 70er-Jahren) eine Sonderabgabe erhoben, um so einen Teil der Arbeitswege abhängig Beschäftigter zu finanzieren; auch machte der anhaltende Zuzug in die Städte in Frankreich den Ausbau des Verkehrssystems, insbesondere in den städtischen Gebieten, erforderlich. Die Steuer wurde von Unternehmen mit mehr als neun Beschäftigten erhoben, die innerhalb des Einzugsbereichs städtischer Nahverkehrssysteme (Périmètre de Transports Urbains - PTU), lagen. Diese auf einem Prozent der Bruttolohnsumme festgesetzte Abgabe wurde an die Sozialversicherungskasse URSSAF gezahlt und dann an die Organisationsbehörden abgeführt, die das Geld nur für die Finanzierung öffentlicher Verkehrssysteme verwenden durften. Die Organisationsbehörden entschieden darüber, ob und in welcher Höhe eine solche Steuer eingeführt werden sollte.

Der Anwendungsbereich der Verkehrssondersteuer VT wurde seit 1973 stetig erweitert. Seit dem SRU-Gesetz im Jahr 2000 ist die VT auf ÖPNV-Gebiete (PTU) mit einem Fahrgastaufkommen von mehr als 10 000 Personen anzuwenden. Entsprechend wurden die Steuersätze seit Einführung des SRU-Gesetzes wie folgt erhöht:

- PTU mit einem Fahrgastaufkommen von mehr als 100 000 Personen
  Allgemeine Obergrenze: ein Prozent
  Obergrenze, sofern ein TCSP (eigenes Verkehrssystem) geschaffen wird: 1,75 Prozent

- PTU mit einem Fahrgastaufkommen von 10 000 bis 100 000 Personen
  Obergrenze: 0,55 Prozent,
  allerdings dürfen städtische Behörden und Zweckverbände den oben genannten Höchstsatz um 0,05 Prozent heraufsetzen. Diese Möglichkeit steht auch den städtischen Behörden und städtischen Verkehrsbehörden offen, zu denen eine Stadtgemeinde, ein städtischer Bezirk oder ein Verband von Kommunen gehört.
- Verbünde gemäß SRU-Gesetz
  Das SRU-Gesetz vom 13. Dezember 2000 erlaubt unter gewissen Bedingungen die Erhebung einer zusätzlichen VT von bis zu 0,5 Prozent in einem Gebiet mit vorwiegend städtischem Charakter.

In gewissen Fällen können unter dieses Gesetz fallende Arbeitgeber einen Antrag auf Erstattung stellen.

Trotz Einführung der VT (die nur den städtischen ÖPNV betrifft) sank die Rentabilität des öffentlichen Verkehrssystems durch die verstärkte Nutzung privater PKW, was zur finanziellen Beteiligung der Departements und Kommunen führte und zur Folge hatte, dass lokale Behörden und Verkehrsbetreiber nach vertragsbasierten Lösungen suchten. Außerdem blieb das System hochgradig zentralisiert. Entscheidungen über die Einrichtung oder Änderung von Verkehrsdiensten wurden von Vertretern des Staates getroffen. Die lokalen Behörden wollten mehr Mitspracherechte und organisierten sich, um den rechtlichen und organisatorischen Kontext zu ändern (Schaffung von GARTs [Zusammenschlüsse von Verkehrsbehörden] im Jahr 1979). Diese Änderung wurde durch das TPIL-Gesetz möglich.

Der Gesetzesentwurf betreffend den ÖPNV von 1979, auch als TPIL-Gesetz (Transports Publics d'Intérêt Local – öffentlicher Verkehr von lokalem Interesse) bekannt, sah den Begriff der Organisationsbehörde (Departements, Kommunen und Zusammenschlüsse von Kommunen) vor und verpflichtete jene, mit den Verkehrsbetreibern Verträge zu schließen. Je nach der Art der Beteiligung der lokalen Behörde (Risiken und Gefahren, garantierte Einnahmen, Festpreisbetrieb, Verwaltung) wurden vier Vertragsarten festgelegt. Hielt sich die lokale Behörde an diese Standardverträge, konnte sie in gewissem Umfang eine administrative Verantwortung vermeiden. Eigentumsrechte bestanden jedoch fort, und die lokalen Behörden waren nicht in der Lage, ihren Verkehrsbetreiber zu wählen, sofern nicht ein Verkehrsdienst erst neu geschaffen wurde.

Dieses Gesetz, welches das VFIL-Gesetz von 1913 ablöste, bestand nur drei Jahre und bezog sich im Wesentlichen auf den Intercity-Verkehr. Durch die Einführung neuer rechtlicher und finanzieller Verbindungen zwischen Verkehrsbetreibern und lokalen Behörden verstärkte es nur den Wunsch der lokalen Behörden nach größerer Unabhängigkeit innerhalb eines weiterhin zentralisierten und wettbewerbsfreien Umfeldes.

2. Die Zeit von 1982 – 2003

2.1 Änderungen des rechtlichen Rahmens

Mit dem Gesetz über die Rechte und Freiheiten der Kommunen, Departements und Regionen vom 2. März 1982 wurde ein Prozess eingeleitet, in dessen Rahmen der Staat einige seiner Kompetenzen den regionalen Behörden übertrug, was sich zum Teil auch auf das öffentliche Verkehrswesen bezog. Aber erst mit dem Binnenverkehrsgesetz vom 30. Dezember 1982 (Loi d'orientation des transports intérieurs – LOTI) und der dieses Gesetz umsetzenden Verordnung vom 16. August 1985 kam die Dezentralisierung des Verkehrssystems wirklich in Gang.

Das LOTI-Gesetz war die rechtliche Grundlage für die Organisation der Verkehrssysteme. Es wurde durch zwei neuere, bedeutsame Gesetze geändert und ergänzt, insbesondere was die städtischen Verkehrsleitpläne anbelangt:

- das Gesetz Nr. 96-1236 über die Luft und wirtschaftlichen Energieeinsatz vom 30. Dezember 1996 (Loi sur l'Air et l'Utilisation Rationnelle de l'Energie – LAURE);

- das Gesetz Nr. 2000-1208 über Solidarität und städtische Erneuerung vom 13. Dezember 2000 (Solidarité et au Renouvellement Urbain – SRU).

Andere Gesetze jüngeren Datums haben einen beachtlichen Einfluss auf die Organisation der öffentlichen Verkehrssysteme gehabt, obwohl sie einen viel weitreichenderen Zweck verfolgen:

- das Orientierungsgesetz über eine nachhaltige Entwicklung vom 25. Juni 1999 (Loi d'Orientation pour l'Aménagement et le Développement Durable du Territoire – LOADDT), mit dem das Orientierungsgesetz über die Entwicklung vom 4. Februar 1995 (Loi d'Orientation pour l'Aménagement et le Développement du Territoire - LOADT) geändert wurde;

- das Gesetz Nr. 99-586 über die Stärkung und Vereinfachung der Zusammenarbeit zwischen den Kommunalbehörden vom 12. Juli 1999 (loi relative au renforcement et à la simplification de la coopération intercommunale).

Diese Rechtsvorschriften bilden den Rahmen für die heutige Organisation der öffentlichen Verkehrssysteme in Frankreich.

2.2 Die wichtigsten französischen Organisationsprinzipien

2.2.1 Das Recht auf Beförderung

Das in Artikel 2 des LOTI-Gesetzes definierte „Recht auf Beförderung" geht weit über das in der Erklärung der Menschenrechte niedergelegte Recht „zu kommen und zu gehen" hinaus:

„Die allmähliche Einführung des Rechtes auf Beförderung ermöglicht es den Benutzern, unter angemessenen Bedingungen hinsichtlich Zugänglichkeit, Qualität und Preis sowie hinsichtlich der Kosten für die lokale Behörde zu reisen, insbesondere durch die Benutzung von der Öffentlichkeit zur Verfügung stehenden Verkehrsmitteln."

2.2.2 Das Konzept der öffentlichen Dienstleistung

In Frankreich gilt der Personenverkehr als öffentliche Dienstleistung, ebenso wie Bildung oder Gesundheit, was nicht in allen Ländern der Europäischen Union der Fall ist.

Das öffentliche Verkehrwesen wird in Artikel 5 des LOTI-Gesetzes definiert:

„Die öffentliche Verkehrsdienstleistung umfasst alle Pflichten, die öffentliche Behörden zu erfüllen haben, was die Organisation und Förderung des Personen- und Güterverkehrs anbetrifft, und zwar:

- *Errichtung und Verwaltung der Verkehrsinfrastruktur und -anlagen*
- *Steuerung der Verkehrsaktivitäten und Kontrolle ihrer Durchführung*
- *Erweiterung des Informationsstands über das Verkehrssystem*
- *Förderung von Forschungsvorhaben, Erhebungen und Statistiken*
- *Organisation der öffentlichen Dienstleistung."*

Zu den öffentlichen Verkehrssystemen wird jeglicher Personen- und Güterverkehr gerechnet, abgesehen von gecharterten Transporten, die von Einzelpersonen oder Unternehmen organisiert werden.

Das LOTI-Gesetz, demzufolge die Organisationsbehörde für die Erbringung der öffentlichen Verkehrsleistung zuständig ist, definiert auch, wie diese öffentliche Verkehrsleistung zu realisieren ist. Die Organisationsbehörde ist damit zuständig für:

- die Entscheidung, Dienste einzurichten, zu ändern oder einzustellen,
- die Wahl der Betriebsführungsart (direkte oder delegierte Verwaltung – siehe weiter unten: mögliche Hinzuziehung des Privatsektors),
- Organisation der Tarifpolitik.

Der Betreiber ist entweder als Durchführender/Verwalter oder als privates Unternehmen im Rahmen einer mit der Organisationsbehörde für eine festgelegte Zeit geschlossenen Vereinbarung für die Erbringung der jeweiligen Verkehrsleistung zuständig.

2.2.3 Aufteilung von Zuständigkeiten

Das LOTI-Gesetz bestätigt das Konzept der Organisationsbehörde (autorité organisatrice - AO) und klärt die Zuständigkeiten jeder einzelnen lokalen Behördenebene in Bezug auf den gesamten Binnenverkehr.

- Die *Kommunen* oder Zusammenschlüsse von Kommunen organisieren den städtischen öffentlichen Personennahverkehr (ÖPNV) auf der Grundlage des von ihnen geschaffenen ÖPNV-Gebiets (Périmètre de Transports Urbains – PTU); sie erstellen städtische Verkehrsleitpläne (Plans de Déplacements Urbains – PDU) und wählen die für den städtischen ÖPNV geeignete Betriebsart.

- Die *Departements* organisieren den außerstädtischen öffentlichen Personenverkehr, einschließlich eines Schulbussystems, erstellen Verkehrspläne für die Departements und entscheiden, wie die außerstädtischen öffentlichen Verkehrssysteme und das Schulbussystem betrieben werden sollen.

- Die *Regionen* organisieren den schienen- und straßengebundenen Personenverkehr auf regionaler Ebene, entwickeln Regionalverkehrspläne und entwerfen Vereinbarungen für regionale Straßen- und Schienenverkehrsdienste.

- Der *Staat* verwaltet die Verkehrsdienste auf nationaler Ebene.

Zusätzlich zur Organisation des nationalen öffentlichen Verkehrswesens übernimmt der Staat im Einzelnen folgende Aufgaben:

- Verabschiedung und Umsetzung von Gesetzen und Verordnungen zur Regelung der Verkehrsaktivitäten,

- administrative Kontrolle nationaler Verkehrsunternehmen (RFF, SNCF und RATP),

- Festlegung eines allgemeinen politischen Rahmens für den Personenverkehr zur Entwicklung einer hochwertigen öffentlichen Dienstleistung,

- Förderung der Entwicklung von Netzen und Intermodalität, insbesondere durch finanzielle Unterstützung der Organisationsbehörden

- Festlegung von Sicherheitsstandards und technische Überprüfung ihrer Anwendung,

- Evaluation von Verkehrsstrategien und Entwicklung von Instrumenten für Analyse und Entscheidungsfindung (Statistiken, Erhebungen)

- Förderung von Forschung, Erhebungen, Versuchs- und Innovationsprogrammen im Verkehrsbereich,

- Gewährleistung einer nationalen Kontrolle von Fahrpreiserhöhungen im städtischen ÖPNV.[1]

2.2.4 Potenzielle Einbeziehung der Privatwirtschaft

In der Folge waren gemäß LOTI-Gesetz die Verkehrsorganisationsbehörden (Autorités Organisatrices des Transports – AOT) dafür zuständig, den öffentlichen Personenverkehr in ihren Gebieten zu organisieren. In Frankreich heißt „öffentliche Dienstleistung" nicht „öffentliche Verwaltung". Eine öffentliche Dienstleistung *ist einfach nur eine der Öffentlichkeit bereitgestellte Dienstleistung,* unabhängig vom jeweiligen Verwaltungssystem.

Die zuständigen Verkehrsorganisationsbehörden können das öffentliche Verkehrssystem selbst als Verwalter betreiben oder den Dienst einem Privatunternehmen übertragen, wobei letztere Lösung von den Organisationsbehörden am weitaus häufigsten gewählt wird (zu 89 Prozent in städtischen Gebieten).

Es gibt zwei Arten privater Verwaltung: durch Unternehmen, die ihrer Kapitalstruktur nach vollständig dem Privatsektor angehören, und durch halbstaatliche Unternehmen (société d'économie mixte – SEM), die zwar eine privatwirtschaftliche Gesellschaftsform haben, mehrheitlich jedoch von lokalen Behörden oder Zusammenschlüssen lokaler Be-

---

1 Ende 2003 beschloss der Staat, die Subventionen für ÖPNV-Verkehrsprojekte in geschützten Fahrräumen (Busspuren, Straßenbahntrassen) sowie die Umsetzung von städtischen Verkehrsleitplänen nicht mehr finanziell zu unterstützen.

hörden kontrolliert werden (was vorwiegend in städtischen Gebieten der Fall ist). Alle Hauptnetze, die Teil der KEOLIS-Gruppe (Lyons, Lille usw.) und der CGEA-Connex-Gruppe (Bordeaux, Rouen, Saint-Étienne usw.) sind, werden von reinen Privatunternehmen verwaltet.

Die Verwaltung durch halbstaatliche Unternehmen ist bei den meisten großen Systemen, die zur Transdev-Gruppe (Nantes, Montpellier usw.) gehören, und in geringerem Umfang innerhalb der AGIR-Vereinigung anzutreffen. Die direkte Verwaltung im städtischen Umfeld ist vor allem bei kleineren Netzen zu finden, die Teil der AGIR-Vereinigung oder der „nicht angeschlossenen" Netze sind. Marseille, das drittgrößte Stadtgebiet in Frankreich, hat sich dafür entschieden, diese öffentliche Dienstleistung durch ein öffentliches Industrie- und Handelsunternehmen (Etablissement Public Industriel et Commercial – EPIC), die Régie des transports de Marseille (Verkehrsbehörde von Marseille), selbst zu verwalten. Das gleiche System wird auch auf das Netz in La Rochelle angewandt[2].

Andererseits agieren im Großraum Paris viele private Betreiber Seite an Seite mit zwei großen öffentlichen Unternehmen – RATP and SNCF[3].
)
Es gibt ein Dutzend „großer" auf Departement-Ebene betriebener Systeme, wobei deren Zahl konstant rückläufig ist, sowie ungefähr 2 000 kleine auf kommunaler oder interkommunaler Ebene verwaltete Systeme, in deren Zuständigkeitsbereich auch die Schulbusse fallen.

2.3 Die Grenzen des Systems

2.3.1 Eine Ausnahme: der Großraum Paris

Das Binnenverkehrsgesetz gilt nicht für den Großraum Paris, wo die Organisation im Wesentlichen auf einer Verordnung über die Koordinierung und Harmonisierung des Schienen- und Straßenverkehrs aus dem Jahr 1949 sowie auf einer Verordnung vom Januar 1959 basiert.

Die Organisationsbehörde ist der Ile-de-France-Verkehrsverbund (Syndicat des transports d'Ile-de-France – STIF), an dem der Staat, die Departements und die Region Ile-de-France (Großraum Paris) beteiligt sind. Der STIF-Verbund ist ein nationales Unternehmen in Staatsbesitz, an dem der Staat und die Gruppe, der die Region und die acht Departements des Großraums Paris angehören, paritätisch beteiligt sind. Der Vorstand besteht aus 34 Mitgliedern (17 Vertretern des Staates, fünf regionalen Repräsentanten und zwölf Reprä-

---

2 Die Möglichkeit einer direkten Verwaltung schien momentan durch die langjährige Vorbereitung an der Europäischen Kommission der Verordnung zu den Verpflichtungen des Öffentlichen Dienstes in Frage gestellt zu sein. In ihrer letzten Fassung (Juli 2005) scheint die Verordnung die direkte Verwaltung nicht mehr in Frage zu stellen, sondern scheint den Verkehrsbetreibern ihre jeweilige Kandidatur zum Betrieb von öffentlichen Verkehrsnetzen außerhalb ihres „natürlichen" Wirkungsbereiches zu untersagen (siehe hierzu den Fall der RATP). In diesem Zusammenhang muss auch die anstehende Neufassung der Richtlinie zur Vergabe von öffentlichen Aufträgen beachtet werden, die vor Januar 2006 in Einklang mit den neuen europäischen Direktiven gebracht werden muss.

3 Seit der Veröffentlichung des Gesetzes SRU im Jahr 2000 ist der RATP erlaubt, Kandidat zur Betreibung von öffentlichen Verkehrsnetzen außerhalb der Region „Ile de France", also Großraum Paris, zu sein. Von einigen Betreiberaktionen im Ausland abgesehen, hat RATP Developpement keine besonderen Erfolge in Frankreich zu verzeichnen.

sentanten der Departements). Den Vorsitz führt der Präfekt der Region Ile-de-France (Großraum Paris), der erforderlichenfalls die entscheidende Stimme hat[4].

Im Gegensatz zu den regionalen Verkehrsorganisationsbehörden sind die Kommunen nicht direkt an den STIF-Aufgaben beteiligt, außer als „zweitrangige Organisationsbehörden". Die Kommunen müssen den lokalen Erfordernissen gerecht werden und übernehmen nach und nach die Verantwortung für die Organisation der Systeme in ihrem Einzugsbereich.

Der STIF-Vorstand besteht aus 17 Vertretern des Staates und 17 Mitgliedern, welche die unterschiedlichen Verwaltungseinheiten repräsentieren (fünf für den Regionalrat, fünf für den Pariser Rat und eins für den Allgemeinen Rat jedes der anderen Departements).

Der STIF-Verbund:

- nimmt Verkehrsdienste in den Verkehrsplan auf (Register zugelassener Verkehrsdienste);

- legt die Art der Verkehrsdienste fest und ernennt Betreiber: Er legt fest, welche Gebiete zu bedienen sind, wie die Dienste zu erbringen sind, ernennt die Betreiber (unter Anwendung eines spezifischen Systems), beschließt die allgemeinen Betriebsbedingungen und die Tarifpolitik und schließt Verträge mit den Betreibern (RATP und SNCF Ile-de-France unterzeichneten ihren Vertrag im Juli 2000);

- koordiniert die Arbeit der verschiedenen öffentlichen Personenverkehrsunternehmen, die regelmäßige Dienste in der Region Ile-de-France erbringen: zwei nationale Unternehmen (RATP und SNCF Ile-de-France) sowie 86 weitere Betreiber;

- verwaltet die Verkehrssteuer;

- koordiniert und genehmigt die Inhalte großer Investitionsvorhaben; anders als im übrigen Frankreich werden diese Investitionen nicht von der Organisationsbehörde finanziert;

- empfiehlt Maßnahmen zur Verbesserung der Dienstleistungsqualität;

- führt Erhebungen über die Nutzung des Verkehrssystems durch;

- verwaltet und finanziert Versuchsvorhaben.

Der STIF-Verbund ist im Gegensatz zu den Verkehrsorganisationsbehörden in anderen Teilen Frankreichs zwar nicht für größere Investitionen in das öffentliche Verkehrssystem zuständig, gewährleistet aber die Kohärenz von Investitionsplänen, koordiniert diese Pläne und genehmigt den Inhalt öffentlicher Verkehrsinfrastrukturprojekte in der Region Ile-de-France (allgemeine Planung und Entwurfsplanung).

Während es in anderen städtischen Gebieten in Frankreich in der Regel nur einen einzigen Systembetreiber gibt, teilen sich im Großraum Paris mehrere Betreiber diese Dienste:

---

[4] Wie im Gesetz SRU von 2000 vorgesehen, ist der der Präsident der Région Großraum Paris ebenfalls Präsident des STIF (Verkehrsverbund Großraum Paris).

- RATP für das Netz von 16 Metrolinien und zwei Straßenbahnlinien, für zwei RER-Linien (Vorort-Schnellbahn) (Linie A mit Ausnahme der Anschlusslinie Nanterre – Cergy Pontoise und Linie B in südlicher Richtung bis zur Station Gare du Nord der Hauptlinie) sowie für 314 Buslinien, einschließlich 26 lokaler Vorortstrecken und 18 Nachtbussen.

- SNCF Ile-de-France für das SNCF-Vorortnetz (Transilien) und fünf RER-Linien (die Anschlusslinie Nanterre – Cergy-Pontoise, der nördliche Teil der Linie B ab Gare du Nord sowie alle anderen Linien C-D-E),

- 89 Betreiber, die in der Vereinigung „OPTILE" zusammengeschlossen sind und insgesamt 950 Buslinien betreiben.

2.3.2 Die Relativität des Rechts auf Beförderung

Eine zehn Jahre nach Einführung vom Nationalen Verkehrsausschuss durchgeführte Bewertung des LOTI-Gesetzes zeigte, wie schwer sich ein Recht auf Beförderung messen lässt. Tendenziell wurde bei der Bewertung jedoch deutlich, dass das Recht auf Beförderung in ländlichen Gegenden und in benachteiligten städtischen Gebieten geschwächt und im städtischen Bereich gestärkt wurde.

Statistiken der INSEE-Datenbank zufolge ist der Anteil der Bevölkerung, der in den Genuss eines öffentlichen Verkehrssystems kommt, für den Zeitraum 1980-1988 von 77,8 Prozent auf 72,3 Prozent zurückgegangen, was vorwiegend auf Veränderungen im ländlichen und halbländlichen Bereich zurückzuführen war.

Im Anschluss an die Bewertung wurde ein Rundschreiben versandt, in dem die Kriterien für eine Definition des Rechts auf Beförderung genannt sind:

- Qualität des Zugangs zum Verkehrsnetz,
- Qualität der Beförderungsmittel,
- Höhe der Fahrpreise,
- Kosten für die lokale Behörde,
- Fahrgastinformationen usw.

2.3.3 Die Aufteilung der Zuständigkeiten

Das öffentliche Verkehrswesen ist in Gebiete aufgeteilt, die nicht unbedingt den betreffenden lokalen Verwaltungsbezirken entsprechen. Nehmen wir beispielsweise ein kleines Stadtgebiet, das über ein ÖPNV-System verfügt und außerdem an das regionale Eisenbahnnetz angeschlossen ist. Die Organisation des öffentlichen Verkehrs für diesen Verkehrsbereich erfordert die Beteiligung mindestens dreier Organisationsbehörden.

Die Nahverkehrsorganisationsbehörde ist innerhalb des ÖPNV-Gebiets (périmètre de transports urbains – PTU) zuständig. Das Departement besitzt innerhalb des ÖPNV-Gebiets keine Zuständigkeit, doch reichen in seine Zuständigkeit fallende regelmäßige Verkehrsdienste und Schulbuslinien unweigerlich in das ÖPNV-Gebiet hinein: Erstere als Anschlusslinien zu einem zentralen Umsteigepunkt und Letztere zum Anfahren der Schulen.

Die Region ist für die Organisation des regionalen Schienenverkehrs zuständig, welcher Fahrgäste in das ÖPNV-Gebiet bringt, die dort aller Wahrscheinlichkeit nach ihre Fahrt über die Zielstation hinaus fortsetzen und das Nahverkehrsnetz oder Departement-Dienste in Anspruch nehmen werden. Fahrten mit öffentlichen Verkehrsmitteln innerhalb eines solchen Verkehrsbereichs können also ohne Weiteres drei Verkehrssysteme erfordern, die – objektiv betrachtet – nicht aufeinander abgestimmt sein müssen. Diese Systeme weisen vielleicht nicht nur sehr unterschiedliche Dienstleistungsniveaus auf, sondern sind eventuell auch sehr schlecht miteinander verbunden:

- physisch – kein Anschluss- oder Umsteigeknoten,

- in Bezug auf Fahrpläne – keine passenden Verbindungen,

- in Bezug auf Fahrpreise – keine Fahrkarte für die kombinierte Nutzung der unterschiedlichen Systeme usw.

In Wirklichkeit gibt es, um die berechtigten Ansprüche der Benutzer zu erfüllen, natürlich ein gewisses Maß an Abstimmung zwischen den verschiedenen öffentlichen Verkehrssystemen, und die Organisationsbehörden sind um Zusammenarbeit bemüht, um ein globales, optimiertes System anzubieten. Daher können Fahrgäste mit einem Stadtverkehrsticket oft auch reguläre Departement-Dienste in Anspruch nehmen, die sich bis in das Nahverkehrsnetz erstrecken.

Es gab einige Versuche mit integrierten Fahrkarten ausgehend von Weiterentwicklungen der rechnergestützten Fahrkartenausgabe, bei denen die Fahrgäste verschiedene Dienste mit einem einzigen Ticket nutzen konnten. Es sind Umsteigeknoten und multimodale Informationssysteme geschaffen worden, die einen unproblematischen Wechsel der Verkehrsdienste ermöglichen. Doch die Zusammenarbeit zwischen den Organisationsbehörden innerhalb des französischen Systems bleibt sowohl in technischer als auch in rechtlicher Hinsicht schwierig und komplex und wird nur Früchte tragen, wenn ein starker politischer Wille vorhanden ist, das System zum Erfolg zu führen[5].

2.3.4 Verantwortung für den öffentlichen Verkehr – nur eine Aufgabe von vielen

Ist Verkehrsplanung möglich?

Das öffentliche Verkehrswesen ist keine Welt für sich. Es ist eine Komponente des Verkehrssystems in einem gegebenen Bereich. Es ist illusorisch zu meinen, man könnte das öffentliche Verkehrswesen unabhängig von den Veränderungen bei anderen Beförderungsmitteln (Fortbewegung per Privatfahrzeug, Fahrrad, zu Fuß usw.) entwickeln (ganz zu schweigen vom Güterverkehr, der ebenfalls den öffentlichen Personenverkehr beeinträchtigen kann, wenn beide Verkehre dieselbe Infrastruktur nutzen). Das Problem besteht ganz allgemein darin, dass keine öffentliche Behörde die Gesamtkontrolle über alle Aspekte hat und in der Lage ist, auf die verschiedenen Verkehrsträger und die Art ihrer Nutzung Einfluss zu nehmen. Solche Aspekte sind:

---

[5] Literaturhinweis: La cohérence des politiques des collectivités locales en matière de planification urbaine, d'aménagement, d'organisation des déplacements et de stationnement (Ministerium für Verkehr/CGPC, Hubert PEIGNE, Bericht Nr. 2003-0181-01, Mai 2005).

- Parkraumbewirtschaftung,
- Ausbau und gemeinsame Nutzung des Straßen- und Wegenetzes,
- Verkehrsregelung usw.

Oft wurde die organisatorische Zuständigkeit für die Nahverkehrssysteme – wie es nach dem LOTI-Gesetz zulässig ist – ad hoc gegründeten interkommunalen Organisationen bzw. zweckgebundenen Zusammenschlüssen von Kommunen (Syndicats Intercommunaux à Vocation Unique – SIVU) übertragen, die per definitionem keine andere Aufgabe hatten und folglich nur eine eingeschränkte Sicht der Rolle haben können, die öffentlichen Verkehrssystemen für das Funktionieren ihres Verkehrsbereichs zukommt (womit nicht „fehlender Ehrgeiz", sondern eher eine „strukturbedingte Einschränkung" gemeint ist).

Eine der Herausforderungen für die städtischen Nahverkehrspläne (Plan Local de Déplacements Urbains – PLDU) (die jedoch für städtische Gebiete mit mehr als 100 000 Einwohnern nicht vorgeschrieben sind) besteht darin, ebendiese globale Perspektive auf das Verkehrssystem zu entwickeln. Diese Pläne lassen jedoch insofern mehrdeutige Interpretationen zu, als die Kundenfunktion in den Händen der Nahverkehrsorganisationsbehörde liegt, die, wie wir weiter oben gesehen haben, versucht sein kann, eine hochgradig sektorbasierte Politik zu betreiben, um die ihr unterstellten Beförderungsmittel zu verteidigen.

Selbst wenn es möglich wäre, auf einer gegebenen organisatorischen Ebene eine globale (alle Verkehrsarten integrierende), konsistente (auf eine gemeinsame Nutzung verschiedener Verkehrsarten ausgerichtete) Verkehrspolitik umzusetzen, stellte sich die Frage, ob diese Politik überhaupt mit der auf anderen organisatorischen Ebenen verfolgten Verkehrspolitik kompatibel wäre. Anders ausgedrückt, wie lässt sich Kohärenz zwischen einem städtischen Verkehrsleitplan, einem Verkehrsmasterplan auf Departement-Ebene und einem nationalen Masterplan für Verkehrsleistungen erreichen? Natürlich sehen die Rechtsvorschriften, die den Rahmen für diese verschiedenen Verfahren bilden, vor, dass an den von den einzelnen Verwaltungsgremien zu treffenden Entscheidungen Vertreter anderer Verwaltungsgremien, die für andere Ebenen Verantwortung tragen, beteiligt sind, was jedoch über die Kooperationsebene nicht hinausgeht. Schlussendlich liegen die Entscheidungen weiter bei der zuständigen Organisation und es gibt keine Gewähr dafür, dass kohärente Entscheidungen getroffen werden.

Auf einer gegebenen organisatorischen Ebene muss die Verkehrsplanung mit anderen Planungsmaßnahmen kombiniert werden. Wie können insbesondere Stadtplanung und Verkehrssysteme integriert werden? Das ist eine der Herausforderungen im Zusammenhang mit den städtischen Nahverkehrsplänen, in deren ursprünglicher Fassung es hieß, dass diese Pläne nicht auf Probleme von „Mobilität und Verkehr" begrenzt seien, sondern auch Fragen wie Stadtentwicklung, sozialen Zusammenhalt und Umwelterwägungen berücksichtigen sollten (insbesondere Gesetz Nr. 96-1236 über die Luft und wirtschaftlichen Energieeinsatz vom 30. Dezember 1996).

Auf einer höheren territorialen Ebene wird mithilfe der territorialen Kohärenzpläne (Schémas de Cohérence Territoriaux – SCoT), wie der Name schon sagt, versucht, auf eine stärkere Kohärenz zwischen den Planungsmaßnahmen in den Verkehrsbereichen, auch innerhalb des ScoT-Gebiets, hinzuwirken. Deren Anforderungen gelten für die städtischen Nahverkehrspläne innerhalb des ScoT-Gebiets, während die Anforderungen der städtischen Verkehrsleitpläne auf die lokalen Entwicklungspläne (Plans Locaux d'Urbanisme – PLU) zur Anwendung kommen, die faktisch Auslegungen der ScoT auf kleine Verkehrsbereiche innerhalb des ÖPNV-Gebiets verkörpern.

Auch in größeren Gebieten stellt sich in ähnlicher Weise die Frage, wie die Kohärenz zwischen Flächennutzungsplanung und Verkehr erhöht werden kann. Auf regionaler Ebene wird mit dem Gesetz über die nachhaltige Entwicklung (Loi d'orientation pour l'aménagement et le développement durable du territoire - LOADDT) vom 25. Juni 1999 versucht, genau darauf hinzuwirken, indem die Regionen ermutigt werden, ihren regionalen Verkehrsmasterplan in einen Abschnitt zum Thema „Verkehr" ihres jeweiligen Masterplans für die Regionalentwicklung umzuwandeln.

2.3.5 Neue, verkehrstechnisch schwer zu erschließende Bereiche

Aufgrund des Gesetzes Nr. 99-586 über die Stärkung und Vereinfachung der interkommunalen Kooperation vom 12. Juli 1999 (Loi relative au renforcement et à la simplification de la coopération intercommunale), auch bekannt als Chevènement-Gesetz, sind neue interkommunale Bezirke entstanden, in denen die Frage des öffentlichen Verkehrs ein wichtiger Faktor ist.

Ein *städtischer Bezirk* kann geschaffen werden, sobald dort mehr als 50 000 Einwohner innerhalb eines einzigen ÖPNV-Gebiets (wobei die zentrale Ortschaft mindestens 15 000 Einwohner zählen muss) ohne zusätzliche Gebietskonzentrationen leben. Diese Struktur soll die interkommunale Kooperation in besiedelten Gebieten fördern.

Die Organisation des ÖPNV als Faktor der kommunalen Flächennutzungsplanung ist neben Wirtschaftsentwicklung, Wohnungsbau- und Stadtentwicklung eine der vier Pflichtzuständigkeiten des städtischen Bezirks. Außerdem muss der städtische Bezirk drei weitere Pflichtzuständigkeiten übernehmen, wobei unter folgenden gewählt werden kann: Straßen und Parkraum, Kanalisation, Schutz und Verbesserung der Umwelt und Verbesserung des lokalen Freizeitumfeldes, Bau, Wartung und Betrieb von Freizeit- und Sportanlagen.

Im Januar 2002 wurden in Frankreich einhundert städtische Bezirke geschaffen. Jedoch nehmen nur 80 von ihnen direkt ihre Verantwortung wahr, den ÖPNV zu organisieren. Die anderen delegieren diese Aufgabe an ein Konsortium (Valenciennes, Clermont-Ferrand, Mulhouse, Avignon, Bayonne, Belfort, Périgueux) oder an eine interkommunale Vereinigung. Das zeigt eindeutig, dass die Übernahme der Zuständigkeit für die Organisation des ÖPNV nicht selbstverständlich ist.

Der *Zusammenschluss von Kommunen* wurde durch das Gesetz vom 6. Februar 1992 eingeführt, welches durch das Gesetz vom 12. Juli 1999 abgeändert wurde. Der Zusammenschluss von Kommunen hat mindestens drei Pflichtzuständigkeiten, einschließlich Raumordnung und Wirtschaftsentwicklung. Da diese interkommunale Struktur vorwiegend für ländliche Gebiete gedacht ist, bleibt die ÖPNV-Zuständigkeit optional. Sie ist jedoch möglich, und im Januar 2002 gab es 25 Zusammenschlüsse interkommunaler Bereiche, die ihre Verantwortung für die Organisation des städtischen ÖPNV wahrnahmen. Einige dieser Zusammenschlüsse städtischer Bezirke liegen in weitgehend ländlichen Gebieten und man sollte sich fragen, ob das Konzept des städtischen ÖPNV-Gebiets auf Verkehrsbereiche dieser Art anwendbar ist.

2.3.6 Infragestellung der Weiterentwicklung des öffentlichen Verkehrs

Seit den 70er-Jahren haben im öffentlichen Verkehrswesen bedeutende Veränderungen stattgefunden. Diese Veränderungen betrafen vor allem den städtischen ÖPNV, was durch die Einführung der Verkehrsabgabe, einer den Organisationsbehörden auf regionaler und Departement-Ebene nicht zur Verfügung stehenden Ressource, ausgelöst wurde.

Wie wir gesehen haben, ist das Recht auf Beförderung am schwersten im nicht-städtischen Personenverkehr auf Departement-Ebene durchzusetzen. Angesichts ihrer finanziellen Ressourcen räumen die Räte der Departements generell dem Anfahren von Bildungseinrichtungen Priorität ein, oftmals zum Nachteil regelmäßig verkehrender Linien, die für die Entwicklung des Departements eine Rolle spielen könnten, indem man den am weitesten entfernten Gebieten eine Minimalversorgung zuteil werden lässt.

Der regionale Personenverkehr ist wahrscheinlich der Bereich, der sich in den nächsten Jahren am stärksten entwickeln wird. Die Regionen beginnen gerade erst, ihrer Rolle als Organisationsbehörde vollständig gerecht zu werden, während die SNCF gleichzeitig zu einem „reinen" Betreiber des regionalen Personenverkehrs wird, der vertraglich mit seiner Organisationsbehörde verbunden ist und in Zukunft mit anderen Betreibern in Wettbewerb steht. Es ist klar, dass in diesem Bereich gewaltige gesellschaftliche Veränderungen stattfinden, die noch lange nicht abgeschlossen sind. Dennoch hat es unabhängig vom untersuchten Bereich den Anschein, dass sich das Tempo auch dort, wo Entwicklungen stattgefunden haben, erheblich verlangsamt hat.

Was den städtischen Bereich angeht, der zurzeit als der dynamischste gilt, konnte trotz Einführung umfassender Systeme (z.B. für den öffentlichen Verkehr reservierte Fahrspuren) in einer immer größeren Zahl städtischer Gebiete die zunehmende Nutzung des Privatautos nicht verlangsamt werden, ganz zu schweigen von einer Trendwende. Daher ist die Finanzierung des öffentlichen Personenverkehrs jetzt von besonderer Bedeutung. Bestenfalls wird jedoch die Frage gestellt, ob (und wie?) neue Investitionen zur Erweiterung des bestehenden Angebots zu finanzieren sind. Im schlimmsten Fall wird angesichts der anhaltend eingeschränkten Nutzung öffentlicher Verkehrsmittel in Frankreich und der relativ geringen damit erwirtschafteten Erträge die Frage aufgeworfen, ob die bestehenden Angebote überhaupt aufrechterhalten werden sollten: Wie lange und mit welchen Ressourcen lässt sich deren Betrieb finanzieren? Die Finanzierungsfrage ist daher besonders relevant, da der Staat seine Dezentralisierungspolitik fortsetzt und seine Beteiligung, auch in finanzieller Hinsicht, weiter reduziert.

Noch in jüngster Vergangenheit leistete der Staat einen bedeutenden finanziellen Beitrag zur Erweiterung der öffentlichen Verkehrssysteme in ganz Frankreich, indem er Investitionsvorhaben subventionierte, die von den Organisationsbehörden, insbesondere im Rahmen städtischer Verkehrsleitpläne (Plans de Déplacements Urbains [PDU]), im Einklang mit den Kriterien konzipiert wurden, die im Rundschreiben des Ministers für Planung, Verkehr und Wohnungsbau vom 10. Juli 2001 genannt sind.

So gab der Staat von 1994 bis 2000 einen Betrag von 735 Mio. Euro für den Ausbau der städtischen Nahverkehrssysteme in den Regionen aus. Davon waren 665 Mio. Euro oder etwas mehr als 90 Prozent für eigene Verkehrssysteme bestimmt. Die für die Modernisierung bestehender Systeme bereitgestellten Mittel lagen zwar darunter, konnten sich aber im gleichen Zeitraum mehr als verdoppeln.

Die Höhe dieser staatlichen Unterstützung ist nun erheblich zurückgegangen. Zwar stellt das für sich genommen keine Bedrohung für die öffentlichen Verkehrssysteme in Frankreich dar, trägt jedoch dazu bei, dass die lokalen Behörden und die öffentlichen Verkehrsbehörden sorgenvoll darüber nachdenken, was nach 2003 kommen wird.

3. Die Zeit nach 2003

3.1 Im öffentlichen Personenverkehr sind nur wenige Entwicklungen im Gang oder geplant

Der Gesetzesentwurf zur Dezentralisierung enthält in seiner gegenwärtigen Fassung sehr wenige Maßnahmen, die wesentliche Auswirkungen auf die Organisation des öffentlichen Verkehrswesens in Frankreich haben könnten. Es sollte jedoch angemerkt werden, dass die Verantwortung der Departements für den Schienenpersonenverkehr bestätigt wird:

„Artikel 23
Im Einklang mit Artikel 18 des Gesetzes Nr. 82-1153 vom 30. Dezember 1982 betreffend Richtlinien für den Binnenverkehr wird ein neuer Artikel, 18-1, eingefügt:
„Art. 18-1. – Unbeschadet der Anforderungen des Gesetzes Nr. 97-135 vom 13. Februar 1997 betreffend die Schaffung des „Réseau ferré de France", eines staatlichen Unternehmens für die Erneuerung des Schienenverkehrs, können die Departements eine lokale nicht-städtische Infrastruktur für den schienengebundenen oder zwangsgeführten Personenverkehr schaffen und betreiben."

Tatsächlich sind die wichtigsten Veränderungen, die noch nicht alle voll zum Tragen gekommen sind, auf das SRU-Gesetz zurückzuführen.

3.1.1 Einführung des Rechts auf Beförderung?

Das Gesetz über Solidarität und Stadterneuerung vom 13. Dezember 2000 (loi relative à la Solidarité et au Renouvellement Urbain – SRU) greift kurz das Konzept des „Rechts auf Beförderung" auf, welches durch das LOTI-Gesetz eingeführt wurde. Das Recht auf Beförderung wird in Abschnitt 3bis des Gesetzes nur im Zusammenhang mit sozialer Ausgrenzung bestätigt, die hier selbst nur in ihrer städtischen Dimension berücksichtigt ist.

„Abschnitt 3 bis
Einführung des Rechts auf Beförderung
Artikel 123
Innerhalb des Zuständigkeitsbereichs der für den städtischen ÖPNV verantwortlichen Organisationsbehörden erhalten Personen, die ein Einkommen unterhalb oder gleich der in Artikel L 861-1 des Sozialversicherungsgesetzes festgelegten Obergrenze beziehen, einen

Pass, der ihnen Zugang zu den Verkehrsmitteln mit einer Fahrpreisermäßigung von mindestens 50 Prozent oder eine entsprechende Hilfe in anderer Form gewährt. Diese Ermäßigung gilt unabhängig vom Wohnort des Betreffenden."

3.1.2 Die Regionen als Organisationsbehörden voll anerkannt

§ 5 des Gesetzes über Solidarität und Stadterneuerung vom 13. Dezember 2000 (loi relative à la Solidarité et au Renouvellement Urbain – SRU) widmet sich der Reformierung regional basierter öffentlicher Verkehrssysteme. Seit dem 1. Januar 2002 sind die Regionen voll als Behörden anerkannt, die das regionale Verkehrssystem organisieren und vom Staat eine Entschädigung erhalten, welche ihnen die Wahrnehmung dieser neuen Aufgabe ermöglicht. Die 16 Absätze dieses § 5 bestätigen die regionale Grundlage des Schienenpersonenverkehrs.

Diese Reform ist das Ergebnis eines 1997 in sechs freiwilligen Regionen (eine siebente kam 1999 dazu) durchgeführten Versuchs, der auf eine Idee von Senator Haenel aus einer Zeit zurückgeht, als der Schienenverkehr allgemein und insbesondere auf regionaler Ebene nach Jahrzehnten des Niedergangs dem Tode geweiht schien.

Der Beginn dieses Versuchs fiel mit der Trennung von Betrieb und Verwaltung der Bahninfrastruktur zusammen, die durch die Schaffung des Réseau Ferré de France (RFF) nötig wurde, um eine EU-Richtlinie umzusetzen und auf die Bilanzierungs- und finanziellen Anforderungen zu reagieren. Der RFF ist ein EPIC (öffentliches Industrie- und Handelsunternehmen), das für die Verwaltung der Schieneninfrastruktur zuständig ist, während die SNCF ihre operative Rolle, jedoch auf neuer finanzieller Grundlage, behalten hat.

Die Regionalisierung und die Schaffung des RFF sind die beiden Säulen einer der wichtigsten Reformen des Schienenverkehrsnetzes seit Gründung der SNCF im Jahr 1937, wobei Ersteres auf eine nationale Initiative und Letzteres auf eine EU-Richtlinie zurückgeht.

3.1.3 Brauchen wir eine Regulierungsbehörde?

In Artikel 111 des Gesetzes Nr. 2000-1208 über Solidarität und Stadterneuerung vom 13. Dezember 2000 (loi relative à la Solidarité et au Renouvellement Urbain – SRU) wird den Organisationsbehörden die Möglichkeit eingeräumt, sich in gemeinsamen Unternehmen zusammenzuschließen, um die Koordination zu verbessern:

„Im Einklang mit Artikel 18 des vorstehenden Gesetzes Nr. 82-1153 vom 30. Dezember wird ein Kapitel III folgenden Wortlauts eingefügt:
„Kapitel III bis
„Betreffend die Koordination zwischen den Verkehrsorganisationsbehörden
Art. 30-1. – Innerhalb eines gemeinsam festgelegten Verkehrsgebiets können sich zwei oder mehr Verkehrsorganisationsbehörden zu einem gemeinsamen Verkehrsunternehmen zusammenschließen, um die von ihnen organisierten Dienste zu koordinieren, ein Fahrgastinformationssystem einzuführen und eine koordinierte Fahrpreisstruktur mit Einfach- oder integrierten Tickets zu entwickeln.
„Das gemeinsame Unternehmen kann im Namen seiner Mitglieder oder zugehöriger Parteien reguläre öffentliche Verkehrsdienste sowie Charterdienste organisieren. Es kann als

solches im Namen seiner Mitglieder Verkehrsanlagen und -infrastrukturen errichten und verwalten."

Unter bestimmten Bedingungen könnten diese gemeinsamen Unternehmen sogar von einer neuen finanziellen Ressource in Form einer Verkehrssteuer profitieren.

Drei Jahre nach Verabschiedung des Gesetzes scheinen die „gemeinsamen SRU-Unternehmen" die bestehenden Organisationsbehörden nicht von ihrer Zweckmäßigkeit und Wirksamkeit überzeugt zu haben. Nur sehr wenige sind noch existent. Hier stellt sich die Frage, ob die Kontrolle und Koordination der bestehenden Angebote im öffentlichen Personenverkehr zwangsläufig die Schaffung einer neuen Struktur erforderlich machen.

3.1.4 Der Großraum Paris: ein Schritt nach vorn oder zurück?

Der Staat hatte geplant, sich aus dem Verkehrsverbund Ile-de-France (Syndicat des Transports d'Ile-de-France – STIF) zurückzuziehen und der Region eine allmähliche Übernahme ihrer Rolle als Organisationsbehörde zu gestatten. Daher sollte der Vorsitz des STIF-Verbunds vom regionalen Präfekten auf den Vorsitzenden des Regionalrats für die Ile-de-France übergehen. Doch der Rückzug des Staates wird nicht dazu führen, dass die Ile-de-France eine Region wie alle anderen wird, was die Organisation des öffentlichen Personenverkehrs anbelangt. Die Frage, ob das LOTI-Gesetz auf diese Region angewandt werden sollte, hat nicht an Bedeutung verloren.

Andererseits würde die starke Rolle, die der Region Ile-de-France (Großraum Paris) bei der Organisation des ÖPNV im Stadtgebiet von Paris zukäme, über die Rolle hinausgehen, die französische Regionen bei der Organisation des öffentlichen Personenverkehrs spielen oder spielen könnten. Die Region Ile-de-France wäre mehr als eine Organisationsbehörde für das regionale Verkehrswesen (die derzeitige Rolle der französischen Regionen), mehr als die Regulierungs- oder Koordinierungsbehörde für die verschiedenen Verkehrssysteme in ihrem Verkehrsbereich (wie beim gemeinsamen SRU-Unternehmen), sie wäre in der Tat quasi die Organisationsbehörde für alle öffentlichen Verkehrssysteme, die in ihrem Verkehrsbereich betrieben werden. Eine solche Situation hat es noch nie gegeben und sollte gewiss genau beobachtet werden.

3.2 Nähe und/oder der Überblick aus der Ferne: ein kaum zu ignorierender Widerspruch

Das dezentralisierte französische System scheint recht effizient, insofern es um den sozialen Aspekt des ÖPNV geht. Mit einer Verteilung der Zuständigkeiten, die soweit wie möglich in Übereinstimmung mit der lokalen Situation erfolgt, wird sehr detailliert und zweckdienlich auf die Forderungen der Öffentlichkeit eingegangen. Das ist auch das Mindeste, was man von einem System erwarten konnte, das auf dem LOTI-Gesetz, einem „Sozialgesetz", basiert, welches stolz das Konzept des „Rechts auf Beförderung" verkündet.

Doch der Verkehr (sowohl der öffentliche als auch der private) spielt auch bei der Flächennutzungsplanung eine wesentliche Rolle. Beispielsweise hat er große Auswirkungen auf die Stadtplanung und umgekehrt, und er bestimmt maßgeblich – sei es in Frankreich oder andernorts – die Erweiterung von Ortschaften und Städten sowie der umliegenden Gebiete. In Bezug auf diesen Aspekt hat das dezentralisierte französische System Probleme, seine Leistungsfähigkeit zu verbessern (oder unter Beweis zu stellen?). Die Flächennutzungsplanung (insbesondere in den Städten) macht es erforderlich, eine Reihe von Hebeln zu steuern, die momentan bei einer Vielzahl von Behörden in unterschiedlichen Händen liegen.

Mit den jüngsten Gesetzen wurde zwar der Versuch unternommen, diese Hebel durchgängig zu nutzen, indem sie entweder in die Hände einer einzigen Behörde gelegt werden (Gesetze über interkommunale Kooperation und die Aufteilung von Zuständigkeiten - Chevènement) oder indem Planungsverfahren festgelegt werden, welche vom Grundsatz her die an den Hebeln sitzenden Behörden und Entscheidungsträger dazu verpflichten, sich auf gemeinsame Ziele und die Mittel zu ihrer Erreichung zu einigen (LAURE, Voynet-Gesetz).

Dennoch ist dies ein schwieriges Unterfangen. Welche Ergebnisse sind denn tatsächlich mit den städtischen Verkehrsleitplänen (Plans de Déplacements sind die tatsächlichen Urbains) oder den territorialen Kohärenz-Masterpläne erzielt worden? Für eine Antwort ist es natürlich noch zu früh. Es könnte jetzt jedoch der richtige Zeitpunkt sein, über die Definition der relevanten institutionellen Ebene nachzudenken, die für die Gewährleistung kohärenter und effizienter Ansätze für die Flächennutzungsplanung (in Bezug auf das Verkehrssystem, aber nicht nur) erforderlich ist. Das Problem liegt darin, dass es zur gleichen Zeit, da der Staat – im Rahmen der neuen Dezentralisierung – dazu neigt, sich immer weiter zurückzuziehen, von entscheidender Bedeutung ist, das empfindliche Gleichgewicht nicht zu gefährden, das zwischen den drei administrativen Ebenen herrscht, die durch städtische Gremien, Departements und Regionen repräsentiert sind – allesamt Institutionen, die von Beginn an so konzipiert waren, dass sie *keine Vorrechte gegenüber den jeweils anderen Ebene und keine administrative Kontrolle übereinander hatten.*

Bibliografie

(2003) Les transports publics urbains en France: Organisation institutionnelle, CERTU, Lyon.

Richard, P. (2003), Les citoyens au cœur de la décentralisation, Editions de l'Aube, Paris.

(2002) Décentralisation et évolution du Ministère de l'Equipement, Ministère de l'Equipement, Paris.

Gelbmann-Ziv, B. (2001) Cadre juridique et institutionnel du transport de voyageurs : Transport public routier et urbain, CELSE, Paris.

(2001) Schémas départementaux de transports: De procédures classiques à des démarches novatrices, GART, Paris.

(2000) Les transports dans les grandes métropoles : Tome 1. Réflexions actuelles, Cahirs de l'IAURIF.

(1997) Les Schémas régionaux de transports isssus de la réforme Haenel: Une difficile élaboration de documents réellement multimodaux dans un contexte décentralisé. Rapport final, Ecole nationale des Ponts et chaussées, Marne-la-Vallée.

(1996) Collectivités territoriales et transports publics urbains dans les états de l'Union européenne, CERTU, Lyon.

(1994) Un aspect inconnu de décentralisation: la coopératon verticale, relations des collectivités locales de rang inégal entre elles et avec l'Etat, Les Cahiers du CNFPT.

(1990) Transport public départemental. Une évaluation de la régulation décentralisée, Université Lyon 2, Lyon.

(1989) Bilan de la décentralisation des transports scolaires. Transports non urbains de voyageurs, CETUR, Bagneux.

(1988) Décentralisation et qualité de service des transports scolaires. Rapport définitif, CETE Méditerranée, Aix-en-Provence.

Anders Schwarz Lausten

ÖPNV in Dänemark – From Copenhagen Transport to Greater Copenhagen Authority, Transport Division

On July 1st 2000, Copenhagen Transport, HT, changed its status from being an independent public transport authority with a political board, to being part of Greater Copenhagen Authority, HUR. It is now the Transport Division within the Greater Copenhagen Authority, HUR, responsible for urban bus services. HUR is also responsible for regional planning, general traffic planning, business development within the region, tourism policies, co-ordination with Southern Sweden, and the development of cultural life within the Greater Copenhagen Region.

Old City – New Buses

The Copenhagen model of improving bus service while cutting costs

Visiting Copenhagen, you will soon meet a yellow stream of buses – through narrow streets in the medieval centre, on busy roads around the suburbs and industrial developments, and in open land with charming villages and modern living areas.

A large number of bikes and buses is what distinguishes the capital of Denmark from most other cities. All local and regional bus services are connected into one system linking small and larger towns to the city – and to the train system that forms the attractive basis of Danish public transport. Copenhagen has S-trains and a Metro, but no trams.

The Greater Copenhagen Region is a metropolitan area of 1.8 million inhabitants on almost 3,000 square kilometers in the North eastern corner of Zealand. Besides the two cities – Copenhagen and Frederiksberg – the region has three counties – Copenhagen, Roskilde, and Frederiksborg – and 46 other municipalities. The five major counties have owned a transport company, known as HT or Copenhagen Transport, for more than 25 years. Now is the time for further advancement – and to draw the line back through the history of Copenhagen Transport ideas and results.

A company change

HT was founded by law in 1974, gathering several municipal bus companies into one, and creating one ticket and information system for all buses and trains throughout the region. In the 90's, HT was known in public transport business all over Europe due to successful tendering through quality management based on the customers' demands.

Since July 2000, the management of the HT bus system has been submitted a new political administration, Greater Copenhagen Authority (in Danish HUR / Hovedstadens Udviklingsråd). Like HT more than 25 years ago, HUR is founded by law, and the eleven members of the HUR council come from the two city councils and three counties – among them, the five mayors. A political committee, the Transport Committee, supervises the public transport management in HUR.

Authority	Inhabitants (1.1.02)	Square kilometres	Members in Greater Copenhagen Authority
City of Copenhagen	501,000	90	3
City of Frederiksberg	91,000	10	1
Copenhagen County	617,000	530	3
Frederiksborg County	371,000	1350	2
Roskilde County	235,000	890	2
Greater Copenhagen Region Total:	1,815,000	2,870	11

Now HUR is the leading authority of all regional planning – including the challenge of connecting public transport and individual bikes and car traffic into one intermodal transport system. By the opening of Øresundsbron – the bridge to Sweden – an effort to unite the Greater Copenhagen Region with Southern Sweden (Region Skåne) is also an official HUR task.

In 2001, HUR took over six small local railways, one in Southern and five in Northern Zealand. They were merged into one company, which has been split up into an infrastructure company, Hovedstadens Lokalbaner A/S, (HL), and an operating company Lokalbanen A/S. HUR holds the majority of the shares in HL and owns Lokalbanen A/S 100 %.

The central railway system and the suburban S-trains are owned by the national railway companies, DSB (Danish State Railways), S-tog and Banestyrelsen. The Metro lines are run by the Ørestad Development Corporation (Ørestadsselskabet) – a company owned by the State and the two cities.

The bus system

HUR co-ordinates the daily operation of 1,100 buses on about 270 routes. On any given working day, 800,000 customers step into the buses from 10,000 bus stops. In 2000, 244.9 million customers boarded the buses totally. This corresponds to the production of 1,029.5 million passenger kilometres or 88.1 million bus kilometres. The total production of bus hours is more than four million.

Most of the buses today are low floor buses suitable for elderly and disabled people and baby carriages, but in the HT-system we also run a special service for the disabled with almost 400,000 journeys a year in specially equipped buses.

In HUR we no longer operate buses ourselves. Routes are tendered on gross-cost contracts to about ten operators – some of them still rather small local bus companies, all though these years the large international firms are taking over the market.

Tendering of bus operation, and dividing the efforts and responsibilities can be handled in many ways. In HT, now HUR, we determine the schedules and fares, and we set standards for quality, service, and the design of the buses. HUR receives all bus fare revenue from the customers, subsidies from the five public owners and pays the operators for their operations regardless of the number of customers using the individual route. This model has been chosen to ensure that available bus services are determined by a public transport authority that offers what is sensible for citizens from a social point of view. HUR is responsible for route planning, but this is carried out in detail in co-operation with the operators. The operator is responsible for the operation of the buses. The operator provides the buses according to the standards stated in the contract. Bus drivers and their training are the operator's responsibilities. However, due to EU regulation on company take-overs, and due to Danish legislation on company acquisitions, after a completed tendering round a new operator must offer the present drivers jobs at equal wage levels and with equal working conditions.

Retrospect

On October 1st 1974, Copenhagen Transport, HT was established by law as a consolidation of twelve mainly publicly owned transport companies, essentially by centralising these companies. Copenhagen Transport became the joint public transport authority and the operator at the same time. Five years later in 1979, a common fare system was put in place to make it possible for customers to interchange freely between bus and train. The area was divided into 95 different zones. The zone system is still in function (see map). From 1980, 80 % of the operation in the area was carried out by Copenhagen Transport whereas the remaining 20 % was produced by small individual private operators on gross-cost contractual basis. At the time, Copenhagen Transport had approximately 4,500 employees.

During the early 80s, Copenhagen Transport faced increasing problems. The level of quality as well as patronage decreased, strong unions initiated strikes, and fares increased despite falling fuel prices. All as results of weak political and company management. At the same time, private operators began claiming that they were able to operate routes cheaper than those of Copenhagen Transport. In this spirit, Parliament – under the leadership of the liberal-conservative government then in power – considered privatising Copenhagen Transport. This would reduce costs, but it remained obvious that regional and urban public transport still needed to be managed and co-ordinated centrally. Customers were to benefit from one, seamless system, and not from a patchwork of several overlapping ones. The solution was to allow Copenhagen Transport to remain as the central planner and manager of bus operations in the Greater Copenhagen Region, introduce competition but without operating buses itself. In 1990, the Copenhagen Transport Act was passed in Parliament stating that at least 45 % of all operations was to be subject to tender within the next five years. Public companies and Copenhagen Transport were not permitted to make bids.

In 1990, Copenhagen Transport was divided into two seperate divisions: An administrative division and one which was in charge of operations, the so-called "Busdivisionen". The private operators remained, but their lines had to be tendered. Results came quickly. Operational costs decreased by 20 % in the period from 1990-1994. The bus fleet was renewed and quality output improved. At the same time, a clear business strategy – "Vision 2005" – was established. Patronage increased and the financial situation of Copenhagen Transport was improved remarkably.

In 1995, a revised Copenhagen Transport Act was passed. All bus operations were to be tendered by 2002 and public operators were permitted to bid on routes on an equal footing with private operators. Busdivisionen became an independent limited company, although it was still owned by the five public owners of Copenhagen Transport. Simultaneously, it changed its name to "BusDanmark A/S". Since then a clear allocation of responsibilities has been put in place. Since 1995, BusDanmark A/S has won several tenders. In 1999, BusDanmark A/S was sold to the British operating company "Arriva ltd".

In 2001, HUR took over responsibility of the local railways in the northern and southern parts of the region.

Organisation

The current organisation of HUR dates from July 2000 when Copenhagen Transport ceased to exist as an independent company. HUR consists of the planning, the transport, and the service divisions. Many of the present challenges are solved in co-operation between the different departments.

Fares and Ticketing

HUR is the fare-deciding authority of the region, and the HUR-Council makes decisions subsequent to a hearing of other involved parties. All revenue collected by the three public transport authorities of the region (HUR, DSB and Ørestad Development Corporation (Metro)) is posteriorly re-allocated according to the "revenue distribution model".

Zone System

The fare depends on the distance travelled according to the zone system. The basic idea of the system is that the customer should not be bothered by the fact that a number of authorities work "behind the curtain" to provide public transport. This goes both for the actual service provision as well as for ticketing and fares. Since 1979, customers have enjoyed a fully integrated fare- and ticketing system. The backbone of the system is 95 individual zones, and the passenger pays for each zone he or she travels in.

Tickets can be purchased from ticket offices at the stations, vending machines at stations or from bus drivers. The tickets are stamped with time, date and departure zone. The passenger pays for the number of zones needed, but the minimum is for two zones, and the maximum is for seven (all) zones. 10-Clip cards are available for journeys within two, three, four, five, six or all zones.

When starting a journey the card must be punched. One clip entitles the passenger to travel within the number of zones printed on the face of the card. Several simultaneous clips extend the period of travel and increase the number of zones the passenger can travel in. The passenger can clip for a maximum of seven zones enabling the passenger to travel in all zones for a period of two hours. Clip cards for two, three or more zones are available from more than 900 outlets dispersed all over the Greater Copenhagen Region.

Travelling on a monthly pass, the passenger is allowed to travel in certain zones - or the whole area. Monthly passes are available from 200 of the card-outlets.

Interchanges between all modes are allowed within a time frame. On night buses and night trains double fare must be paid. The harbour bus requires double fare for customers holding a cash ticket.

Tickets are checked by the driver at the entrance at the front of the bus. Bus customers are controlled regularly by HUR attendants. Customers travelling without valid tickets are fined a sum of 500 DKK (67 EURO). The fraud rate is estimated to be rather low - approximately 0.3 %.

Fares

In 1997, Parliament decided to finance a reduction of the fares in local and regional public transport in Denmark. As a consequence, the fare level was reduced by approximately 9 %.

Reallocation of the Revenue

To be able to allocate the common revenue between DSB, Ørestad Development Corporation and HUR, all customers are regularly counted. Afterwards the so-called ticketing meterings are made twice a year. The ticketing meterings determine which types of tickets that have been used. On the basis of all these meterings, the average trip price for each travel mode - including multi-mode travelling – is calculated. The revenue is then re-allocated to the three authorities on the basis of the average trip price and the number of trips made.

The method of revenue distribution is fairly easy to describe in principle, but complex to handle in practice. The more customers each authority transports, the more money it receives. The longer the customers travel, the more money the authority receives in the end. Average patronage allocation is 44 % for DSB, 3 % for the local railways, and 53 % for HUR.

Below, it is illustrated how sales were allocated in 2001 between the different product categories:

Allocation of sales: (2001)	
Cash tickets, 24 hour-cards, Copenhagen Cards (§)	20 %
10-clip cards (#)	35 %
Monthly passes (¤)	37 %
State Compensation	8 %

Electronic Ticketing

DSB, the Metro, the Danish counties and HUR are planning to replace the existing ticket systems by an electronic value stored smart card system as the future fare media. The Travel Card will make it easier to become a customer and will also make ticket sales more efficient. The Travel Card is framed as a value card that must be validated prior to and after the journey. The Travel card will primarily replace the present clip cards as well as the monthly passes.

The Travel card can be used everywhere in the country. The customer does not have to be aware of the fare system or the distance travelled, since the fare is normally calculated on the basis of the bee-line distance between the points of departure and arrival.

Discounts and bonuses will be calculated according to usage. Bonus can either be attached to one single customer, or to a group, for instance a family.

The vision is that nearly every citizen in the Greater Copenhagen Region will be in possession of her or his own Travel Card, always ready and valid for use. If the customer has an auto-debit agreement, the Travel Card will be reloaded automatically every time the balance gets below a certain level. In case the customer does not wish to be part of the auto-debit system, the Travel Card can be reloaded manually via various sales chains. The emphasis will be placed on self-service via ticket vending machines and via the internet.

The electronic ticketing system is scheduled to be implemented in 2005 in the Greater Copenhagen Region and will afterwards be extended to the rest of the country. Information about travel patterns will hence become much more accurate.

Revenue and Costs

Investments in the buses are made by the operators while HUR undertakes investments in IT, marketing, information, bus-stops and terminals. Certain investments are made in co-operation with DSB, whilst others are made with various local and regional authorities. No direct taxes are contributed to HUR.

Below key figures from the fiscal year 2000:

2000 (Mio. DKK) HUR Transport	DKK	EUR
Total costs	1.968	264
■ of which bus operations	1.690	227
■ of which disabled services	88	12
■ of which local railways	13	2
■ of which administration	177	24
Total revenue	1.207	162
■ of which sales revenue	1.163	156
■ of which revenue from disabled	14	2
■ of which other revenues	30	4

Contribution Ratio:

Year	1992	1993	1994	1995	1996	1997	1998	1999	2000
%	58	62	64	66	66	64	65	66	71

Contracts

The contractual relationship between HUR and its operators is a so-called gross-cost contract with quality incentives. The Copenhagen-model describes how HUR has increased the quality of service to the customers, reduced costs and kept public control without resorting to full privatisation or deregulation.

Like HT, HUR is the public transport authority determining routes, timetables and fares. It routinely conducts passenger surveys and handles information and complaints, sets the service standards and determines bus design. Bus operations are tendered according to routes in packages on 6-year contracts to all bus operators complying with the European Union tendering rules. Operators are allowed to connect and give a common bid on maximum 3 packages at one time. Packages are made rather small to ensure that small and large operators have equal accessibility to the market. Approximately once a year a tendering round is made containing several packages of routes.

HUR has set up a number of objectives for the tendering process. A primary objective is to choose the best and cheapest bid. In the tender strategy set by HUR, it is specified that tenders must be attractive for large as well as for small operators. Bids are calculated according to various stipulations stated by HUR according to the so-called "value analysis model". This model takes a number of soft parametres into the evaluation of the contact. It allows the operators a higher price of their contract if they e.g. have a modern bus fleet, if their organisations have a high level of senior employees, or if their previous quality performance has been high.

The monthly payment follows a price-index formula. The tendering system does not allow operators to compete on working conditions. Therefore, bids have to be based on average salary costs for the purpose of bid ranking. The true contractual prices are then adjusted for the personnel that have actually been taken over.

At the 11th tendering round, HUR has used tendering after negotiation as something new.

Principal operators (June 2003):

Arriva Danmark A/S Head office Herstedvang 7C, 2 DK-2620 Albertslund Tel: +45 43 86 81 00 Fax: +45 43 86 81 97 **market share: 47,9 %**	Connex Transport Danmark A/S Columbusvej 6 DK-2860 Søborg Tel: +45 39 55 85 50 Fax: +45 39 55 85 11 **market share: 29,3 %**	City-Trafik A/S Thorvald Borgsgade 2-4 DK-2300 København S Tel: +45 32 96 19 16 Fax: +45 32 96 21 16 **market share: 12,8 %**	
De Hvide Busser Usserød Kongevej 61 DK-2970 Hørsholm Tel: +45 45 86 28 86 Fax: +45 45 76 69 76 **market share: 2,6 %**	Fjordbus A/S Fabriksvangen 25 Postboks 109 DK-3550 Slangerup Tel: +45 47 38 02 00 Fax: +45 47 38 02 82 **market share: 4,3 %**	Partner Bus A/S Industrivej 22 DK-4050 Skibby Tel: +45 47 52 88 32 Fax: +45 47 52 79 35 **market share: 1,7 %**	Østtrafik a/s Hårlev St. DK-4652 Hårlev Tel: +45 56 28 60 19 Fax: +45 56 28 65 70 **market share: 0,4 %**

Telebus and service buses have a total market share of 1 %.

Competition has led to declining prices for bus operations. From the first tendering round in 1990 to the seventh round in 1997, the costs per bus hour had fallen by 24 %. At the same time, patronage has increased. In the period 1993-97, the number of annual passenger boardings increased more than 8 %. However, patronage decreased slightly in 1999. HUR has also been able to set ever higher standards for bus service, such as better customer information, easier access for handicapped and senior citizens, and greater passenger comfort. HUR believes that the lowest bus costs per hour have been reached. At the latest rounds, the hourly costs have risen.

The Copenhagen-model has changed the very nature of the market for bus operations. It has sharpened price competition among bus operators while raising the standards of professionalism. This, in turn, has reduced the number of bus operators in Denmark. Mergers and acquisitions have been a consequence of the enhanced competitive situation in the bus market in the latest years.

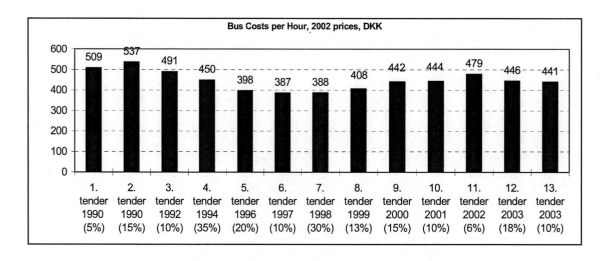

Quality

A unique feature of the Copenhagen-model is that it was the first in the world to use customer surveys as the basis for an incentive programme for bus operators. Each year, HUR asks 30,000 randomly selected customers to rate bus service on the basis of several criteria. The operator's quality level is assessed on 10 different points, 9 of which are based solely on the customers' perception of quality. The quality surveys form the basis of a ranking of operators every three months, according to which a quality bonus will be paid. The customers assess the quality of services, indicating how satisfied they are with the quality of each point mentioned below – on the journey they are presently on. It is possible to reset an individual measuring point if external factors out of the operator's ability to change, alter the situation (street workings, etc.).

The following model is used when estimating the level of the performed quality (vertical), as well as the importance to the customers (horizontal). Importance is determined at a customer survey carried out every second year. Both aspects are based on the customers' perception of quality.

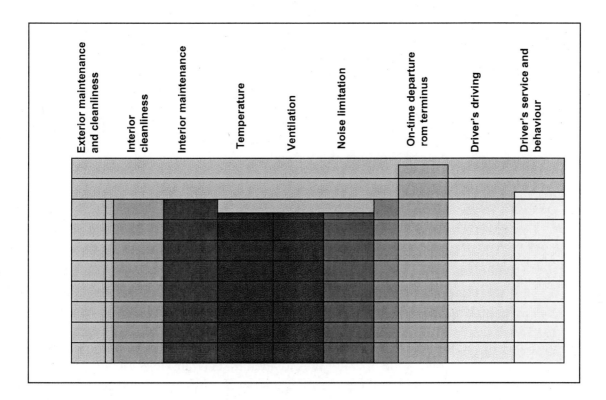

One further general point is recorded by HUR about the individual operator:

- Performed operation (service level measured on basis of the operator's own report)

Each bus is checked 4-5 times yearly on average, while drivers are checked once or twice. HUR then calculates an index that serves two main purposes: A quality rating of the bus system in general, and an evaluation of the individual bus operators. Surveys in 2001 showed that 94 % of the customers were satisfied with the bus service, and only 1,4 % were directly dissatisfied.

The carrot and the stick

The basis of the unique incentive system is the "carrot and stick-model". In the 9th tendering round it is stated that operators that do not live up to the previously set quality standards are fined up to 1.5 % of the contract sum by HUR. Conversely, operators who exceed standards are awarded a bonus of 1.5 % per bus hour. The level of bonus may change if the level of performed services (number of cancelled trips) is above/below a certain level.

- 99,96 % -100,00 %:   1.80 % bonus
- 99,91 % - 99,95%:   1.35 % bonus
- 99,86 % - 99,90%:   0.90 % bonus
-     below 99,86 %:   0.45 % bonus

Each operator can maxi mally obtain 5 % of the total contract sum.

All information about bidding, operating costs and quality ratings is freely available to the public and to the media. Operators can check the results via the internet on a day-to-day basis via enhances focus on quality.

If the survey shows that an operator is below the minimum objective on one or several points, a penalty in the payment will be made in proportion to the level of non-performance and the importance of the measuring point to the customers. In addition, the operator must draw up an action plan showing how quality will be enhanced.

HUR is entitled to check the operator's performance under the contract through inspection of the buses while in operation. HUR may make a set-off in the payment of 30-400 Euro per occurrence in some situations, for instance:

- Early departure from terminus
- Missing tickets
- Failure to replace defective ticketing equipment
- Operation of another bus type than the agreed
- Delayed departure from terminus of more than two minutes
- Incorrect signposting
- Missing information folders
- Failure to meet the cleaning standards

If part of the agreed journeys are cancelled, HUR may effectuate a set-off in the payment according to a raising rate. If the operator fails to acquire a certain piece of equipment, to use environment-friendly fuel or meet cleaning standards, HUR is entitled to reduce the payment to the operator. The fine also depends on the type of contract in force between the operator and HUR.

If the operator is in material breach of contract, HUR may cancel the contract, or part of the contract. If the operator continues to neglect his contractual duties despite written notification, or if the operation provides less than 75 % of scheduled services, HUR is entitled to cancel the contract as well.

When it comes to patronage, HUR counts the customers and calculates the transport work. The operators are not measured on their performance in this respect. However, various experiments with patronage incentives in the gross-cost contracts are planned.

Customer Perception of Quality

From the introduction of quality incentives in the contracts, customers have estimated the quality level to increase steadily. This concerns both the general perception of quality as well as the perception of the different quality measuring points. The background to this increase is partly due to the operators' targeted work to improve quality, partly due to the fact that quality is part of the selection process of new operators, partly that the incentive model has become more solid and the results are communicated to the operators on a daily basis, and finally partly due to the fact that a number of initiatives taken have improved the job as a bus driver.

Marketing

The marketing strategy was adopted in June 1997 and forms the basis of HUR's marketing. The strategy has three main points:

- Maintaining the pendlers
- Attracting more leisure customers
- Attracting new customers

Pendlers are key customers and they must be maintained. To do so, a customer loyalty programme, a new attitude communication plan, and a number of image rise initiatives have been initiated. In 1996, 65 % of the customers in this group claimed that they would choose the car if they had the opportunity to do so. Three years later in 1999, the figure had decreased to 56 %.

HUR has a small market share on all leisure trips. Via product development and marketing, this share can be increased. This demands a clear and easily accessible public transport system. Therefore marketing must be carried out in co-operation with leisure- and cultural institutions.

Attracting car drivers is very difficult since a group of 89 % of all car drivers have negative attitudes towards using public transport. The remaining 11 % of the car drivers, who are rather positive, are the primary target group. It is considered necessary to change the attitudes of the inhabitants within the region in general, however. Change of attitude, image-enhancing initiatives and product marketing are the primary tools to utilise.

The points of departure of all programmes are the attitude - and image marketing campaigns that promote the bus as a good alternative to the car. A prerequisite for the success of these campaigns is, on the one hand, a change in the general attitude towards the use of the buses and the public's perception of HT-buses. On the other hand, it is a question of building customer goodwill that enhances the loyalty of the existing customers.

IT-strategy

Until 2005, the IT-strategy will be concentrated around development of customer information and co-operation with the operators about transport operation. HUR will benchmark nationally as well as internationally to achieve the best results.

Environment strategy

HUR stipulates minimum requirements for the environmental quality. HUR has accepted higher prices for improved environment measures.

Bicycle strategy

Copenhagen is one of the world's cities that has the highest density of bicycles. Hence, HUR co-operates with the users concerning better facilities around the stations and terminals.

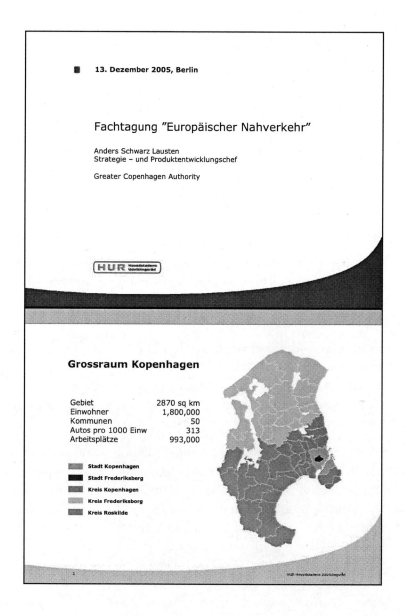

HUR Aufgaben

- HUR Planning
- HUR Traffic
- HUR Culture
- **HUR** Greater Copenhagen Authority
- HUR Business
- HUR Tourism
- HUR Oresund

Source: § 3, Act of Parliament on HUR

ÖPNV Region Kopenhagen

- 1000 HT-busse   HUR   7 private Busunternehmen
- S-züge   Staat   DSB S-tog A/S
- Regionale Züge   Staat   DSB
- 2 U-bahnlinien   Ørestad   Metro Service (Serco)
- 6 Lokalzüge   HUR   Lokalbanen A/S
- 2 Hafenschiffe   HUR   Arriva

Anzahl Fahrgäste

- Busse   199 mio. Fahrgäste
- S-Zug   90 mio. Reisen
- U-bahn   34 mio. Reisen
- Regionalzug 23 mio. Reisen
- Lokalzug   6 mio. Fahrgäste

ÖPNV

SPNV

U-bahn
Zentrum
Frekvenz 3-6 min

S-Züge
Radiallinien
Frekvenz 3-20 min

Regionalzüge
Regionallinien
Internationale Verbindungen
Frekvenz 20 min

Lokalzüge
Nordzeeland
Frekvenz 10-20 min

ÖPNV Busverkehr

A-bus
"U-bahn der Strassen"
Stadtzentrum
Frekvenz 5 min

S-bus
Ringlinien - Schnellbus
Frekvenz 10-20 min

Regional busse
Verbinden grössere
Städte in der Region
Frekvenz 20-30 min

A-bus network

Historischer Rückblick auf Bus ÖPNV in Kopenhagen

- 1974: Gründung der Kopenhagen Verkehrsgesellschaft, HT
  Erfolgreiches Unternehmen mit 4500 Angestellten
- 1980'er: Grosse Herausvorderungen:
  - Steigende Preise
  - Sinkende Qualität und Arbeitskonflikte
  - Sehr starke und traditionelle Gewerkschaften
- 1990: 82% Eigenproduktion (HT), 18% private Unternehmen
  Gesetz: Ausschreibungen iniziiert – Ziel: 45% 1995
  Bruttoverträge
- 1991: Teilung der Behörde (HT) vom Busunternehmen
  (Busdivisionen)
- 1990-1994: 20% niedriger Preise, Neue Busflotte, mehrere Kunden, finanzielle Verbesserungen

Reorganisation HT 1990

Historisches Rückblick

- 1995: Gesetz: Alle Linien müssen 2002 ausgeschrieben sein
  Busdivisionen darf anbieten und wird eine Aktiengesellschaft: BusDanmark A/S
- 1999: BusDanmark A/S an Arriva verkauft
- 2000: HUR übernimmt die Rolle HTs – keine Verträgliche Änderungen
- 2001: HUR übernimmt die Verantwortlichkeit für 6 Lokalbahnen am Rand der Region
- 31/12/06: HUR schliesst
- 01/01/07: Neue Ost-dänische Verkehrsgesellschaft entsteht

Ost-Dänische Verkehrsgesellschaft ab 2007

- Neue Kommunal- und Kreisstruktur in Dänemark ab 2007
- Ost-dänische Verkehrsgesellschaft von den Kommunen – nicht länger von den Kreisen – geeignet
- Kommunen werden für die lokale Busverkehrsleistungen bezahlen
- Kreise werden für die regionale Busverkehrsleistungen bezahlen
- Keine gemeinsame Verkehrsgesellschaft:
  - U-bahn bleibt beim Staat und den Kommunen
  - S-bahn bleibt beim Staat

Facts

- 650.000 Reisen pro Wochentag
- 199 mio Reisen pro Jahr
- 3,7 mio Busstunden pro Jahr
- 270 Buslinien
- 7 Busunternehmen
- 950 Busse
- 3.500 Busfahrer
- 69,6% der Einnahmen stammt aus den Fahrkarten

Das System

- Bruttoverträge
- Ausschreibungen - EU Direktiven
- Kosten, Busausstattung, Organisation und Frühere Erfahrungen mit dem Busunternehmen werden mitgerechnet
- 6 Jährige Verträge + Möglichkeit für 2 Jahre Verlängerung
- Anreizsystem an Leistungssystem verknüpft.

Ausschreibungsstrategie

- Kurze Verträge – "Ongoing competition"
- Kleine lokalkonzentrierte Einheiten – 5-20 Busse
- Bonus/Malus System
- Materielstrategie
- Öffentlichkeit
- Maximale aufmerksamkeit auf Personnel
- Kontinuität in den Ausschreibungsverhältnissen

Basisprinzipien

- HUR beschreibt die Leistungen:

  - Anzahl Busstunden pro Buslinie
  - Busausstattung
  - Busfahrer Zertifizierung
  - Busfahrer müssen Tarifvertägliche Verhältnisse hab
  - Maximum für Emissionen
  - Übernahme des Personels
  - Kundenzufriedenkeit, Qualitäts- und Leistungsebene

Gewinner und Verlierer

HUR (Behörde)

Steuerzahler

Busfahrer

Kunden

Verkehrsunternehmen

Busfahrer

- Neue Arbeitsgeber
- Geänderte Arbeitsverhältnisse
- Neue Terminale/Arbeitsplätze
- Weniger Arbeitsplätze
- Höhere Ansprüche

Busunternehmen

- Unsichere Zukunft – Starker Wettbewerb
- Flexibilität
- Mobilität
- Fusionen – Internationalisierung des Marktes

Kunden

- Neue Busse
- Fokus auf Qualität
- Höhere Qualität und Service

HUR (Behörde)

- + Niedriger Preise
- + Fokus auf Qualität und Marketing
- + Bessere Busse
- + Stabile Busleistungen
- + Weniger Streiken
- - Weniger Busunternehmen

Anreizsystem

- **Anreize sind an das Qualitätssystem verknüpft**
  - **Qualität Index (Customer satisfaction)**
  - **Qualität Bruch (Verkehrskontrolle)**
  - **Annullierte Leistungen (Leistungsgrad)**

Qualität im Gleichgewicht

```
            Qualität Bruch
               /\
              /  \
             /    \
            /      \
           /        \
  Qualität Index — Leistungsgrad
```

Qualitätssystem

- Qualitätsanreize werden auf 25.000 Interviews basiert
- Interviews werden täglich gemacht
- Bis 1,5 % Bonus - Bis 1,5 % Buße. Max 5% der Vertragssumme. 4 Mal pro Jahr

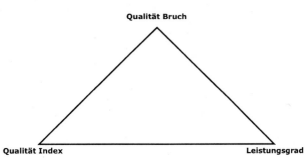

Contractor	Outside clean and maint.	Inside cleaning	Inside maintenance	Temperature	Ventilation	Noise and vibrations	Punctuality	Driving
Bus Danmark A/S, Kokkedal		81.9	82.2				69.0	
Bus Danmark A/S, Roskilde		78.5		78.4			69.0	78.5
City-Trafik A/S, Avedøre	82.5			77.4	75.5		79.1	
City-Trafik A/S, Borgen	82.8							82.7
City-Trafik A/S, Bryggen					75.9			
City-Trafik A/S, Glostrup								
Fjordbus A/S, Slangerup	82.6							82.3
Swebus A/S, Sjælland	82.9	82.7						
Unibus A/S, Avedøre Holme	82.6	82.6		78.8				81.9
Contract level	83.3	83.3	83.3	79.0	76.0	71.0	80.0	83.3
Minimum level	81.3	81.3	81.3	77.0	74.0	69.0	78.0	81.3
HT, average	82.0	83.2			75.0			

Quality

Prozent
- Kundenzufriedenkeit
- Service des Busfahrers
- Fahren des Busfahrers
- Fahrplanüberhaltung
- Temperatur
- Ventilation

(2000–2004)

Marktsituation

Juni 2005	%	Eigentümer	Wo?
Arriva Danmark	48,0	Arriva (Britisch)	In der ganzen Region
Connex Transport Danmark	24,1	Vivendi Gruppe (Französisch)	City
City-trafik	15,9	Teilweise Besitz der Kéolis (Französisch)	City
Hvide busser		Unabhängig (Dänisch)	Küste
Fjordbus		Unabhängig (Dänisch)	Nord Seeland
Sonstige		Kleinere dänische Unternehmen	Ausserhalb der Stadt

Marktanteile Busverkehrsunternehmen

	01/90	04/90	04/92	04/94	06/96	09/97	05/98	05/99	07/00	06/01	06/02	06/03	05/04	10/05
Unausgeschriebene Linien (Arriva Danmark)	81,4	77,7	68,7	53,6	43,7	33,7	33,3	22,0	14,5	4,5	0	0	0	0
Connex Transport Danmark (Linjebuss)	0	5,3	13,7	25,6	18,7	18,6	3,6	11,5	11,5	31,3	31,3	29,3	26,7	24,1
City-Trafik (49% von Kéolis geeignet)	0	2,1	3,5	2,9	14,2	14,1	12,5	13,6	15,7	15,7	16,8	12,8	15,9	15,9
Unibus	0	0,7	1,7	8,1	9,2	9,2	3,2	Arriva	Arriva	Arriva	Arriva	Arriva	Arriva	Arriva
Combus	0				11,0	23,0	21,6	19,8	Connex	Connex	Connex	Connex	Connex	Connex
Arriva Danmark	0			2,0	3,8	17,1	25,4	30,9	40,9	41,9	47,9	43,0	48,0
Kleine Unternehmen – weniger als 5% (Number)	18,6 (15)	14,2 (8)	12,4 (8)	9,8 (4)	12,2 (5)	9,6 (4)	7,3 (4)	5,9 (4)	7,6 (4)	7,6 (4)	10 (4)	10 (4)	14,4 (6)	12,0 (5)

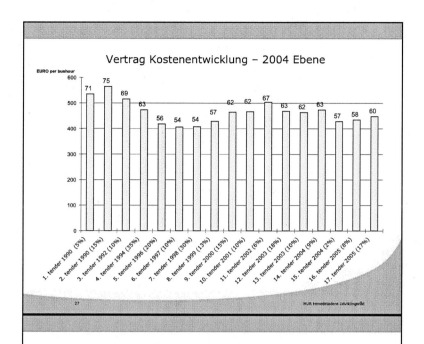

Pros and Cons des HUR-Modells

Vorteile

- Ein ÖPNV System
- Eine Marke ("Brand")
- Ein Tariffverbund
- Eine Stimme gegenüber der Politiker
- Kontrollierte Kosten
- Kontrollierte Qualität
- Wettbewerb

Nachteile

- Wenig Anreize für die Unternehmen
- Schwierig für die Unternehmen, sich zu unterscheiden
- Furcht: Marktkonzentration
- Zusammenarbeit mit den Unternehmen nicht immer einfach

Kopenhagener U-Bahn

- Stufe 1 im Jahre 2002 begonnen
- Stufe 2 im Jahre 2003 begonnen
- Stufe 3 wird 2007 starten
- Stufe 4 – für 2016 geplant (letzter Freitag beschlossen!!)

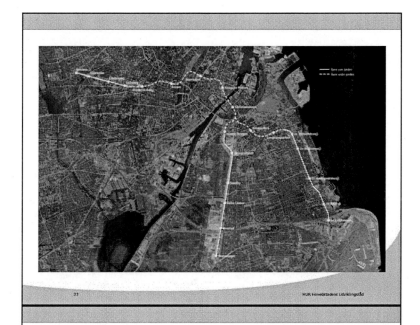

Das Prinzip

- Unentwickeltes Land kostenlos an die Gesellschaft gegeben
- Anleihe genommen
- U-bahn gebaut
- U-bahn macht Land mehr wertvoll
- Entwicklung und Land verkauf
- Zurückbezahlung der Anleihe

Vertragstruktur

Behörde	Besitzt und schreibt den Betrieb der U-Bahn aus
Ansaldo ATSF	Betreibt das Verkehrssystem 5 oder 8 Jahre
Metro Service	Unterlieferant des Betreibers für 5 oder 8 Jahre

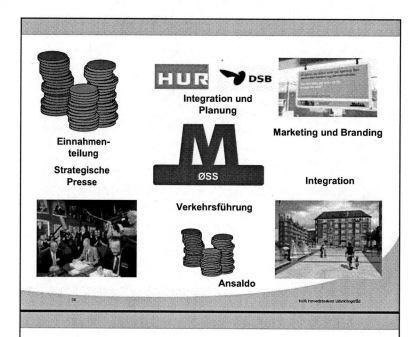

Einnahmenteilung
Strategische Presse
Integration und Planung
Marketing und Branding
Integration
Verkehrsführung
ØSS
Ansaldo

Der Vertrag

- **Bruttovertrag**

- Anreizen:

  - Verkehrsqualität – 98 %
  - Steigerung der Fahrgastzahl
  - Kundenzufriedenheit
  - Beanstandungen von Kunden
  - Fahrkartenautomat
  - Reinlichkeit

Anreizen für den Betrieber

Anzahl Kunden

Fahrkarten

Effiziente Instandhaltung

Zufriedene Kunden

Übrige Dänische ÖPNV Systeme

- Århus und Odense haben immer Eigenproduktion
- Odense hat schon 25% ausgeschrieben
- Århus wird mit Vertragsmanagement ab Jahre 2007 beginnen
- Århus Sporveje hat sich schon in Verkehrsbehörde und Verkehrsgesellschaft getrennt.

Bahn

- 15% der Dänischen Bahnleistungen seit 2003 ausgeschrieben und von Arriva betrieben
- 6 Bahnstrecken in Westjütland auf 8 Jahrige Verträge
- Nettovertrag mit Bonus/Malussystem war nicht genügend um eine zufriedenstellende Spitzenverkehr zu bekommen. Eine mehre spezifike Leistungsbeschreibung mit einem richtigen Fahrplan ist für die kommenden Ausschreibungen forderlich
- Hohe Qualität und Kundenzufriedenkeit auf die ausgeschriebenen Bahnen
- Zwischen 2005-2014 muss mindestens ein drittel der gesammten Bahnleistungen ausgeschrieben werden
- 2008 wird die Kustlinie Helsingör-Kopenhagen-Malmö mit Skånetrafikken ausgeschrieben

Was können Wir weitergeben?

- Klare Visionen sind erforderlich
- Wenn Operationen als Eigenproduktion produziert werden, muss sehr klar definiert sein, wer für was zuständig ist
- Kopenhagen (HUR) hat rund 400 Mio € gesparrt
- Effizienz kann sowieso mit internen Messungen erreicht werden
- Unabhängigkeit ist erforderlich, um das volle Potential zu erreichen
- Es erfordert viel Zeit und viele Kräfte
- Hohe Löhne für Busfahrer sind gut - wenn sie dafür arbeiten!

Nicole Rudolf und Dick Dunmore

ÖPNV in Großbritannien – freier Wettbewerb und Konkurrenz um den Fahrgast

Einleitung – Geschichte

Dieser Beitrag beschreibt in Kürze die Geschichte der Deregulierung, Umstrukturierung und Privatisierung des oberirdischen Verkehrs in Großbritannien. Es beschäftigt sich dabei vorwiegend mit den Entwicklungen im Bus- und Bahnverkehr. Abschließend wird zur Frage der Übertragbarkeit auf die Situation in Deutschland eingegangen.

Die Privatisierung im Verkehrswesen in Großbritannien muss im Zusammenhang mit der wirtschaftlichen Zielrichtung der konservativen Regierung in den Jahren 1979 bis 1997 gesehen werden. Die konservative Regierung glaubte, dass die Privatwirtschaft in jedem Industriezweig effizienter ist als die öffentliche Hand. Auf dieser Grundlage wurden letztendlich zwei Drittel des britischen staatlichen Industriesektors, inklusive Strom-, Gas-, Wasser- und Telekommunikationsindustrie, durch die konservative Regierung privatisiert.

Bus-Privatisierung

Bus Deregulierung außerhalb von London

Bis zum Jahr 1985 verfügten die meisten Städte über große Verkehrsbetriebe, die sowohl im Gemeindebesitz standen als auch von der Gemeinde finanziert wurden. Etwa 50 Prozent der Buskilometer in England und Wales wurden von der „National Bus Company" erbracht. Diese Firma beschäftigte 49 000 Arbeitnehmer und hatte Einnahmen in Höhe von 680 Mio. £. Ihre Verluste betrugen jedoch, wenn man die Subventionen außen vorlässt, 100 Mio. £.

Durch den „1985 Transport Act" wurden die Busse außerhalb von London dereguliert. Dadurch stand es nun jedem Betreiber frei, jeglichen Service zu jeder Zeit anzubieten. Voraussetzung war lediglich, dass er die zuständige Behörde davon sechs, heute acht, Wochen vorher in Kenntnis setzte. Ebenso verhielt es sich, wenn ein Betreiber einen Service zurücknehmen wollte. Die sechs Wochen sollten es der Gemeinde ermöglichen, ein Ausschreibungsverfahren für Strecken der Daseinsfürsorge durchzuführen.

Durch die Privatisierung der „National Bus Corporation" erhielt die Regierung rund 450 Mio. £. Auf den Fernverkehr bezogen, kann man sagen, dass die Deregulierung grundsätzlich erfolgreich war. Ein Beispiel ist die von zwei Busbetreibern angebotene 100 Kilometer lange Busverbindung zwischen Oxford und London. Hier hat der Fahrgast die Möglichkeit, das Angebot eines Betreibers zu wählen, der eine Busverbindung zwischen den beiden Städten in einem Zwölf-Minuten-Takt während des Tages und im 30- bis 60-Minuten-Takt in der Nacht anbietet. Außerdem hat man die Möglichkeit eine 12er-Fahrkarte zu kaufen und so den Preis für eine Fahrt bedeutend zu senken.

In städtischen Gegenden führte die Deregulierung dagegen vielfach zu Chaos. Hier versuchten Verkehrsunternehmen sofort auf profitablen Strecken zur Hauptverkehrszeit zu konkurrieren, während sie unprofitable Strecken, unattraktive Zeiten oder Strecken mit wenig Nachfrage ignorierten. Es zeigte sich, dass das Angebot der Verkehrsunternehmen stetig wechselte, was zur Verwirrung der Fahrgäste führte. Das führte dazu, dass zwar zwischen 1987 und 1997 die Anzahl der Bus-Kilometer um 15 Prozent stieg, während jedoch die Fahrtenanzahl um 26 Prozent fiel. Außerdem sank der durchschnittliche Fahrpreis, so dass die private Busindustrie viel Geld verlor und aufgrund des Profitverlusts keine neuen Investitionen tätigen konnte. Das führte dazu, dass das Durchschnittsalter der Busflotte anstieg.

Und so zeigte sich bald folgendes Bild: Jede Stadt hatte eine Anzahl verschiedener privatwirtschaftlicher Busunternehmer mit unvereinbaren Fahrpreisen und Streckennetzen und darüber hinaus subventionierte Strecken, die zunächst nicht von privaten Verkehrsunternehmen befahren wurden, von der örtlichen Behörde jedoch als notwendig angesehen wurden.

Letztlich kann man sagen, dass die Koordination der verschiedenen Verkehrsunternehmer aus zwei Gründen besonders schwierig war. Erstens verboten Wettbewerbsgesetzte, dass die verschiedenen privaten Verkehrsunternehmen ihre jeweiligen Fahrscheine gegenseitig anerkannten oder gemeinsame Fahrpläne veröffentlichten. Zweitens waren den örtlichen Behörden weitestgehend die Hände in Bezug auf die privaten Verkehrsunternehmen gebunden. Das konnte dazu führen, dass die Behörde Verkehrseinrichtungen, wie z.B. Haltestellen, errichtete, die jedoch nicht von den Verkehrsunternehmen genutzt wurden, und die Behörde keine Möglichkeit hatte, die Nutzung zu erzwingen. Lediglich bezüglich der Strecken, die Behörde subventionierten, konnten sie Einfluss nehmen.

Nach und nach kam es jedoch in den Städten zu einer Stabilisierung und es entstanden große privatwirtschaftliche Gruppen. 1996 teilten sich die drei größten Gruppen (First Group, Stagecoach und Arriva) untereinander über die Hälfte des Marktes. Ihnen gelang es profitabel zu sein, da sie ihre Größe dazu gebrauchten, um Vergünstigungen bei Busneueinkäufen zu erhalten und die Löhne, die 66 Prozent ihrer Kosten ausmachten, niedrig zu halten. Eine Folge der Gründung der großen Unternehmen war jedoch, dass direkter Wettbewerb abnahm. Heutzutage hat nun jede Stadt typischerweise lediglich einen Hauptbusunternehmer, der die Mehrheit der Dienste erbringt. Auch wenn dies zunächst gehen die Idee des Wettbewerbs spricht, scheinen jedoch beide Parteien, sowohl Fahrgäste als auch die örtlichen Behörden, dieses „nicht konkurrierende" Umfeld zu bevorzugen, da es zu mehr Stabilität führt und ein klares Streckennetz gewährleistet.

Auch zeigen die Entwicklungen der letzten Jahre, dass die örtlichen Behörden deutlich mehr Planungsauthorität erhalten wollen. Zu den Neuerungen, die diese Entwicklung widerspiegeln zählen Quality Partnerships, Statutory Quality Partnerships und Quality Contracts. Dabei sind Quality Partnerships die am derzeitig häufigsten verwendete Form der Einflussnahme der Behörde. In dieser Art „Gentlemen Agreement" sagt das Verkehrsunternehmen beispielsweise der Behörde zu, dass es neue Busse anschaffen wird, wenn die Behörde im Gegenzug neue Busspuren oder Haltestellen bereitstellt. Absprachen bezüglich Streckenplanung, Fahrpreise oder Fahrplänen können jedoch so nicht geschaffen werden. Während die Quality Partnerships lediglich auf dem gegenseitigen Vertrauen beruhen, sind bei den Statutory Quality Partnerships die Parteien zur Leistungserbringung verpflichtet, d.h. das Verkehrunternehmen, das nicht die versprochenen neuen Busse angeschafft hat, darf auch nicht die neue Haltestelle oder Busspur nutzen.

Die so genannten Quality Contracts stellen den größten Eingriff in den freien Wettbewerb dar und ermöglichen der Behörde den weit eingreifendsten Einfluss. Danach haben die Behörden vollkommene Kontrolle über Qualität, Fahrzeiten und Fahrpreise und können so Leistungsqualität und -quantität bestimmen. Kritiker argumentieren jedoch, dass dies die Verkehrsunternehmen zu sehr einschränkt und rechtlich gesehen sehr kompliziert ist. So muss die Behörde für einen Quality Contract z.B. die Genehmigung der „Secretary of State" einholen. Zurzeit gibt es noch keinen Quality Contract, wobei man jedoch sagen kann, dass eine Drohung mit einem solchen Vertrag schon manchmal ausgereicht hat, um Veränderungen hervorzurufen. So z.B. in Coventry, wo die örtliche Behörde dem Verkehrunternehmen mit einem Quality Contract drohte und dadurch eine enorme Verbesserung der Busqualität erreichte.

London – die Ausnahme

In London zeigt sich ein anderes Bild. Obwohl es hier ebenfalls zu einer Privatisierung im Busmarkt kam, blieb er hier jedoch im Gegensatz zum Rest des Landes reguliert. Die Spezifizierung des Angebots wird von „Transport for London", ehemals „London Transport", übernommen, und der Betrieb erfolgt durch Verkehrsunternehmen, die fünf bis sieben Jahresverträge mit „Transport for London" abgeschlossen haben. Die Planungsauthorität liegt damit bei der Behörde. Da Transport for London auch für die anderen öffentlichen Verkehrmittel, U-Bahn, Boote, Taxis, Straßenbahnen und DLR, verantwortlich ist, gelingt so eine gute Integration des ÖPNV. In diesem Zusammenhang muss auch die so genannte „Mayor´s Transport Strategy gesehen werden. Dieses Strategiedokument beinhaltet ein integriertes Maßnahmenprogramm zur Verbesserung des ÖPNV. In Bezug auf das Londoner Busnetz werden Maßnahmen bezüglich der Verbesserung der Pünktlichkeit, Qualität und Kapazität vorgeschlagen. Man kann also sagen, dass in London ganz gezielt die Planung des ÖPNV durch eine Behörde im Vordergrund steht.

Das Londoner Modell der regulierten Privatisierung wird grundsätzlich als Erfolg betrachtet. Die Fakten scheinen diese Auffassung zu bestätigen. Danach hat die Busnutzung die größte Wachstumsrate seit 1946, die Fahrgastzahlen stiegen um mehr als 38 Prozent zwischen 1999/2000 und 2004/2005 und die Kapazität wird stetig vergrößert.

Privatisierung der Bahn

Neustrukturierung der Bahn – Franchisingverträge im Personenverkehr, ROSCOs und Railtrack

Die Eisenbahnen in Großbritannien, inklusive der ersten Eisenbahn der Welt zwischen Stockton und Darlington im Jahr 1825, wurden von der Privatwirtschaft entwickelt. Erst 1948 gingen alle Bahnen in den öffentlichen Besitz über und formten so British Rail (BR). Seit den 1970er-Jahren wurde BR laufend umstrukturiert. Man wollte die Effizienz verbessern und Subventionen reduzieren. Es wurde beschlossen, die Investitionen zu minimieren. Lediglich die Aufrechterhaltung des Services stand nun im Vordergrund. Bezüglich der Infrastruktur begrenzte die Regierung die Ausgaben auf die Wartung und Erneuerung, während von Netzerweiterungen weitestgehend abgesehen wurde.

Tabelle 1: Eckdaten der Umstrukturierung und Franchiseverträge

Datum	Ereignis
1991, November	Regierung ernennt Berater zu Durchführung der Richtlinie 91/440
1992, Juli	Regierung erlässt „White Paper – The privatisation of British Rail"
1992, Oktober	Regierungsberatungsdokument „The Franchising of Passenger Rail Services"
1993, November	Railways Act 1993
1994, April	Railtrack und die zukünftigen Bahnbetreiberfirmen, die so genannten „Train Operating Companies (TOCs)" werden geschaffen
1995, Dezember	Railtrack und TOCs gegenseitige Zahlungen unter dem „Performance Regime"
1996, Januar	Erste TOC wird als Franchising der Privatwirtschaft überlassen
1996, Juli	Letzte BR Trassenwartungsfirma wird verkauft
1997, Februar	West Coast TOC wird von Virgin gewonnen mit einem 15 jährigen Franchisingvertrag, inklusive eines 2,3 Mio. £ Erweiterungsversprechen und 225km/h-Neigezügen

Im Jahr 1992, als die Regierung weitere Möglichkeiten der Umstrukturierung gegen die Privatisierung der Bahn abwog, bestand BR aus einer Reihe von marktorientierten Unternehmen, wie z.B. Intercity und Regional Railways. Aufgrund der Erfahrungen in der Gas- und Stromprivatisierung und in Übereinstimmung mit der Europäischen Richtlinie 91/440, die die Trennung zwischen Betrieb und Infrastruktur fordert, folgerte die Regierung, dass BR aufgeteilt werden musste. So wollte man erreichen, dass durch Wettbewerb und Privathandkapital eine schnelle Effizienzverbesserung erreicht werde. Zwischen 1992 und 1997 wurde BR dann zunächst in 100 separate Firmen unterteilt, die dann an die Privatwirtschaft verkauft wurden.

Nach langer Überlegung entschied die Regierung sich letztendlich, eine unabhängige Infrastrukturfirma mit dem Namen „Railtrack" zu gründen. Dieses Vorgehen hätte möglicherweise erfolgreich sein können, wenn – wie 1992 geplant – Railtrack und OPRAF zusammenhängend im öffentlichen Sektor integriert geblieben wären. Jenes hätte gewährleistet, dass Verbesserungen an den anfänglichen Verträgen immer dann hätten durchgeführt werden können, wenn Probleme erwachsen wären. Im Jahre 1995 wurde jedoch beschlossen, dass auch Railtrack privatisiert werden sollte. Auf die Konsequenzen wird im nachfolgenden Text noch vertieft eingegangen.

Bezüglich des Bahnangebots wurde entschieden, dass dieses wie das Busangebot entweder kommerziell, unter einem konkurrierend ausgeschriebenen Vertrag oder einem „Franchise-Vertrag" erbracht werden sollte. Diese Vorschläge wurden in dem „White Paper" vom Juli 1992 aufgeführt. Dieses wichtige Dokument stellte die Grundlage für die Gesetzgebung und die Umstrukturierung im darauf folgenden Jahr dar. Die Ziele sind in Tabelle 2 dargelegt.

Die entwickelte Strategie war politisch gesehen attraktiv. Man nahm an, dass privatwirtschaftliche Effizienz die Leistung erhöhen, aber die Subventionen reduzieren würde. Offener Zugang zum Netzwerk sollte zu neuen Dienstleistungen und Investitionen führen. Dadurch, dass mehr Dienste Profit erwirtschaften würden, könne die Bestellung sowie der Betrieb ganz in die Hand der Privatwirtschaft übergehen, während der Regierung lediglich die Überwachung des stetig zurückgehenden Subventionssektors obliegen würde. Diese Entwicklung hatte man in den anderen restrukturierten und privatisierten Industriezweigen, wie Strom- und Telekommunikation, beobachtet. Dort, wo der Kern natürlicher Monopole isoliert und getrennt reguliert worden war, näherten sich die verbliebenen Wettbewerbselemente einem Punkt, wo keine weitere Regulierung gebraucht wurde

Tabelle 2: Ziele der Bahnprivatisierung

Art	Ziele
Finanziell	Reduzierung von Betriebsausgaben: durch größere Effizienz in der Servicebereitstellung
	Reduzierung von Kapitalausgaben: durch privatwirtschaftliche Investitionen
	Anstieg in Barkapital: durch Verkauf von profitablen Teilen der Industrie
Andere	Risikotransfer: Einnahmerisiko schaffe Anreiz für Franchisingnehmer, den Service zu verbessern
	Wettbewerb: für den Markt durch den Franchisingprozess und innerhalb des Marktes, wo bereits eine Auswahl von Betreibern bestand oder sich entwickeln würde
	Neuheiten: bzgl. Fahrplan und anderer Aspekte des Services
	Zuspruch: durch Franchising würde eine Reihe von Grundfahrpreisen ständig fallen (entgegengesetzt dem sonst stetig Ansteigens der Fahrpreise)
	Zurückgehende Einbindung der Regierung: auf Dauer könne die Bahn sich selbst tragen, wie bereits andere private Geschäftsbereiche

Die Bahn unterscheidet sich jedoch von anderen kommerzialisierten Netzwerken wie Gas und Strom. Die technische und organisatorische Entwicklung der Bahn hatte nämlich vor allem die Synergien zwischen Betrieb und Infrastruktur gestärkt. Die Umstrukturierung einer dieser integrierten Firma in über 100 separate Unternehmen in weniger als drei Jahren, um sie dann an die Privatwirtschaft zu verkaufen, erforderte eine Menge Arbeit und führte zu einem stetigen Lernprozess.

Erstens: Um die Basistrennung von Infrastruktur und Betrieb in Übereinstimmung mit der Richtlinie 91/440 durchzuführen, mussten die gesetzlichen Zugangsrechte zur Infrastruktur klar definiert werden. Diese Grundsatzfrage wurde zum Kern der so genannten „Access Agreements", also den Zugangsberechtigungen zwischen den Betreibern und dem Monopolunternehmen „Railtrack".

Zweitens mussten die „Access Agreements" einer unabhängigen Kontrolle unterliegen, um so einen fairen Zugang zu garantieren. Diese Funktion übernahm der „Rail Regulator". Im Unterschied zu andern Netzwerkzugangsvereinbarungen, z.B. Gas und Strom, erforderte dieses Gesetz, dass der „Rail Regulator" die Zugangsvereinbarungen genehmigte, während er normalerweise lediglich Unstimmigkeiten löste. Der „Rail Regulator" bestimmte daher sowohl die Verbindungsstruktur zwischen Infrastruktur und Betrieb als auch die Bezahlung für die Bereitstellung der Infrastruktur. Man kann daher feststellen, dass durch die Vergütungsfestlegung für den Zugang zur Infrastruktur sowohl der Firmenwert von Railtrack als auch den der jeweiligen Bahnbetreibern vor der Privatisierung festgelegt werden konnte.

Drittens: Aufgrund der Zugangsvergütung ging man davon aus, dass die Bereitstellung der meisten Personenverkehrsleistungen nicht dem Markt überlassen werden konnte, da man glaubte, dass diese nicht profitabel erbracht werden könnten und weiterhin von dem damaligen „Office of Passenger Rail Franchising (OPRAF)", später „Strategic Rail Authority (SRA)" , heute DfT, subventioniert werden müssten. Ihre Festlegung wurde daher zum Kern der „Franchise Agreements" zwischen Betreiber und OPRAF.

Während die Schnelligkeit und das Ausmaß der Umstrukturierung zu einer Reihe von Fehlern führte, so muss man doch sagen, dass die grundsätzliche Basis, untermauert von einer unabhängigen Gesetzgebung, die den Zugang zum Bahnnetzwerk leistet, in anschließenden EU Richtlinien verwirklicht worden ist.

Zusätzlich wurde entschieden, dass Railtrack die Wartung und die Erneuerung der Infrastruktur an private wettbewerbsfähige Firmen übergeben sollte. Railtrack wurde bewusst als „schlanke" Firma geschaffen, die über ausreichendes Ingenieurwissen verfügt, um Verträge zu übergeben und zu überwachen, nicht jedoch, um z.B. die Wartungsarbeit im Detail festzulegen. Die jeweiligen Anfangsverträge der aus BR hervorgegangen Wartungs- und Erneuerungsfirmen wurden von der Regierung festgelegt, bevor diese Firmen aufgrund eines Ausschreibungsverfahrens von BR verkauft wurden.

Die Regierungsvorschläge im Jahre 1992 sahen kurze Betreiberverträge von 5- bis 7- jähriger Dauer vor. Die kurze Dauer der Franchisingverträge und die beschränkte Flexibilität bezüglich des Widerverkaufs von Rolling Stocks, würde jedoch für den privatwirtschaftlichen Franchisingnehmer Schwierigkeiten bereiten, Rolling Stock effizient in die Bilanz aufzunehmen. Daher schaffte die Regierung drei Rolling Stock Firmen, die so genannten „ROSCOs". Diese Firmen waren Eigentümer des Rolling Stocks und leasten es an die Bahnbetreiberfirmen für die Dauer der Franchising Verträge. Die „ROSCOs" waren die ersten Firmen, die privatisiert wurden.

Nach 1994, als die Anfangsverträge zwischen den neu gegründeten Firmen abgeschlossen worden waren, bemühte sich die Regierung, einen Anreiz für deren kommerzielle Zusammenarbeit zu schaffen. Aus diesem Grund wurde eine Reihe von neuen vertraglichen Leistungssystemen, so genannten „performance regimes", erarbeitet und in den Jahren 1995 bis 1996 umgesetzt. Obwohl die Systeme nicht alle zur selben Zeit umgesetzt wurden und viele auch untereinander im Widerspruch standen, wurden sie auf allen Ebenen der Bahnindustrie zwischen den jeweiligen Beteiligten angewandt:

- OPRAF und den Franchisenehmern, durch das *Franchise Agreement*,
- Betreibern und Railtrack, durch das *Access Agreement*,
- Betreibern und ROSCOs, durch das *Leasing Agreement*,
- Railtrack und den Wartungs- sowie Erneuerungsfirmen, durch „*Supply Contracts*".

Bahn Franchising

Der Personenbahnverkehrbetrieb in Großbritannien wurde in 25 einzelne Firmen (TOCs) unterteilt und an die Privatwirtschaft übergeben, um sie als Franchisingunternehmen zu betreiben. OPRAFs Standard Franchisingübereinkommen setzten folgendes voraus:

- „Passenger Service Requirements (PSR)", die Fahrgastservicevoraussetzungen schrieben einen minimalen Service, unter anderem bezüglich Fahrstrecken, Sitzkapazität und Abfahrtzeiten, vor.

- Maximales Angebot an besonderen Grundfahrpreisen.

- „Performance Regime", ein Leistungssystem, wonach ein bestimmter Bonus von OPRAF für gute Leistungen gezahlt werden kann. und wonach auch Strafen verhängt werden, wenn der Franchisingnehmer Schlechtleistungen erbringt.

Zusätzlich wurde den Franchisingnehmern ein „Access Agreement" überreicht. Dieses umfasste:

- Zugangsrechte zum Netz, die in jedem Fall die Betreibung eines ausreichenden Fahrgastservices gewährleisteten. Außerdem konnten zukünftige weiterreichende Zugangsrechte verhandelt werden.

- „Performance Regime", das gegenseitige Schadensersatzregelungen zwischen Railtrack und den Franchisingnehmern bei Verspätungen darlegt.

- „Possessions Regime", das Schadensersatzregelungen von Railtrack gegenüber den Franchisingnehmern aufgrund von Störungen durch Wartungs- oder Erneuerungsarbeiten darlegt.

Wie bereits dargestellt, favorisierte man am Anfang Franchisingverträge von 5- bis 7-jähriger Dauer. Die dadurch minimale Kapitalvoraussetzung auf der Bieterseite sollte diese grundlegende neue Markteröffnung für Investoren attraktiv machen und man ging davon aus, dass die Möglichkeit der häufigen Widerausschreibungen einen größeren Kreis von Bietern anziehen würde. Dadurch sollte das so genannte „Value for money Prinzip" gewährleistet werden. Die Regierung akzeptierte jedoch später, dass letztendlich längerfristige Verträge benötigt würden, wenn man die Franchisingnehmer zu Investitionen anregen wollte, besonders im Hinblick auf größere Infrastrukturerneuerungen. In der Praxis führte der Franchisingprozess zu Franchisingverträgen von bis zu 15 Jahren Dauer. Dafür erhielt die Regierung im Gegenzug die grundlegende Verpflichtung zu Investitionen von den Franchisingnehmern.

Der Standard-Franchisingvertrag beinhaltete eine festgesetzte Subvention und das volle Einnahmerisiko für den Betreiber. Bieter mussten im Voraus urteilen, wie Kosten reduziert werden und inwieweit die Einnahmen durch besseren Service, besseres Marketing und bessere Preisgebung erhöht werden könnten. Grundsätzlich gewann derjenige Bieter den Franchisingvertrag, welcher die wenigsten Subventionen benötigte.

Die ersten Ausschreibungsgebote konzentrierten sich auf die Kostenreduzierung. Spätere Gebote hatten jedoch ambitionierte Pläne bezüglich Einnahmesteigerungen, die sehr stark von rechtzeitigen und budgetgemäßen Investitionen in neue Züge und die Infrastruktur abhängen würden. Diese Vorgehensweise gipfelte in dem Gebot von Virgin für West Coast Trains. Das Gebot ging von einem ausreichenden Wachstum aus und nahm an, dass der Service, der im Jahr 1996/97 94 Mio. £ Subventionen bedurfte, zu einem Service mit 220 Mio. £ Einnahmen im Jahre 2011/12 entwickelt werden könnte. Im Nachhinein muss man wohl sagen, dass diese Art des Wechsels von Kostenreduzierung zu Investition und Anstieg der Einnahmen mit keiner effizienten Flexibilität bezüglich der

Regelung des Nachfragerisikos, eines der größten Probleme des ganzen Franchisingprozesses darstellte.

Kosteneinsparungen, Produktivität und Effizienz

Die privatwirtschaftlichen Franchisingnehmer konnten, obwohl die kapitalarme BR schon intensivst ihre Vermögenswerte genutzt hatte, durch neue Technologie und neue Arbeitsvereinbarungen, im besonderen Maße mit den Lokomotivführern, die Kosten senken. Trotz Befürchtungen der Gewerkschaften, dass die Gehälter gekürzt würden, boten die Franchisingnehmer als Gegenzug für eine größere Flexibilität und daher höhere Produktivität neue Arbeitspakete an, bei denen ein höheres Basisgehalt gezahlt wurde. In der nahen Vergangenheit sind die Gehälter der Lokomotivführer bemerkenswert angestiegen, da in dieser Berufssparte Knappheit herrschte und sie oft bereit sind, zu Betreibern zu wechseln, die eine bessere Bezahlung und bessere Konditionen anbieten. – „Immerhin funktioniert der Markt hier!"

Im Gegensatz dazu versuchten die Wartungs- und Erneuerungsfirmen von Railtrack, in der Regel bedeutende Baufirmen, ihre Personalzahlen sowie ihre Ausgaben für Löhne durch ausgedehntes Out-Sourcen zu verringern. In einigen Fällen verringerte dies die Kosten, aber in vielen Bereichen, wie z.B. im Signal-Ingenieurwesen, hat die Knappheit an qualifiziertem Personal, gerade, um größere Arbeitsprogramme durchzuführen, zum Anstieg der Firmengesamtkosten geführt.

Innovationen durch Investitionen

Die Privatisierung hat Innovationen durch Investitionen in zahlreichen Bereichen angetrieben. Erstens auf Pendlerstrecken, dort wurde sowohl in Ticketbarrieren in Bahnstationen sowie in zusätzliches Personal investiert, um das Fahren ohne Fahrschein zu begrenzen Zweitens führte die neue Flexibilität dazu, dass die Anzahl und Art der Kundenbetreuer, die lediglich minimale Betriebs- oder Sicherheitsfunktionen haben, anwachsen konnte. Der so geschaffene Service wurde von vielen Fahrgästen begrüßt. Drittens wurden selten fahrende Lokomotivzüge durch häufiger fahrende Triebzüge ersetzt, soweit dies die Strecke und die Terminalkapazität erlaubte. Virgins Cross-Country Franchise, welcher Intercity-Service zwischen allen großen Städten mit Ausnahme von London bereitstellte, entwickelte eine Taktfahrplanstruktur mit einem halbstündlichen Service von einem Anschlussknotenpunkt in Birmingham. Viertens ermöglichte eine große Auswahl an Ticketarten sehr preiswertes Reisen, vergleichbar mit der Vorgehensweise der Billig-Fluggesellschaften, solange der Fahrgast den Kauf im Voraus tätigte. Tickets für die Erste Klasse konnten dagegen zehnmal so hoch sein.

Nachfrage

„Privatisierung verjagt keine Fahrgäste!" – Ihre Befürworter deuten daraufhin, dass das Fahrtenaufkommen bis zum Jahre 2001/02 um 30 Prozent angestiegen war und die Fahrgast-Kilometer um 36 Prozent höher lagen als im Jahre 1994/95, dem letzten Jahr vor der Privatisierung der Bahn. Tatsächlich war ein Teil des Anstiegs auf die höhere Qualität, die geringeren Preise und die gesamte Straßenüberlastung zurückzuführen. Darüber hinaus steht der Anstieg aber wohl auch im Zusammenhang mit dem wirtschaftlichen Aufschwung in dieser Zeit.

Kapazitätserweiterung

Wachsende Nachfrage bedeutet, dass Railtrack nun nicht nur die Bahn erhalten und erneuern, sondern auch ihre Kapazität erweitern muss, da diese, momentan jedenfalls, aufgebraucht ist. Dies ist insbesondere ein Problem auf den Londoner Strecken, wo keine unbebauten so genannten „green field"-Gegenden bestehen, und eine Entschädigung gezahlt werden muss, wenn Arbeiten den Bahnverkehr unterbrechen.

Tabelle 3 umfasst sowohl die Fahrgast- als auch Einnahmedaten für die Jahre 1994/95 und 2001/02. InterCity kann dabei mit DB Reise und Touristik und Regional Railways mit DB Regio verglichen werden. Der Bedarf von London und South East dominiert das nationale Bahnnetz und auch der InterCity Betrieb wird stark vom Verkehr nach und aus London dominiert. Daher machen die Hauptstadt und ihre Umgebung mit deren Pendelverkehr etwa 75 Prozent der Gesamtpersonenkilometer und Einnahmen aus.

Darüber hinaus werden die 957 Mio. Fahrgast-Kilometer pro Jahr mit 970 Mio. Fahrgast-Kilometern von der Londoner U-Bahn pro Jahr überschritten, d.h. innerhalb Londons werden etwa vier Mio. Fahrten täglich vorgenommen. Nahezu der gesamte Profit und Nachfrage aber auch Überbelastung und andere Probleme der Bahn treten auf Londons Strecken auf.

Tabelle 3: Personenverkehr im Jahre 1994/95 und 2001/02

	Jahr	London & South East	InterCity	Regional
Fahrgast-km (Milliarden)	1994/95	12,9	10,1	5,7
	2001/02	18,5	12,9	7,7
Einkommen (£ Mio.)	1994/95	1 059	734	378
	2001/02	1 739	1 220	590

Seit 1974 war BR lediglich dazu verpflichtet, BRs Leistungen „ungefähr auf dem gleichen Stand als in 1974" zu betreiben. In den folgenden 20 Jahren verbrauchte die Bahn daher langsam alle Tageskapazität in den Hauptkorridoren von und nach London, was heute ein großes Problem für die Region darstellt.

Nachfragemanagement

Bis zu den Jahren 1994/95 gebrauchte BR die Preissetzung aktiv zur Regelung der Nachfrage, insbesondere bezüglich der 800 000 Bahn und U-Bahn Pendlern in das Zentrum von London. BR wurde dabei politisch von beiden Parteien unterstützt. Eine 100 Kilometer oder sogar weitere tägliche Pendelstrecke ist jedoch weder unter sozialen noch umweltpolitischen Gesichtspunkten wünschenswert. Stetig ansteigende Preise halfen, dieses Wachstum zu stoppen und das Fahrgastaufkommen im Rahmen der vorhandenen Kapazität zu halten.

Vor der Privatisierung änderte die Regierung diese Politik, indem sie eine Reihe von Grundfahrpreisen auf die Inflation bis zum Jahre 1998 indexierte und auf ein Prozent unter der Inflation danach. Diese damals begrüßte Maßnahme trieb jedoch die Nachfrage an und führte zur Überbelastung, während es die Gelder zur Handhabung dieser Probleme reduzierte. Soweit Kapazität für ewig ansteigenden Verkehrsbedarf gebraucht wird, muss dafür aufgekommen werden, entweder durch den Fahrgast oder den Steuerzahler. Im Januar 2004 wurde entschieden die Preise auf ein Prozent über der Inflation für die nächsten drei Jahre festzulegen.

Bedarf der Neuverhandlungen

Die Franchisingnehmer, die vorsichtig waren, machen und halten ihren Profit. Franchisingnehmer, die zu optimistische Voraussagen machten, sind entweder von anderen Franchisingnehmern übernommen worden oder werden, trotz des oft vorhergesagten Risikotransfers zur Privatwirtschaft, nun von dem DfT unterstützt. Der 1996 vorausgesagte Rückgang von Subventionen ist daher nicht erreicht worden und war, rückwirkend betrachtet, wohl auch auf Nachfrageprognosen gestützt, die das Netzwerk nie hätte leisten können.

Ablauf der Franchisingverträge

Investitionen werden entweder von dem DfT unterstützt oder sind in den Angeboten der Franchisingnehmern enthalten. Der Franchisingnehmer wird jedoch nicht einen höheren Betrag investieren, als den, auf den er bis zum Ende des Franchisingvertrags Profit zurück erwirtschaften kann. Auch die ROSCOs werden nur dann in neue Züge investieren, wenn sie überzeugt sind, dass zukünftige Betreiber diese nutzen werden. Das bedeutet, dass es, unabhängig von der Länge des Franchisingvertrags, schwierig ist, in den letzten drei bis fünf Jahren eines Franchisingvertrags zu investieren. – „Es gibt jedoch trotzdem eine „Möglichkeit" dem DfT Investitionen anzubieten; nämlich im Gegenzug für eine Verlängerung des Franchisingvertrags oder einer zusätzlichen Subvention!"

Privatisierung der Infrastruktur

Die Entscheidung, Railtrack zeitgleich mit den Bahnbetriebsleistungen zu privatisieren bevor überhaupt irgendein Franchisingvertrag in Kraft trat, geschweige denn erfolgreich im Einklang mit den Originalvoraussetzungen abgeschlossen worden war, kann im nachhinein als ein kritischer „Schritt zu weit" gesehen werden. Anpassungen hätten vorher stattfinden sollen. So aber wurde Railtrack in vielerlei Hinsicht beinahe unverändert verkauft, obwohl die Firma eigentlich nur für den Betrieb im öffentlichen Sektor ausgerichtet war.

Am Anfang jedoch gab es keine Probleme. Die neuen Leistungssysteme „performance regimes" richteten ihre Aufmerksamkeit auf die Verlässlichkeit, wobei es Railtrack in den ersten drei Jahren gelang, die Unpünktlichkeit um 40 Prozent zu senken. Niedrige und variable Infrastrukturzugangspreise, fallende Fahrpreise, höhere Kraftfahrzeugsunterhaltungskosten und der wirtschaftliche Aufschwung führten zu einem Anstieg der Fahrgäste. Dieses wiederum führte zu einem Anstieg im Kapazitätsbedarf, über dessen Konsequenzen man sich erst später richtig bewusst wurde. Railtrack beabsichtigte große Profite durch bedeutende Projekte, wie die Modernisierung der West Coast Route, Channel Tunnel Rail Link und Thameslink 2000, zu erreichen. Binnen zweieinhalb Jahren vervierfachte sich der Aktienpreis und der Marktaktivierungswert stieg von zwei Mrd. £ auf acht Mrd. £ an.

Dieser anfängliche Erfolg verdeckte tiefer liegende Fehler im Gesamtkonzept. Diese Fehler kamen erst im Jahre 1999 zum Vorschein, als Railtrack die Kosten bezüglich Wartung, Erneuerung und Erweiterung des Netzwerks überprüfte. Darüber hinaus kamen einige Bahnbetreiber in finanzielle Schwierigkeiten und die Schaffung eines längerfristigen Konzepts wurde durch die Gründung der SRA, die aus OPRAF hervorging, verzögert.

Zwei tragische Unfälle riefen Zweifel hervor an der Kompetenz von Railtrack bezüglich des Betriebes des Netzwerkes und des Managements der Vermögenswerte. Viele Begutachter waren der Meinung, dass diese Unfälle zeigten, dass die Handhabung des Konflikts zwischen der kurzzeitigen Leistungserbringung und den Profitanreizen sowie der Sicherheit und der langzeitigen Verwaltungsziele der Vermögenswerte, nicht von einem privatwirtschaftlichen Infrastrukturunternehmen geleistet werden könne.

Die Privatisierung von Railtrack basierte auf eine Reihe von Hypothesen. Eine war, dass man annahm, dass der „Rail Regulator" die Zugangspreise von Railtrack auf akkurate Schätzungen bezüglich der „effizienten" Kosten für die Wartung und Erneuerung des Netzwerks stützen und diesbezüglich Geld leihen konnte. Diese Vorgehensweise hatte bei der Privatisierung anderer Versorgungsbetriebe funktioniert. Bei der Bahn konnte diese Vorgehensweise jedoch nicht funktionieren, da die öffentliche Hand sie verfallen lassen hatte. Railtrack konnte die Kosten für Erneuerungen oder Erweiterungen weder adäquat voraussehen, noch managen. Außerdem mussten die seit der Privatisierung benötigten Investitionen während des aktiven Bahnbetriebs bei Gewährleistung der Sicherheitsbestimmungen durchgeführt werden. Darüber hinaus stiegen in der Praxis die Kosten von einer Reihe von Bahnprojekten um ein Drei- oder Mehrfaches über die Originalkalkulationen.

Eine andere Hypothese war, dass Investitionen nicht auf Regierungsmittel warten mussten, da Railtrack genügend Geld leihen könnte, bis die Betreiber durch die Zahlung der Zugangsgebühr für diese Investitionen aufkommen würden. Diese Hypothese schien 1996 angemessen, als man nur wenig Bedarf für Erweiterungen sah. Sie wurde jedoch unwahrscheinlich, als die Kosten von durchgeführten Bahnprojekten auf bis zu 20 Mrd. £ und mehr anstiegen. Die Bilanz von Railtrack konnte diese Höhe der Darlehensaufnahmen, trotz der Versuche vom „Rail Regulator", die zukünftigen Einnahmen zu erhöhen, nicht rechtfertigen. Der Zusammenfall des Aktienwertes von Railtrack beendete schließlich tatsächlich die Finanzierung von weiteren Erweiterungen des Netzwerks.

Als Antwort darauf versuchte die SRA zunächst, Infrastrukturfinanzierung von Franchisingbetreibern zu bekommen, indem sie eine Obligation hinzufügte, wonach die Finanzierung als Bedingung für den Abschluss eines erneuten Franchisingvertrags gestellt wurde. Bahnbetreiber hatten jedoch keine Mittel, sichere Voraussagen bezüglich der

Infrastrukturkosten zu machen. Daher schlug die SRA vor, dass bedeutende Infrastrukturprojekte von so genannten „Special purpose vehicle (SPV)" Firmen durchgeführt werden. Diese Firmen würden zusammen mit den neuen Franchisingbetreibern eingerichtet werden, um so den Bau neuer Infrastruktur innerhalb oder außerhalb des Netzwerkes von Railtrack zu finanzieren. Der fertig gestellte Vermögenswert sollte dann an Railtrack übergeben werden. Dieser Ansatz löste jedoch weder die Probleme des Zugangs zu einem aktiven Bahnnetz, noch der Baukosten, sondern schuf darüber hinaus weitere Probleme. Wie soll z. B. die Verantwortung seitens Railtrack für Wartung, Erneuerung und betriebsbedingte Planung von der Verantwortung der SPVs für die Erweiterung getrennt werden. Bis heute ist unklar, wie mehrere Berechtigte ein Ingenieursprojekt an einem Bahnsystem durchführen sollen, dass die Kapazitätsgrenze weitestgehend erreicht hat und dessen Konditionen kaum verstanden werden.

Tabelle 4: Schlüsseldaten

Datum	Ereignis
2000, Oktober	Als Folge des Zugunglücks bei Hatfield wird das Bahnsystem zur Überprüfung und Reparatur geschlossen
2001, Juni	Railtrack Aktie ist 3,50 £ wert, weniger als bei deren Gründung
2001, Oktober	Railtrack meldet Insolvenz im Sinnedes 1993 Act an
2002, Juni	Railtrack wird von Network Rail übernommen (es wird trotzdem von keiner „Renationalisierung" gesprochen) – Aktionäre sollten 2,50 £ per Aktie erhalten

2002 wurde Railtrack aufgelöst. Nachfolger wurde „Network Rail", eine so genannte „Company limited by guarantee". Diese Firma ist zwar nach außen hin „privat", faktisch gesehen jedoch „öffentlich", da die Verantwortung letztlich bei der Regierung liegt, falls „Network Rail" aufgelöst wird. Von daher kann mal abschließend behaupten, dass die Privatisierung der Infrastruktur im Bahnwesen sich nicht bewährt hat.

SRA

Der Zerfall von Railtrack, aber auch der Franchiseverträge, führte dazu, dass man zu dem Entschluss kam, ein Konzept zu benötigen. Dieses fand im „Strategic Plan" seinen Ausdruck und der Gründung der SRA als Planungsinstitution. Nach drei Jahren, im Jahr 2005, wurde die SRA jedoch schon wieder aufgelöst. Man fragt sich, woran die SRA gescheitert ist, da sie doch zunächst als ein gutes Konzept gesehen werden konnte. Sie brachte die nötige Strategie für das Bahnwesen. Man hatte jedoch nicht bedacht, dass eine Planungsbehörde, die keine Finanzierungsgewalt hatte, auf Probleme stoßen würde. So stellte sich bald schon folgendes Bild dar: die SRA plante und musste dann mit dem Ministerium Rücksprache über die Finanzierung halten. So kam es nicht nur zu großen Verzögerungen, sondern auch zu Nichtgenehmigungen von Planungen. Die SRA verlor so ihre Glaubwürdigkeit. 2005 wurde daher entschieden, die Verantwortung der Planung an das DfT (Department for Transport) zu übergeben. Hier würde nun Planung und Finanzierung unter einem Dach angelegt sein.

„ROSCOs" – Leasingmodelle und Fahrzeugpooling als Bestandteil der britischen „Public-Transport-Kultur"

Ein Aspekt der Bahnumstrukturierung, der wie ursprünglich geplant, funktioniert hat, ist die Schaffung der drei Rolling Stock Firmen oder auch „ROSCOs". Durch die Privatisierung wurde die gesamte BR Flotte unter drei Firmen aufgeteilt. Jede von ihnen verfügt nun über 4 000 Fahrzeuge, die an die Franchisingnehmer geleast werden. Erst nachdem die anfänglichen Leasingverträge abgeschlossenen waren, wurden die ROSCOs privatisiert. Der Privatisierungsschritt ermöglichte ihnen, Geld zu leihen, um die Lieferung von neuem Rolling Stock zu finanzieren. In den letzten Jahren wurden sie alle Teil der Finanzindustrie:

- Porterbrook Leasing Company Limited, gehört jetzt Abbey National,
- Eversholt wurde schließlich von HSBC gekauft und dann umbenannt in HSBC Rail (UK) Ltd,
- Angel Trains International wurde von der Royal Bank of Scotland gekauft.

Die Bereitstellung von Rolling Stock kann nicht ganz dem Markt überlassen werden. In der Praxis stellt das DfT, ehemals die SRA, immer eine Partei in den Leasingvereinbarungen dar und behält sich genügend Kontrolle vor, um sicherzustellen, dass jeder Betreiber immer in der Lage ist, den richtigen Rolling Stock zu angemessen Preisen zu leasen.

ROSCOs können in unterschiedlichen Handlungsweisen vorgehen, entweder sie leasen den Rolling Stock direkt oder sie stellen Finanzierungsmittel für Hersteller, damit diese Fahrzeuge für die Bahnbetreiber bereitstellen. Ferner können sie warten, bis die Betreiber eine gezielte Anfrage für neuen Rolling Stock stellen oder sie können „spekulativ" handeln und Rolling Stock vor solcher Firmenverpflichtung bestellen. Momentan erweitern die ROSCOs ihre Dienste bezüglich der Beschaffung von Personen- und Frachtfahrzeugen in Europa und auf längere Sicht werden sie die Hauptbegünstigten der neuen Gesetze zum integrierten europäischen Eisenbahnraum sein. Sie haben die Führung in der Neudefinition der Grenzen bezüglich der Wartungs- und Erneuerungsverantwortlichkeiten übernommen und sind daher Vorreiter im Bezug auf die Einführung von echten lebenslänglichen Kostendisziplinen und Anreizen bezüglich des industriellen Beschaffungs- und Modernisierungsgedankens.

Ausblick: Übertragbarkeit?

Die Frage der grundsätzlichen Übertragbarkeit ist immer schwierig. Vielmehr muss man Erfolge und Misserfolge immer im Zusammenhang mit den bestimmten Gegebenheiten eines Landes sehen. Man kann jedoch sagen, das Großbritannien mit Sicherheit als der europäische Vorreiter in der Privatisierung gesehen werden kann und dass aus den dortigen Erfahrungen nützliche Schlussfolgerungen für Deutschland gezogen werden können.

Die Erfahrungen im Busverkehr zeigen, dass das Zusammenspiel zwischen Planung und Betrieb in einem deregulierten Umfeld nicht gut funktioniert und dass es für Fahrgäste und Behörde zu vielen Unannehmlichkeiten kommen kann. Gerade für den Aufgabenträger ergibt sich so eine Situation, in der er eher gezwungen wird zu reagieren als zu agieren. Die Entwicklungen der letzten Jahre; d.h. die Einführung von „Quality Partnerships", zeigen, dass die Behörden versuchen Planungshoheit zurück zu gewinnen.

Die Erfahrungen in London zeigen, dass ein reguliertes Umfeld besser zu funktionieren scheint. Wobei London auch einen großen Kritikpunkt aufweist. Da hier die Busdepots in die Privatisierung eingebunden worden waren und nun in den Händen einiger Verkehrsunternehmen sind, schließt das neue Verkehrsunternehmen vom Markt aus und lässt so nur einen begrenzten Wettbewerb zu. Man kann also sagen, dass das Beispiel in London zeigt, dass obwohl das Zusammenspiel zwischen Behörde und Verkehrunternehmen gut funktioniert, die öffentliche Hand besser auch die Kontrolle über die Busdepots behalten hätte sollen.

Schlussfolgerungen bezüglich der britischen Bahnindustrie sind schwierig. Die gut gemeinte Gründung der SRA hat sich nicht bewährt, die Gründung von Network Rail als Nachfolger von Railtrack scheint auch mehr ein Behelf zu sein als eine gewollte Institution. Einige Trends kann mal jedoch schon erkennen.

Bezüglich der *Preispolitik* hat man erkannt, dass die früher angewendete Strategie der Preisreduzierung letztendlich zu einem Ende kommen wird, obwohl damit der Durchschnittspreis eines britischen Tickets noch weit über dem eines vergleichbaren europäischen Tickets liegt.

Die Bahn braucht eine *zentral geplante Strategie*. Damit sollte zunächst die SRA betraut werden und hat diesbezüglich auch eine Anzahl an richtungweisenden Dokumenten veröffentlicht. Nach ihrer Auflösung bleibt nun abzuwarten inwieweit das DfT diese Rolle zufrieden stellend erfüllen kann.

Selbst mit besserer Planung, werden die *Franchisingverträge* wohl kürzer als die derzeit diskutierten 20 Jahre. Zu wenig Franchisingnehmer waren fähig, Nachfrage und Einnahmen vorauszusagen und finanzielle Risiken für fünf, geschweige denn für zehn oder 20 Jahre, zu übernehmen.

Man geht heute davon aus, dass die Bahn auch weiterhin kontinuierlich *Regierungsunterstützung* benötigen wird. Während Kosten in einigen Bereichen durch Produktivitätsgewinn und Wirtschaftlichkeitsausmaß reduziert werden konnten, muss man sagen, dass die Kosten für eine zuverlässige und qualitativ hochwertige Verkehrsleistung nicht allein durch Einnahmen gedeckt werden können. Ob nun existierende Geldmittel ausgedehnt werden oder die Ziele heruntergeschraubt werden, ist eine politische Grundentscheidung, die von der Regierung getroffen werden muss, sobald gerade die Infrastrukturkosten besser verstanden werden.

Europäischer Nahverkehr
Planung – Organisation – Finanzierung

Eine Fachtagung in Kooperation mit dem Deutschen Städtetag und der Deutschen Akademie für Verkehrswissenschaft

ÖPNV in Großbritannien: freier Wettbewerb und Konkurrenz um den Fahrgast

Nicole Rudolf

13. Dezember 2005

Berlin

steer davies gleave

Überblick

- **Geschichte: Privatisierung in Großbritannien**

- Bus Deregulierung: Geschichte und Bewertung

- Geschichte und Bewertung der Bahnprivatisierung in Großbritannien
  - Bahn „Franchising" (Verkehrsverträge)
  - Privatisierung von Railtrack
  - Rolling Stock Firmen („ROSCOs")

- Praktische Beispiele:
  - Merseyside
  - London

- Ausblick: Übertragbarkeit – Kann Deutschland aus den britischen Erfahrungen lernen?

steer davies gleave

Geschichte: Privatisierung in Großbritannien

Privatisierung von:

{ Fluglinien - BA
  Flughäfen - BAA
  Fähren - Sealink
  Hotels

{ Bussen

{ Strom
  Gas
  Wasser
  Telekommunikation

{ und Bahn

steer davies gleave

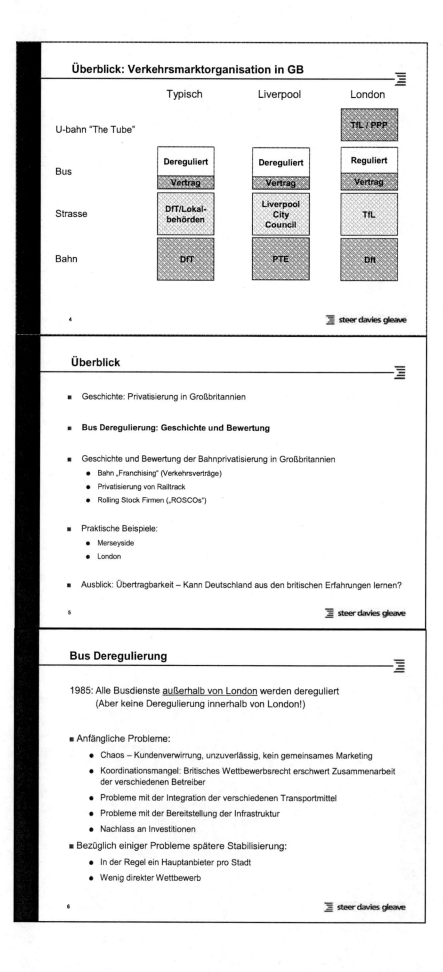

Bus Deregulierung

Ein „normales" Problem: Der Privatsektor erbringt das „meiste" Serviceangebot, aber die „meisten" Serviceangebote brauchen auch die Unterstützung der öffentliche Hand

Linie 1
Linie 2
Linie 12
Linie 14
Linie 22
Linie 23
Linie 30

5 6 7 8 9 10 11 12 13 14 15 16 17 18 19 20 21 22 23 24

Bus Deregulierung

- Abschließendes Urteil über den Busservice außerhalb von London?

  - Fallende Nachfrage
  - Fallende Ertragshaltigkeit für die VUs
  - Fallendes Leistungsangebot
  - Anstieg an gemeinwirtschaftlichen Strecken, wo die Nachfrage gering ist

---

Bus: Die Erfahrungen führten zu folgendem

Zur Bewältigung der durch die Deregulierung entstanden Probleme wurden eine Reihe von Maßnahmen unternommen. Grundsätzlich zeigt sich dabei, dass die PTEs wieder mehr Planungsauthorität bekommen wollen.

- Integriertes Ticket
  - Aufgabenträger arrangiert integriertes Ticket, aber Teilnahme ist freiwillig
  - Kritik:
    - Wenn der integrierte Fahrpreis zu niedrig ist, nehmen die VUs nicht teil
    - Wenn der integrierte Fahrpreis zu hoch ist, werden die Fahrgäste das Ticket nicht kaufen

Kommt jetzt recht häufig vor!

Bus: Die Erfahrungen führten zu folgendem

Weitere Neuerungen:

„Quality Partnerships"

- Nur ein „Gentlemen Agreement" bezüglich:
  - VU: neue Fahrzeuge
  - Aufgabenträger: Busspur, Haltestellen
- Keine Verbindlichkeiten bezüglich:
  - Streckenplanung
  - Fahrpreise
  - Fahrpläne

- Statutory Quality Partnerships
  - Vergleichbar mit „Quality Partnerships", aber mit Verpflichtung zur Leistungserbringung
- Quality Contracts

Das Extreme: Quality Contracts!

- **Großer Schritt:** „Secretary of State" muss es genehmigen!
- **Pro** für Aufgabenträger
  - Komplette Kontrolle über Qualität, Fahrzeiten, dadurch Netz- und Leistungsstabilität
  - Fahrpreiskontrolle
  - Spezifizierung von Leistungsqualität und – quantität
  - Bessere Integration

- **Kritik** an den Quality Contracts;
  - VU werden weniger flexible sein und weniger innovativ
  - Rechtlich kompliziertes Gebilde
  - Problem der Übergangszeit (Pferde erst laufen lassen und dann wieder einfangen!)
  - Busdepots sind Eigentum der VU, wie soll man sie dazu zwingen, an andere VU zu vermieten, wenn sich vielleicht eine Bebauung für das VU besser rechnet
  - Ungewissheit – man weiß nur wie viel eine Strecke kostet, nachdem man die Bieterdokumente öffnet

Überblick

- Geschichte: Privatisierung in Großbritannien

- Bus Deregulierung: Geschichte und Bewertung

- **Geschichte und Bewertung der Bahnprivatisierung in Großbritannien**
  - **Bahn „Franchising" (Verkehrsverträge)**
  - **Privatisierung von Railtrack**
  - **Rolling Stock Firmen („ROSCOs")**

- Praktische Beispiele:
  - Merseyside
  - London

- Ausblick: Übertragbarkeit – Kann Deutschland aus den britischen Erfahrungen lernen?

Geschichte: Eckdaten der britischen Bahn-Privatisierung

- 1991 – 1996:
  - Neustrukturierung der Bahn – Franchisingverträge im Personenverkehr, ROSCOs und Railtrack

- 1996 – 2001:
  - Privatwirtschaftlicher Betrieb von Railtrack

- 2001 – 2004:
  - Der Zerfall von Railtrack - Gründung von Network Rail
  - SRA wird gegründet
  - Der Beschluss eines „Strategic Plan"

- 2005:
  - SRA wird aufgelöst

Bahn „Franchising": Hauptverträge und Hauptverbindungen

Alle Hauptverträge werden von Leistungssystemen sogenannten „Performance Regimes" unterstützt, um eine gute Leistung sicherzustellen.

[Diagramm: Infrastruktur Wartungs- und Erneuerungsfirmen ↔ Network Rail (vorher Railtrack) ↔ Passenger Franchising Firmen (TOCs), „Passenger open access", Frachtbetreiber ↔ Rolling Stock Companies (ROSCOs); DfT (vorher SRA) ↔ Passenger Franchising Firmen; „Supply contracts" verhandelt zwischen den Parteien; „Franchise agreement" spezifiziert von der SRA; „Access agreements" kontrolliert von Rail Regulator; „Lease agreements", verhandelt zwischen den Parteien]

Bahn Franchising: Umwandlung von BR zu privaten TOCs

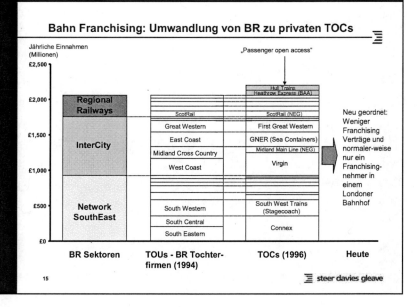

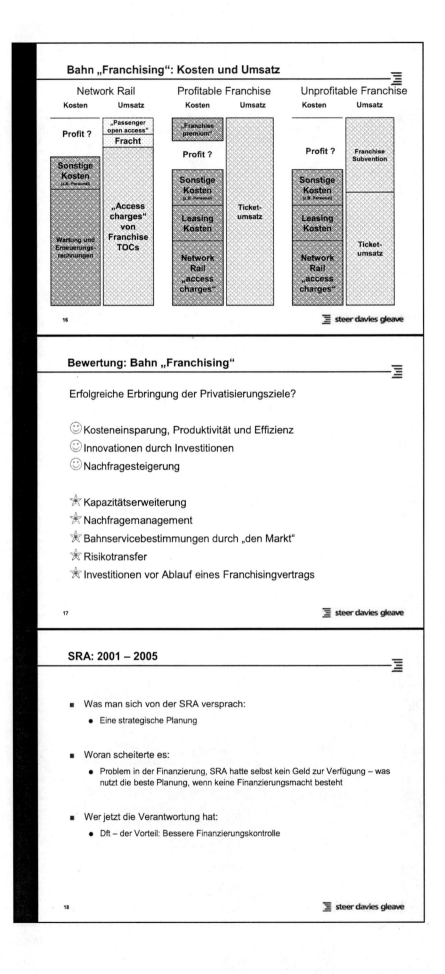

Railtrack: Aktienkursentwicklung

Railtrack
Börsengang April 1996 –
Emissionspreis £3,50

Railtrack: Geschichte

☯ <u>Anfangs:</u> Keine Probleme – Unpünktlichkeit sogar um 40 % gesunken

✭ <u>Später:</u>   Probleme durch unerwartete Kosten für Wartung, Erneuerung und Erweiterung

Eckdaten des letzten Jahres von Railtrack:

- 2000, Oktober: Zugunglück bei Hatfield
- 2001, Juni: Railtrack Aktie fällt unter Emissionspreis (£ 3,50)
- 2001, Oktober: Railtrack meldet Insolvenz i. S. des 1993 Act an
- 2002, Juni: Railtrack wird von Network Rail übernommen („Renationalisation"?)

Schlußfolgerung: >Infrastuktur kann nicht ohne Subventionen auskommen!<

Bewertung: Hypothesen von Railtrack

„Zugangspreise seien bestimmbar aufgrund von akkuraten Schätzungen bezüglich der Wartungs- und Erneuerungsarbeiten"

✭ Keine ausreichenden Daten

„Investitionen für Erweiterungen müssten nicht auf Regierungsmittel warten"

✭ Erweiterungsmaßnahmen konnten nicht mehr finanziert werden

„Wartungs-, Erneuerungs- und Erweiterungsarbeiten können während des Bahnbetriebs vorgenommen werden"

✭ Kapazitätsmangel

Network Rail

Network Rail eine so genannte „Company limited by guarantee"

- „Privat", weil „Gordon Brown" die Schulden dieser Firma nicht in seiner Buchhaltung haben möchte
- Aber faktisch doch „öffentlich"! – Da letztlich die Verantwortung bei der Regierung liegt, falls Network Rail sich auflöst

steer davies gleave

Geschichte: ROSCOs

Traditionsgemäß übernahm die Regierung die Finanzierung von Rolling Stock

[Diagramm: Hersteller ↔ Regierung (Finanzierung/Lieferung); Wartungsfirma ↔ TOC (Wartung)]

steer davies gleave

ROSCOs - (1996 – bis heute)

Verschiedene Vertragsformen einer ROSCO

[Vier Diagramme mit verschiedenen Konstellationen aus Hersteller, ROSCO, Wartungsfirma und TOC, teilweise mit „Hersteller übernimmt auch Wartung"]

steer davies gleave

ROSCOs - Überblick

	Angel	Eversholt	Porterbrook	Total
Multiple units: electric up to 160 kph	2,099	2,684	1,615	6,398
Multiple units: diesel up to 160 kph	1,094		681	1,775
High speed trains: diesel 200 kph	539		370	909
Conventional locomotives and coaches		1,366	789	2,155
Other	21			21
Total	3,753	4,050	3,455	11,258

- Angel Trains International wurde von der Royal Bank of Scotland gekauft
- Eversholt wurde von HSBC gekauft, jetzt umbenannt in HSBC Rail (UK) Ltd
- Porterbrook Leasing Company Limited gehört jetzt Abbey National

Ausblick: Quo vadis? – British Rail?!

Abschlussbeurteilung - Bahn

„Franchising":

★ Vertragslänge: Jetzt etwa 7 Jahre

SRA:

★ Bessere Zusammenarbeit zwischen Planung und Betrieb > Strategischer Plan – gute Idee zunächst einmal!

Infrastruktur:

★ Privatisierung war ein Schritt zu weit

ROSCOs:

★ Entscheidende Voraussetzung für einen fairen und diskriminierungsfreien Wettbewerb

★ Bereitstellung von Rolling Stock wird nicht dem Markt überlassen. DfT ist immer als Partei an Leasingvereinbarungen beteiligt.

★ Man hätte dies auch mit Fahrzeugpools der Aufgabenträger erreichen können – möglicherweise billiger

Überblick

- Geschichte: Privatisierung in Großbritannien

- Bus Deregulierung: Geschichte und Bewertung

- Geschichte und Bewertung der Bahnprivatisierung in Großbritannien
  - Bahn „Franchising" (Verkehrsverträge)
  - Privatisierung von Railtrack
  - Rolling Stock Firmen („ROSCOs")

- Praktische Beispiele:
  - **Merseyside**
  - London

- Ausblick: Übertragbarkeit – Kann Deutschland aus den britischen Erfahrungen lernen?

Merseyside Betrieb: Merseyrail Network

- Merseyrail Electrics ist ein 75-Meilen großes Schienennetz in Merseyside

- 66 Bahnhöfe (5 davon unterirdisch) und 6,5 Meilen der Strecke im Tunnel

- 750 Züge verkehren täglich – damit das meist befahrene Netz außerhalb von Südostengland

- Die Pünktlichkeitsrate von Merseyrail Electrics' liegt schon seit Beginn der Konzession im Jahre 2003 über dem vereinbartem Wert von 92.5%

Merseyside Betrieb: Geschichte

- Privatisierung: Beide Strecken wurden privatisiert und der Betrieb erfolgte durch eine private Firma (MTL), die in Konkurs ging.
  - Schlechte Service und wurde von der Öffentlichkeit als „Miseyrail" bezeichnet
  - Letztendlich verlor der „Franchisingnehmer" den „Franchisingvertrag"

- 2003 Einigung mit der Strategic Rail Authority (SRA), dass Merseytravel Passenger Transport Executive (MPTE) die Verantwortung übernehmen wird für die Spezifikation, die Vergabe und das Managen des Merseyrail Electrics Personenverkehrsvertrag

- 2003, MPTE vergibt eine 25-jährige Konzession an Merseyrail Electrics 2002 Ltd (Serco/Nedrailways)

- 2004, das „White Paper" der Regierung – 'The Future of Rail' fixiert die Intention der Regierung einen integrierten Ansatz in Verkehrsentscheidungen zu verfolgen

- Februar 2005 – Merseyrail Electrics Konzession hat beste Pünktlichkeitsrate bei allen Franchisingverträgen in Großbritannien mit 94 %-iger Zuverlässigkeit

Merseyside Betrieb: Der richtige Ausgleich!

Was will der Kunde?

- Zuverlässigen Service
- Integrierten Service
- Günstigen Service
- Einfach zu benutzenden Service

Was will die Behörde?

- „Kostenbewussten" Service
- Zuverlässigen Service
- Qualitätsservice
- „Passenden" Service
- Integrierten Service

Merseyside Betrieb: Wie werden diese Wünsche am besten erfüllt?

- „Kostenbewusster" Service; <u>durch</u> Ausschreibung von Leistungsspezifikationen

- Qualitätsservice; <u>durch</u> klare Definition welcher Servicelevel für jedes Element der gesamten Leistungsspezifikation gebraucht wird

- Zuverlässigen Service; <u>durch</u> das Aufnehmen von detaillierten „Performance Regimes", d.h. Bonus-Malus-Regelungen als Teil des vergebenen Vertrages

- Passender Service; <u>durch</u> die Spezifizierung von Leistungsoutputs und dadurch, dass man Bietern Freiheit für Innovationen gibt

- Integrierter Service; <u>dadurch</u>, dass die öffentliche Hand die gesamte Marketing- und Tarifbestimmungsaufgabe behält und dadurch dass man die Beibehaltung der Spezifikationen des Vertrags obligatorisch macht

---

Merseyside Betrieb: Verträge brauchen ein „Performance Regime"

Verteilung von Verantwortung und Risiko	Industriestruktur, Organisationsgrenzen
Design von Performance Spezifikationen	Kapazität, Zuverlässigkeit, Servicequalität
Entwicklung von Meßmethoden	Maße, Punkte, Gewichtungen
Design von Bezahlungsmechanismen	Kosten, Vergünstigungen, Zahlungsraten
Umsetzung von Prozessen und Systemen	Datensammlung, Aufzeichnung, Bezahlung, Streitigkeiten
Festlegung von „Performance Benchmarks"	Datenperiodizität, -qualität, -variabilität

Merseyside Betrieb: Merseyrail Performance Regime

Merseyrail "Curser" performance regime betrifft 14 Bahnhofs- und 6 Zugqualitätsstandards

Bahnhöfe:
Wartegelegenheit
Sitze
Poster
Lampen
Fahrplan
Verkaufsschalter/Personal
CCTV
Uhren
Toiletten
Aufzüge
Rolltreppen
Telefone/help points/Alarm
Bahnhofsdurchsagen
Sauberkeit

Züge:
Sitze
Poster posters
Innenraum interiors
Außenbereich
Durchsagen
Ausfälle/Verspätungen

Merseyside Infrastruktur: FLDM Vorschlag

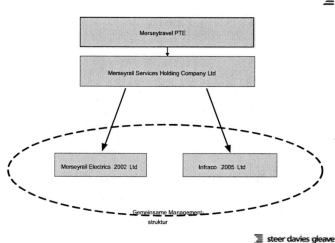

Gemeinsame Managementstruktur

Merseyside Infrastruktur: FLDM Vorschlag

- MPTE würde die Verantwortung für die Infrastruktur von Network Rail übernehmen

- Parallel, würde Merseyrail eine separate Infrastrukturmanagementfirma – so genannte Infraco gründen

- MPTE würde neben den Konzessionen für den Betrieb, die Spezifizierung und Ausschreibung für die Wartung, Erneuerung und die Erweiterung der Infrastruktur übernehmen

- Merseyrail Service Holding Company Ltd. würde den Vertrag an Infraco für die Infrastrukturwartung und die Erneuerung des Netzes geben

- MPTE behielte die Verantwortung für die Sicherung der Investition in neue Einrichtungen und Netzverbesserungen; neben der Entscheidungen bezüglich Betriebsleistung, Fahrpreise und Ticketarten und Messung bezüglich der erbrachten Leistung

Merseyside Infrastruktur/Betrieb: Kundenvorteile

Von der neuen Struktur verspricht man sich folgende Vorteile für den Kunden:

- Beide Firmen teilen gemeinsame Managementstruktur, was zu einer größeren Kontrolle und Verantwortungsübernahme führt – es gibt dann nur eine Stelle an der Entscheidungen getroffen werden
- Gesicherte Investitionsmittel und Erneuerung der bestehenden Einrichtungen
- Verbesserte Leistung (Zuverlässigkeit und Pünktlichkeit)
- Größere Flexibilität bei der Verteilung der Finanzierungsmittel für die jeweiligen Transportmittel führt zu mehr Effizenz und zu einer effizientern Nutzung von örtlichen und nationalen Finanzierungsmitteln
- Kürzer Kommunikationswege und verminderte Kommunikationsschnittstellen verbessern die Sicherheit und Effizienz
- Verbesserte Kommunikation ermöglicht eine verbesserte Wartung da Informationen geteilt werden und gemeinsame Trainingsveranstaltungen stattfinden können

Überblick

- Geschichte: Privatisierung in Großbritannien
- Bus Deregulierung: Geschichte und Bewertung
- Geschichte und Bewertung der Bahnprivatisierung in Großbritannien
  - Bahn „Franchising" (Verkehrsverträge)
  - Privatisierung von Railtrack
  - Rolling Stock Firmen („ROSCOs")
- Praktische Beispiele:
  - Merseyside
  - **London**
- Ausblick: Übertragbarkeit – Kann Deutschland aus den britischen Erfahrungen lernen?

London: „The Mayor"

- 1986: GLC wird abgeschafft und London wird vom „Government Office for London" verwaltet
- 2000: Gewählter Bürgermeister „Mayor" wird eingeführt:
  - Ebenfalls neue und auch gewählte Greater London Authority (GLA) kontrolliert Mayor
  - London Transport wird zu Transport for London (TfL), verantwortlich für:
    - Strassen
    - Busse
    - U-Bahn „The Tube"
    - Boote
    - Taxis
    - Straßenbahnen
    - DLR
- TfL ist verantwortlich für die Planung und der Bereitstellung der Londoner Verkehrsmittel – Integrierter Transport steht ganz vorn
  - „Mayor" hat und gebraucht seine Ermächtigung zur Einführung der „Congestion Charge" (Einführung 2003)

Mayor's Transport Strategy

- **Mayor's Transport Strategy (2001)**
  - Beinhaltet ein integriertes Maßnahmenprogramm zur Verbesserung der Verkehrsmittel und der Umweltbedingungen und der Unterstützung der wirtschaftlichen Entwicklung. Beschäftigt sich diesbezüglich insbesondere mit Bussen, U-Bahn und den Hauptschienenstrecken
  - Versuch schnelle Verbesserungen bezüglich Pünktlichkeit, Qualität und Kapazität für das Londoner Busnetz zu erhalten. Auf lange Sicht werden neue Bahnstrecken vorgeschlagen
  - Grundsätzlich zielt die Strategie darauf ab die Kapazität des Londoner Bahn- und U-Bahnsystems bis 2016 um 50 % zu vergrößern
- **TfL Investitionsprogramm (2004)**
  - £10 Milliarden Investitionsprogramm für die nächsten 5 Jahre (2005-2010)

Londoner Busse

- Das Londoner Busnetz ist eines der größten und umfangreichsten städtischen Verkehrssysteme der Welt. Jeden Tag transportieren über 6,800 Busse etwa 6 Millionen Fahrgäste auf 700 verschiedenen Strecken.

- Die folgenden Zahlen zeigen wie sehr das gesamte Busnetz in den letzten Jahren gewachsen ist:
  - Busnutzung hat größte Wachstumsrate seit 1946
  - Busfahrgastzahlen stiegen um mehr als 38 Prozent zwischen 1999/00 und 2004/05
  - Busse in London haben momentan die meisten Fahrgäste seit 1968
  - Von März 2004 bis März 2005 wurden 1,79 Milliarden Fahrten im Busnetz unternommen
  - 450 Millionen Bus km wurden 2004-05 zurückgelegt – das ist die höchste Zahl seit 1957

Londoner Busverträge: Verantwortungsverteilung

Transport *for* London
- Festlegung:
  - Netzwerkrouten
  - Servicelevel
  - Standards bezüglich Betreiberleistung
- Bestimmung von Fahrpreisen und Ticketauswahl
- Management der Infrastruktur – Stationen/Haltestellen
- Bereitstellung des Marketing- und Informationsservices
- Unterhält Netzwerkkommunikationscenter (CentreComm)

Busbetreiberfirmen:

- Eigentümer der Depots und Busse
- Anstellung des Betreiberpersonals
- Festlegung von der Arbeitsbedingungen
- Kassieren der Einnahmen für TfL
- Verkauf von Werbeflächen

Londoner Busverträge: Erfahrungen

Nach Jahren zeigt sich folgendes Bild:

- 5 Jahresbruttoverträge ⇨ TfL übernimmt das Einnahmenrisiko

- TfL ist mit dem Problem konfrontiert, effektiven Wettbewerb für die Verträge zu erhalten ⇨ Angebote per Ausschreibung sind von 6 auf 2 – 3 (manchmal nur einen Bieter) gefallen

- Vertragspreise sind um 60 % in den letzten Jahren gestiegen. Gründe liegen in:

  • Anstieg der Gehälter, um Personal zu finden und zu halten
  • Anstieg der Versicherungskosten
  • Höhere Unterhaltskosten – besser ausgestatteten Busse

Londoner Busverträge: Erfahrungen

Overall London Market Share by mileage
(estimate @ Jan 2000)

6 Gruppen kontrollieren über 90% des gesamten Busmarktes.

Arriva 20%, Go Ahead 17%, Stagecoach 17%, First 17%, Metroline 12%, Transdev 8%, Sovereign 2%, Other 7%

Auswirkungen:

- Verhältnismäßige Stabilität

- Depoteigentum bietet lokalen Wettbewerbsvorteil

- Einige Firmen sind dominant in einigen Feldern, aber es gibt keinen Beweis für den Missbrauch einer Monopolstellung

Londoner Busverträge: Erfahrungen

„Quality Incentive Contracts"

- Messung der Abfahrtzeit oder außergewöhnlicher Wartezeiten an Haltestellen

- Schafft Anreiz für regulären Service – Betreiber sind verantwortlich für das Managen von Verkehrsstörungen (Strecken werden in 4 Kategorien unterteilt, abhängig von der Schwierigkeit der Betreibung)

- Strafe ist begrenzt auf ein Maximum von 10 % des Vertragswertes / Anreizzahlung begrenzt auf 15 %

- Fahrgastzufriedenheitspunkte und „Mystery Traveller" Befragungen messen die Leistung der Firmen ⇨ gute Leistungen können zu einer Verlängerung des Vertrags bis zu 2 Jahren führen

Ausblick: Übertragbarkeit?

Wo geht's lang?...

Übertragbarkeit schwierig?..., aber aus Erfahrungen lernen?...

Ausblick: Übertragbarkeit – Bus?

- **Außerhalb von London:** Zusammenspiel zwischen Planung und Betrieb funktioniert nicht gut
    - Aufgabenträger hat keine umfassende Kontrolle und nicht viele Möglichkeiten für eine Langzeitplanung
    - Aufgabenträger „reagiert" mehr (im Gegensatz zu „agiert") und muss Lücken im Netz schließen
    - Einige wenige VUs beherrschen den Markt und entwickeln diesen weiter
    - Aufgabenträger überlegen sich Strategien, um wieder mehr Einfluß zu bekommen, aber erst deregulieren dann wieder regulieren (Merseyside), ist schwer (Freigelassenes Pferd wieder einfangen!)

- **London:** Das Zusammenspiel zwischen Planung und Betrieb funktioniert gut
    - TfL plant, entscheidet und spezifiziert
    - Privat Sektor nimmt an Ausschreibungen für die Leistungen teil

---

Ausblick: Übertragbarkeit – Bahn?

Grundsätzlich stellen die Verkehrsverträge im Bahnwesen ein sehr mächtiges Instrument für die öffentliche Hand dar und dienen als ein wichtiges Kontrollmittel.

Aber auf folgende Dinge sollte man achten und kann hier auf Erfahrungen in Großbritannien zurückgreifen:

Integration: Man braucht Mechanismen, um lokale und regionale Strecken mit Fernstrecken zu verbinden

Kapazität: Man braucht Mechanismen, um Prioritäten für Lokal-, Regional- und Nationalzüge setzen zu können

Strategie: Grundsätzlich gut!

Preispolitik: Beendung der Preisreduzierung?

Franchisingverträge: Kürzer als 20 Jahre!

Regierungsunterstützung: Weiterhin notwendig! – Infrastruktur kann nicht privatisiert werden

Ausblick: Übertragbarkeit - Merke!

„Entweder der Steuerzahler zahlt oder der Fahrgast!"

Richard Bowker (ehemaliger Chairman SRA)

Ausblick: Übertragbarkeit?

- Wettbewerb ist grundsätzlich gut!
  - Kosten senken
  - Effizienten Betrieb
  - Wachstumschancen für den Betrieb
  - Effiziente Finanzierung
  - Innovationsmöglichkeiten

Ausblick: Übertragbarkeit? - Generelle Schlussfolgerungen

- ÖPV Leistungen müssen effizient erbracht werden, da Ausgaben der öffentlichen Hand generell für einen bestimmten Grad an Service zur Verfügung gestellt werden – Staatliche Monopole werden „faul"

- Einer der besten Wege diese Anforderungen zu erfüllen, besteht in der <u>wettbewerblichen Ausschreibung</u> von ÖPV Leistungen – Performance Regimes garantieren dabei Einflussmöglichkeit des Aufgabenträgers

⇩

Auf diesen Weg kann der knappe „öffentlichen Euro" mehr erreichen

Es werden Anreize für gute Leistungen der VUs geschaffen

Erwartete und benötigte ÖPV Leistungen werden so erbracht

Volker Eichmann und Manuela Rottmann

Diskussionsergebnisse der Arbeitsgruppen

Der Erfahrungsaustausch der Tagungsteilnehmer über die unterschiedlichen Vorgehensweisen in den europäischen Staaten fand in zwei Arbeitsgruppen statt, die von Manuela Rottmann und Michael Lehmbrock vom Difu moderiert wurden. Sie führten die Diskussion entlang insgesamt vier beiden Arbeitsgruppen vorgegebener Leitfragen:

- Welche der europäischen Erfahrungen hat Sie besonders positiv beeindruckt? Welche empfanden Sie als besonders negativ?

- Wie beurteilen Sie die europäischen Erfahrungen insgesamt? Lassen sich für den deutschen ÖPNV daraus Schlussfolgerungen ziehen oder sind die spezifischen Rahmenbedingungen zu unterschiedlich?

- Wenn sich für den deutschen ÖPNV Schlussfolgerungen ziehen lassen, welche der ausländischen Erfahrungen sind besonders wichtig für den deutschen ÖPNV? Woraus können die deutschen Aufgabenträger und Verkehrsunternehmen Lehren ziehen – positiv wie negativ?

- In welche Richtung wird die gesamteuropäische Entwicklung des ÖPNV gehen? Wird es die wettbewerbliche Richtung sein oder eine andere Richtung?

Es zeigte sich in der Diskussion zunächst, dass die Teilnehmer mit sehr unterschiedlichen Erfahrungen und Rollen im Thema ÖPNV aktiv sind. So waren Regionen als Aufgabenträger, zum Teil mit Ausschreibungserfahrungen, Großstädte mit und ohne Ausschreibungserfahrung sowie kleinere Städte mit Umstrukturierungserfahrungen und vor dem nächsten Schritt der Ausschreibung stehend vertreten, ebenso aber auch Consulter und Berater. Entsprechend differenziert waren die Erfahrungen und Standpunkte.

Insgesamt wurden die europäischen Erfahrungen und Modelle nicht als 1:1 übertragbar eingeschätzt. Bei allen Modellen sahen die Teilnehmer sowohl positive als auch negative Komponenten. Ein Teilnehmer sah den Nutzen der europäischen Beispiele für den deutschen ÖPNV daher als „Puzzle", aufgrund der meist grundlegend unterschiedlichen nationalen Rahmenbedingungen könne der deutsche Nahverkehr immer nur Einzelelemente und -erfahrungen übernehmen, wobei eben die jeweiligen Rahmenbedingungen eine entscheidende Rolle spielten. Die Diskussion kreiste trotz der Leitfragen immer wieder sehr stark um deutsche Entwicklungen, hier zeigte sich, dass der deutsche Rechts- und Finanzierungsrahmen oft als unsicher und umstritten beurteilt wird. Dennoch sahen die meisten Teilnehmer die europäischen Erfahrungen insgesamt als wichtige Anregungen, aus denen sich auch für den deutschen ÖPNV einiges lernen lasse.

Als wichtige Lehren aus dem europäischen Ausland wurden insgesamt vor allem folgende Punkte angesehen:

- Es ist wichtig, die öffentliche Kontrolle über die Infrastruktur zu behalten, um einen diskriminierungsfreien Zugang gewährleisten zu können.

- Vor allem durch die Ausschreibung kleinerer Netze konnten große Einsparungen erzielt werden, dies könne für Deutschland Maßstab sein.

- Linienbündelung wird als ein Instrument zur Aufrechterhaltung des Wettbewerbs gesehen, die vermehrte Anwendung in Deutschland sei anzustreben.

- Modelle mit transparenter Finanzierung sind sehr wichtig, dieser Aspekt entscheide letztlich über den Erfolg und die politische Durchsetzbarkeit.

- Besonders das dänische Modell wurde von mehreren Teilnehmern als auf Deutschland prinzipiell übertragbar angesehen, sofern seine Umsetzung durch eine zeitlich abgestimmte Strategie unterstützt wird. Gerade Teilnehmer mit kommunalem Hintergrund sahen die guten Steuerungsmöglichkeiten des dänischen Modells als positiv an.

- Einige Teilnehmer betonten dazu auch, dass das dänische Modell zwar nicht zwingend effizienter sei, dafür aber große Vorteile bei Transparenz, Steuerung und Qualität biete.

- Hinsichtlich der Finanzierung stieß auch die französische *Versement de Transport* auf großes Interesse, vor allem, da dieses Modell eine langfristige und sichere Planung ermögliche.

- Betont wurde auch die Bedeutung eines weichen Übergangs, das britische Modell habe gezeigt, dass radikale Schnitte nicht unbedingt zu positiven Lösungen führen.

Im weiteren Verlauf diskutierten die Teilnehmer die besonderen Probleme in Deutschland. Ambivalent wurden die Verkehrsverbünde beurteilt. Sie seien aus verkehrlicher Sicht ein Erfolgsfaktor für den ÖPNV in Deutschland, erschwerten aber Ausschreibungen und Restrukturierungen aufgrund ihrer Intransparenz, insbesondere im Bereich der Einnahmen/Ausgaben. Auch erleichterten die Verbundtarife nicht gerade die Anwendung von Nettoverträgen mit fahrgastorientierten Anreizinstrumenten für die Unternehmen. Die Kommune steht nach Ansicht vieler Teilnehmer zudem im Konflikt zwischen ihrer Rolle als Aufgabenträgerin und als Eigentümerin ihres Verkehrsunternehmens. Der Konflikt mit den eigenen Unternehmen und insbesondere deren Beschäftigten werde oft gescheut, auch bildeten die Interessenverbände der Verkehrsunternehmen teilweise eine starke Lobby gegen die Einführung von mehr Kontrolle durch den Aufgabenträger. Letztlich wurde beklagt, dass die Aufgabenträger zu wenige Informationen über die derzeitigen Kosten im ÖPNV hätten. Effizienzvergleiche seien so kaum möglich.

Als gemeinsame Thesen und Ergebnisse konnten auf Basis dieser Diskussion folgende Punkte festgehalten werden:

- Es sind differenzierte und individuelle Strategien für unterschiedliche Problemlagen (Stadt/Land, Ost/West, Finanzstruktur, Rechtslage in den Bundesländern, Lohn- und Gehaltsstruktur vor Ort etc.) erforderlich.

- Sowohl Ausschreibungs- und Vergabewettbewerb als auch Eigenproduktion und Direktvergabe können je nach individueller Situation ein Lösungsansatz sein.

- Löhne und Gehälter sind zwar ein wichtiger Kostenfaktor, aber der Wettbewerb wird nicht nur darüber ausgetragen. Es wurde auf einzelne Erfahrungen verwiesen, wonach Ausschreibungen nicht in erster Linie aufgrund von Lohnsenkungen gewonnen wurden. Verbesserungen ergaben sich vor allem im Bereich der Qualität.

- Es ist wichtig, zwischen den öffentlichen und den privaten Akteuren eine klare und geeignete Risikoverteilung zustande zu bringen.
- Der Weg in den Wettbewerb braucht einen Vorlauf (Restrukturierung) und permanente Anpassung und Weiterentwicklung auch auf Seiten des Aufgabenträgers.
- Die Frage nach den verkehrspolitischen Zielen darf beim Weg in den Wettbewerb nicht übersehen werden. Entsprechende Vorgaben über Marktanteile o.Ä. finden sich noch kaum in den Ausschreibungsunterlagen. Verkehrspolitische Fragen sind tendenziell unterbelichtet, haushaltspolitische Fragen stehen im Mittelpunkt.

Letztlich offen blieben in der Diskussion dennoch viele Aspekte, auf die auch kaum Antworten gegeben werden können. Als – trotz aktueller Erfahrungen aus dem europäischen Ausland – offen und spannend wurden vor allem folgende Themen gesehen:

- Welche Risiken bergen Privatisierung und Liberalisierung des ÖPNV auf lange Sicht, gerade angesichts leerer öffentlicher Kassen? Wie lassen sich diese Risiken abschätzen?
- Können Risiken nur durch einen kontrollierten Wettbewerb mit starken Aufgabenträgern minimiert werden? Oder sind auch andere Wege im Wettbewerb denkbar? Wie kann über längere Zeit ein intensiver Wettbewerb aufrecht erhalten werden?
- Mahnen die teilweise schlechten Erfahrungen mit Privatisierungen in anderen Bereichen (Abfall, Energie) zur Vorsicht oder sind sie gar nicht auf den ÖPNV übertragbar?
- Steht es eigentlich fest, dass der ÖPNV per se ein Zuschussgeschäft bleiben muss oder kann er nicht auch Erträge abwerfen?

Oliver Mietzsch

Vergaberecht in Europa – Gerichtsentscheidungen und Novellierung der EU-VO 1191/69

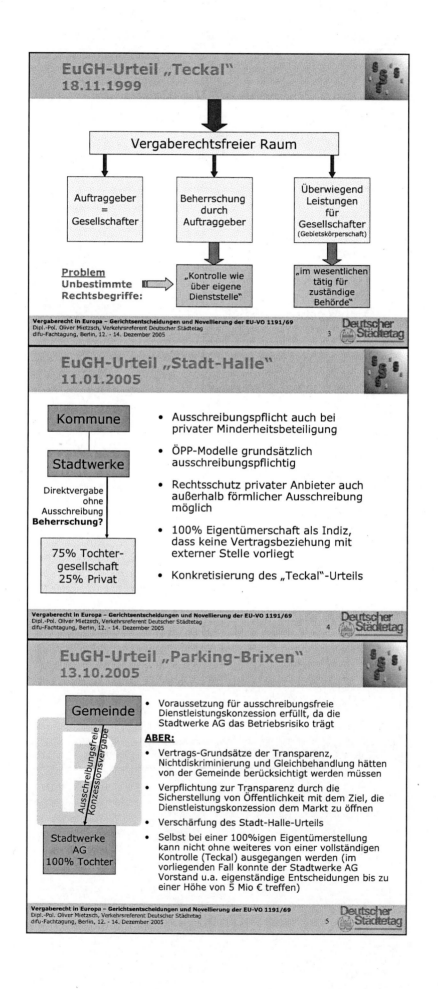

Beschluss des OLG Naumburg
03.11.2005

Sachverhalt:
- Ein Landkreis wird verpflichtet die Abfallentsorgung des benachbarten Landkreis als öffentlich-rechtlicher Entsorgungsträger zu übernehmen

OLG Beschluss:
- Übertragung einer öffentlichen Aufgabe auf einen anderen öffentliche Auftraggeber stellt einen (dem Vergaberecht unterliegenden) öffentliche Auftrag dar

Begründung des OLG:
- Aufgabenübertragung = Beschaffungsvorgang
- Der übernehmende Landkreis tritt wie ein Privater auf dem Markt auf
- Auf die Anwendung des Vergaberechts kann nur bei der Unmöglichkeit eines Wettbewerbes verzichtet werden

Beschluss des OLG Naumburg
Beurteilung

- Entscheidung des OLG führt zu einer Aushöhlung der öffentl. Organisationshoheit, und somit zu einer Zwangsprivatisierung öffentl. Aufgaben

- Wesensmerkmale des Beschaffungsvorgangs sind nicht erfüllt, vielmehr handelt es sich um eine Verlagerung von Zuständigkeiten

- Interkommunale Zusammenarbeit muss weiterhin erhalten bleiben; aktuelle EuGH-Rechtssprechung tendiert in eine andere Richtung (EuGH-Urteil gegen das Königreich Spanien vom 03.01.2005)

- Interne Ausgliederungen bleiben möglich, sofern die Voraussetzungen vorliegen (Inhouse-Vergabe)

Beschluss des OLG Naumburg
Beurteilung

- Z.Z. definiert lediglich § 100 Abs. 2 GWB die Ausnahmetatbestände für eine Freistellung von der grundsätzlichen Ausschreibungspflicht, auch bei Verwaltungskooperationen

- Beispiele aus § 100 Abs. 2 GWB (Auszug):
  - Aufträge von Auftraggebern, die auf dem Gebiet (...) des Verkehrs (...) tätig sind, nach Maßgabe näherer Bestimmungen durch Rechtsverordnung nach § 127 bei Vergabe auf dem Gebiet, auf dem sie selbst tätig sind
  - Vergabe an Auftragsgeber, die ein ausschließliches Recht zur Erbringung einer Leistung besitzen
  - Dienstleistungen von verbundenen Unternehmen gem. § 127 für Auftraggeber des Verkehrs (...)
  - rechtmäßig für geheim erklärte Aufträge
  - bestimmte militärische Aufträge
  - ...

Beschluss des OVG Koblenz (04.11.2005)
Sachverhalt:

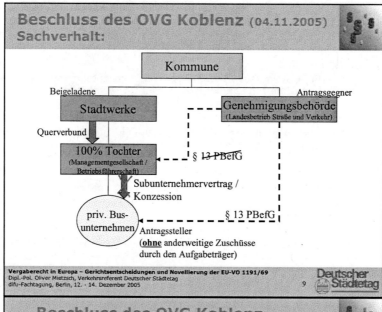

Beschluss des OVG Koblenz
Inhalt:

- Keine eigenwirtschaftlichen Liniengenehmigungen für einen im Querverbund finanzierten Stadtbus-Verkehr

- Neben der angebotenen Verkehrsleistungen hat die Genehmigungsbehörde auch zu berücksichtigen, ob und welche öffentlichen Mittel die Antragsteller zur Bereitstellung der Verkehrsleistung benötigen

    (vgl. entgegenstehende Rechtsauffassung OVG Lüneburg, BLFA)

- Sonst kein fairer Leistungsvergleich möglich

Beschluss des OVG Koblenz
Gründe:

- Verletzung der Grundrechte auf Gleichbehandlung und Berufsfreiheit
- Ungleiche Wettbewerbsbedingungen zwischen querverbundfinanzierten Unternehmern und Mitbewerbern
- In Deutschland existiert keine rechtssichere Teilbereichsausnahme von der VO 1191/69 (=Rechtsauffassung von Hessen)
- Quersubventionierung fällt unter den Zuschussbegriff der VO 1191/69
- Alle mit öffentlichen Mittel finanzierten Verkehre seien als gemeinwirtschaftlich einzustufen, und somit gem. § 13 a PBefG i.V.m. GKV auszuschreiben
- Die Genehmigungsbehörde hat zu entscheiden ob es sich um eigen- oder gemeinwirtschaftliche Genehmigungen handelt; die Entscheidung soll von der Art und Weise der Kostendeckung abhängen

EuGH-Urteil „Stadt Mödling" 10.11.2005

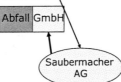

1. Schritt: Mai 1999 — Gründung einer 100% Tochter → Abfall GmbH

2. Schritt: Juni 1999 — Abschluss einer Versorgungsvereinbarung als In-House-Geschäft → Abfall GmbH

3. Schritt: Oktober 1999 — Verkauf von 49% der Anteile durch die Gemeinde (Abfall GmbH ← Saubermacher AG)

EuGH-Urteil „Stadt Mödling" Inhalt:

- In-House-Vergabe nicht möglich, wenn in der Folge eine Teilveräußerung der Unternehmensanteile stattfindet

- Verpflichtungen der Richtlinie 92/50/EWG wurden nicht eingehalten (Einhaltung von Verfahrens- und Bekanntmachungsvorschriften)

- Nicht nur die unternehmensstrukturellen Umstände zum Zeitpunkt Auftragsvergabe sind zu berücksichtigen, sondern auch der Eintritt späterer Ereignisse

EuGH Urteil ACTV Venezia SpA 25.11.2005

Zentrale Frage:

1. Wie ist im Vergabeverfahren das wirtschaftlich günstigste Angebot zu bestimmen?

2. Ist es einer Vergabekommission erlaubt, noch nach Angebotsabgabe die Zuschlagskriterien durch Einführung einer präzisen Gewichtung schon zuvor – allerdings ohne Gewichtungsangabe – genannter Unterkriterien zu modifizieren?

Urteil:

Kein Verstoß gegen 92/50/EWG und 93/38/EWG bei einer Gewichtung nach Angebotseinrichtung aber noch vor Umschlagöffnung, wenn die Entscheidung, die diese Gewichtung vorsieht

a: die in den Verdingungsunterlagen oder in der Bekanntmachung des Auftrags bestimmten Zuschlagskriterien für den Auftrag nicht ändert,

b: keine Gesichtspunkte enthält, die, wenn sie bei Angebotsvorbereitung bekannt gewesen wären, die Vorbereitung hätten beeinflussen können und sie

c: nicht unter Berücksichtigung von Umständen erlassen wurde die einen der Bieter diskriminieren könnten

Rechtliche Unsicherheiten

- Fehlende Rechtssicherheit bei der Unterscheidung zwischen eigen- und gemeinwirtschaftlichen Verkehren im PBefG
- Bedeutung des Nahverkehrsplans als Grundlage für Entscheidungen der Genehmigungsbehörden insbesondere beim sog. Genehmigungswettbewerb
- Divergierende nationale Rechtssprechung: OVG Lüneburg, OVG Koblenz
- Unbestimmte Rechtsbegriffe im EuGH-Urteil „Altmark Trans"
- ...

Zwischenfazit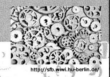

Langwierige Genehmigungsverfahren, divergierendes Richterrecht und unbestimmte Rechtsbegriffe des EuGH führen zu rechtlichen und organisatorischen Unsicherheiten und erschweren damit Planung, Durchführung und Finanzierung des ÖPNV.

EU-VO 1191/69
Zeitlicher Abriss: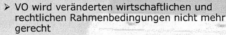

- **1969** — Erlass der VO 1191/69
- **1991** — Letztmalige Anpassung der VO
- **...** — VO wird veränderten wirtschaftlichen und rechtlichen Rahmenbedingungen nicht mehr gerecht
- **2000** — Europäische Kommission legte im Juli einen ersten Vorschlag für eine Nachfolgeverordnung vor
- **2002** — Geänderter Verordnungsvorschlag im Februar aufgrund der Änderungswünsche des Europäischen Parlaments
- **...** — Meinungsverschiedenheiten im Verkehrsministerrat und die EuGH-Rechtssache Altmark-Trans haben Verordnungsentwurf auf Eis gelegt
- **2005** — Vorlage eines neuen Vorschlags für eine Nachfolgeverordnung durch die Kommission am 20. Juli

Geplante Neuregelungen des europäischen Rechtsrahmen für den öffentlichen Personennahverkehr

Neuer Vorschlag für eine Verordnung des Europäischen Parlaments und des Rates über öffentliche Personennahverkehrsdienste auf Schiene und Straße:

VO 1191/69 ➡ KOM [2005] 319 endg.

- Vorhergehende Vorschläge damit gegenstandslos
  (KOM [2000] 7 endg.; KOM [2002] 107 endg.)
- Parlament verzichtet auf erneute erste Lesung
- Gegenwärtig Beratungen im Rat bezüglich eines Gemeinsamen Standpunkts
- Ob, wie und wann die neue VO verabschiedet wird, ist ungewiss
- In-Kraft-treten einer neuen VO würde erheblichen Novellierungsbedarf bezüglich des nationalen Rechtsrahmens für den ÖPNV auslösen

Ziel der Nachfolgeverordnung

dpa

Schaffung eines rechtssicheren Rahmen für mehr Effizienz im Straßen- und Schienenpersonenverkehr bei gleichzeitiger Aufrechterhaltung von gemeinwirtschaftlicher Verpflichtungen und deren Ausgleich.

Inhalte:
1. Regelungsgegenstand und Anwendungsbereich

- Konzentration auf (Verkehrs-)dienstleistungen von allgemeinem wirtschaftlichen Interesse (gemeinwirtschaftliche Verpflichtungen)

- Festlegung von Bedingungen, nach denen zuständige Behörden Ausgleichszahlungen und ausschließliche Rechte für die Erfüllung gemeinwirtschaftlicher Verpflichtungen gewähren können

Inhalte:
2. Vergabe von Verkehrsleistungen (I)

- Es wird kein bestimmtes formales Verfahren vorgeschrieben
- Stattdessen Bezugnahmen auf einschlägige Vorgaben des EG-Vertrages (Fairness, Transparenz, Nichtdiskriminierung)
- Gewährung von Ausgleichszahlungen und ausschließlicher Rechte auf der Basis öffentlicher Dienstleistungsverträge
- Vergabe soll grundsätzlich per Ausschreibung erfolgen, ABER ...

Inhalte:
2. Vergabe von Verkehrsleistungen (II)

... Ausnahmen:

- Selbsterbringung oder Vergabe an interne Betreiber (mehr oder weniger starke Anlehnung an In-House-Vergabe-Regeln des EuGH)

- Genaue Definition des „internen Betreibers":
    - vollständige Kontrolle durch die Behörde
    - ausschließlicher Zuständigkeitsbereich

- Ausschreibungsfreie Direktvergabe an Dritte:
    - Verkehrsdienste pro Jahr unter 1.000.000 €, <u>oder</u>
    - Jährliche Verkehrsleistung unter 300.000 Kilometer, <u>oder</u>
    - Vorübergehende Maßnahmen bei unterbrochenen Verkehrsdiensten

Inhalte:
3. Anforderungen an öffentl. Dienstleistungsaufträge

- Sicherung der beihilferechtlichen Zulässigkeit von Ausgleichsleistungen für gemeinwirtschaftliche Verpflichtungen

- Festschreibung der ersten drei Altmark-Trans-Kriterien und weiterer Vorgaben als obligatorischer Inhalt öffentlicher Dienstleistungsaufträge (unabhängig von der gewählten Vergabemodalität Ausschreibung bzw. Direktvergabe)

- Laufzeitbegrenzung soll bei 8 Jahren (Bus) bzw. 15 Jahren (Schiene; gemischt Bus/Schiene, wenn Schiene $\geq 50\%$) liegen

Inhalte:
4. Veröffentlichungspflichten

- Behörde muss jährlich über Kontrolle und Beurteilung der Verkehrleistungen berichten, sowie

- über Qualität des öffentlicher Verkehrsnetz im Hinblick auf die bestmögliche Verwendung öffentlicher Mittel

- Veröffentlichung von Art der Vergabe und der betroffenen Dienste und Gebiete ein Jahr vor der Ausschreibung im EG-Amtsblatt

Inhalte
5. Übergangsregelung

- Busverkehre müssen spätestens nach vier Jahren zur Hälfte und nach acht Jahren vollständig nach den Bestimmungen der Verordnung vergeben werden

- Bei Schiene und gemischt Bus / Schiene (letzteres, wenn Wert Schiene größer ist als 50 %) betragen die Fristen fünf und zehn Jahre

- Dienstleistungsaufträge, die vor dem Inkrafttreten der Verordnung nach einem fairen Wettbewerbsverfahren vergeben wurden, behalten bis zum Ende der regulären Laufzeit Bestand – wenn diese begrenzt und mit den Laufzeiten der Verordnung vergleichbar ist

- In der zweiten Hälfte der Übergangszeit können Unternehmen, die zu weniger als 50% nach Maßgabe der novellierten Verordnung finanziert werden, vom Wettbewerb ausgeschlossen werden (Art. 8 Abs. 6)

Bewertung (I)

Allgemein:

- neue Verordnung schlanker und verständlicher

- Stärkung des Subsidiaritätsprinzips

- Wahlfreiheit der Aufgabeträger zwischen Eigenproduktion bzw. Direktvergabe und Ausschreibungswettbewerb ist aus kommunaler Sicht zu begrüßen

- Marktorientierte Direktvergabe (MoD) bei der Berechnung des Vergleichs im Falle der Direktvergabe wird ignoriert

- Verordnung folgt nur teilweise den Vorgaben des EuGH zur In-House-Vergabe

Bewertung (II)

Allgemein:

- Die faktische Unterscheidung zwischen Schienenverkehr (Verordnungsvorschlag) und dem Landverkehr (Vergabevorschriften des Allgemeinen Vergaberechts) birgt erhebliche Rechts-unsicherheit hinsichtlich des anzuwendenden Vergabeverfahrens
- Die Möglichkeit, den gewählten Betreiber auf die Einhaltung der Bestimmungen der Betriebsübergangsrichtlinie zu verpflichten, ist zu begrüßen
- Verzicht auf qualitative Vorgaben im Verordnungsvorschlag der ÖPNV könnte zum Qualitätsverlust führen – kein Automatismus
- Zweifel bestehen hinsichtlich der Praxistauglichkeit des „Mit- und Ohne-Vergleich" (Ausgleichsberechnung bei Direktvergabe)
- Verwaltungsaufwand durch die vorgesehenen Veröffentlichungspflichten ist nicht absehbar

Bewertung (III)

Probleme bei den Reglungen zur ausschreibungsfreien Vergabe:

- Interne Betreiber sind gehindert, sich an Ausschreibungen außerhalb ihres Zuständigkeitsbereichs zu beteiligen

    - Probleme entstehen bei der geographischen Reichweite der Direktvergabe, z.B. bei Verbundverkehren und dem daraus entstehenden verkehrlichen Verflechtungsbereich hinein in die Nachbarkommune(n)
    - Interkommunale Vereinbarung möglich?

- Vorrang des allgemeinen europäischem Vergaberechts vor den spezifischen Vergabe- und Übergangsmodalitäten (Art 5 Abs.1, 8 Abs.1) des Verordnungsvorschlags für den ÖPNV stellt Anwendbarkeit der VO in Frage:

    - Nur Schienenvergabe oder Buskonzessionen sowie Inhouse-Geschäfte würden eindeutig der VO unterfallen;
    - der sogenannte Landverkehr müsste nach den strengen Bestimmungen des allg. Vergaberechts vergeben werden

Stand des Verfahrens

Vorlage macht die bisherigen Verordnungsvorschläge obsolet KOM (2000) 7 endg.; KOM (2002) 107 endg.

Mitentscheidungsverfahren nach Art. 251 EG wird wieder in Gang gesetzt

keine Notwendigkeit einer erneuten Lesung, da EP bereits in der ersten Lesung (2001) Stellung genommen hat

diese Fassung wird dann vom EP in zweiter Lesung behandelt

keine Billigung der Änderungsvorschläge, Festlegung eines Gemeinsamen Standpunktes

keine Differenzen = zügige Verabschiedung

Differenzen = Vermittlungsverfahren zwischen Rat und EP (Art. 251 EG) Ergebnis in dritter Lesung mit qualifizierter Mehrheit verabschiedet

Kommission kann bis zur dritten Lesung Vorschlag zurückziehen und Verfahren abbrechen

britische Ratspräsidentschaft hat VO-Entwurf auf Tagungen des Verkehrsministerrates nicht inhaltlich diskutiert; österreichische Bundesregierung, Ratspräsidentschaft erste Hälfte 2006, hat vertiefte inhaltliche Beratungen angekündigt

Ausblick:
Wenn der Verordnungsvorschlag in Kraft tritt...

- Folgen eines Inkrafttretens der neuen Verordnung stellt noch keine Rechtssicherheit für die Kommunen und Aufgabeträger her
- Nationaler Gesetzgeber muss das Personenbeförderungsrecht anpassen
  - Wegfall der bisherigen Unterscheidung zwischen eigen- und gemeinwirtschaftlichen Verkehren
  - Bisheriges System der ÖPNV-Finanzierung hätte keinen Bestand mehr
- Reform der ÖPNV-Finanzierung
  - Bündelung von Finanzierungsinstrumenten und -ansätzen
  - Zusammenführung von Aufgaben- und Ausgabenverantwortung
  - Bisherige Funktionen der Genehmigungsbehörden obsolet

Vielen Dank für Ihre Aufmerksamkeit

Dipl.-Pol. Oliver Mietzsch, Verkehrsreferent Deutscher Städtetag
oliver.mietzsch@staedtetag.de

Martin Weinert

Aktuelle Problematiken der ÖPNV-Finanzierung
Urteile – Sachverhalte – Lösungen?[1]

1. Einleitung

Im Jahr 2004 hatte der ÖPNV in der EU (EU-15) 150 Millionen Fahrgäste pro Tag zu befördern, beschäftigte 1,5 Millionen Menschen und hatte einen Jahresumsatz von rund 100 Mrd. Euro[2]. In den letzten Jahren stieg der Deckungsgrad der Betriebskosten des ÖPNV in Deutschland auf bis zu 70 Prozent mit weiter steigender Tendenz an[3]. Trotzdem bahnt sich im Zuge der von der Europäischen Kommission betriebenen Marktöffnung sowie angesichts der jüngsten Rechtsprechung des EuGH für viele kommunale Verkehrsunternehmen die Gefahr des Verlustes des heimischen Marktes an.

Durch die Vorgaben des europäischen Vergabe- und Wettbewerbsrechts wird das Recht der Kommunen zunehmend eingeschränkt, eigenverantwortlich zu entscheiden, ob sie öffentliche Dienstleistungen entweder selbst bzw. mit eigenen Unternehmen durchführen oder aber an Private vergeben möchten. Zusätzlich führen langwierige Genehmigungsverfahren, divergierendes Richterrecht und unbestimmte Rechtsbegriffe nicht zuletzt in der Rechtssprechung des EuGH zu rechtlichen und damit letztlich auch wirtschaftlichen Unsicherheiten und erschweren damit Planung, Durchführung und Finanzierung des ÖPNV.

Diese Problematik ist in Brüssel nicht unbekannt, jedoch nunmehr seit Jahren ungelöst. Ein Beispiel hierfür ist, dass die Europäische Kommission erst nach fünf Jahren im dritten Anlauf am 20.7.2005 einen neuen „Vorschlag für eine Verordnung des Europäischen Parlaments und des Rates über öffentliche Personenverkehrsdienste auf Schiene und Straße" vorgelegt hat[4] Mit dem Vorschlag soll der in weiten Teilen noch aus dem Jahre 1969 stammende europäische Rechtsrahmen für den ÖPNV grundlegend überarbeitet werden. Die Ausschreibung von Nahverkehrsleistungen wäre dann die Regel, Direktvergaben nur unter strengen Auflagen möglich[5]. Doch auch der am 20. Juli 2005 vorgelegte Vorschlag für eine Nachfolgeverordnung kann aus Sicht der Kommunen nicht alle offenen Fragen hinreichend beantworten.

---

1 Dieser Beitrag entstand in Anlehnung an den Beitrag von Oliver Mietzsch in diesem Band. Des weiteren sind Passagen aus dem Beitrag von Folkert Kiepe und Martin Weinert „Der ÖPNV als Dienstleistung von allgemeinem wirtschaftlichen Interesse" entnommen bzw. an diesen angelehnt, welcher 2006 in einer Festschrift mit dem Titel „Leitfaden Kommunale Wirtschaft im 21. Jahrhundert" im VWEW Energieverlag veröffentlicht werden soll (Festschrift für Dr. Peter Becker zum 65. Geburtstag, in Vorbereitung).
2 *Faross*, Generaldirektion für Energie und Verkehr der EU-Kommission zum Thema „Organisation und Finanzierung öffentlichen Personennahverkehrs in der EU" am 7.12.2005 in Berlin.
3 Fahrgeldeinnahmen einschließlich der so genannten Fahrgeldsurrogate für die Schwerbehindertenfreifahrt sowie rabattierte Beförderung von Schülern und Auszubildenden.
4 *KOM* (2005) 319 endg.
5 *Oliver Mietzsch*, EuZW 2006, 11, 12.

2. Rechtsprechung

2.1 EuGH-Urteil Teckal

In einer viel beachteten Entscheidung vom 18.11.1999 hat der Europäische Gerichtshof (C-107/98) entschieden, dass bestimmte Aufträge einer Kommune an einen Dritten von dem Anwendungsbereich des Vergaberechts auszuschließen sind, wenn

1. sämtliche Anteile des fraglichen Unternehmens in der Hand des Auftraggebers sind,

2. die öffentliche Stelle als öffentlicher Auftragsgeber über den Auftragsnehmer eine ähnliche Kontrolle ausüben kann, wie über ihre eigenen Dienststellen und

3. der Auftragnehmer seine Leistungen im Wesentlichen für den Gesellschafter und somit für die Gebietskörperschaft erbringt.

Diesem Urteil zur so genannten In-house-Vergabe lag folgender Sachverhalt zugrunde: Die italienische Gemeinde Viano übertrug ohne Ausschreibungsverfahren dem aus mehreren Gemeinden bestehenden Konsortium zur Erbringung von Energie- und Umweltdienstleistungen AGAC[6] einen Auftrag zum Betrieb von Heizungsanlagen in gemeindeeigenen Gebäuden.

In der Praxis wirft allerdings vor allem das zweite Kriterium bezüglich der Beherrschung durch den Auftraggeber große Unsicherheiten auf. So bestehen beispielsweise Zweifel hinsichtlich der Frage, ob Körperschaften des öffentlichen Rechts bei der Beauftragung von Dienstleistungen von der In-house-Regelung erfasst werden. Zwar ist das bestimmende Mitglied dieser Körperschaften in der Regel eine Gebietskörperschaft, jedoch sind Körperschaften des öffentlichen Rechts bezüglich ihrer Entscheidungsprozesse wesentlich stärker verselbstständigt als Dienststellen einer Gebietskörperschaft[7]. Darüber hinaus stellt sich bei einer gleichen Beteiligung mehrerer Gebietskörperschaften am Auftragnehmer[8] die Frage, ob auch mehrere Auftraggeber eine „Kontrolle wie über eine eigene Dienststelle" ausüben können[9].

Eine weitere Problemkonstellation bildet die Übertragung von Rechten zur Erbringung von Dienstleistungen auf eine Eigengesellschaft, also eine GmbH oder Aktiengesellschaft. Bei strenger Auslegung des EuGH-Urteils dürften diese das zweite Teckal-Kriterium nicht erfüllen, da das Gesellschaftsrecht den Vorständen und Aufsichtsgremien dieser Gesellschaften vorschreibt, gesellschaftsfreundlich, also in erster Linie am Wohl der Gesellschaft orientiert zu entscheiden, womit zumindest beim Vorhandensein dritter Anteilseigner eine Kontrolle der Gebietskörperschaft über die Gesellschaft wie über ihre eigenen Dienststellen ausgeschlossen ist[10].

---

6 Azienda Gas-Acqua Consorziale.
7 *Plassmann*, BzöW 2005, 25, 37.
8 So genannte Zweckverbände.
9 *Potacs*, ZfV 2005, 513, 514.
10 *Plassmann*, BzöW 2005, 25, 37.

2.2 EuGH-Urteil Stadt Halle

Einen entscheidenden Schritt zu einem besseren Verständnis seiner Interpretation von In-house-Vergaben lieferte der EuGH im Urteil Stadt Halle (C-26/03). Die Stadt Halle hatte einen Auftrag zur Abfallbeseitigung an das Unternehmen RPL Lochau[11] erteilt, an dem sie selbst indirekt (über eine Tochtergesellschaft) zu 75,1 Prozent und eine private Gesellschaft zu 24,9 Prozent beteiligt war[12]. Mit Urteil vom 11.1.2005 hat der EuGH entschieden, dass öffentliche Auftraggeber ein ihnen gehörendes Unternehmen nur dann ohne Bindung an die Vergabevorschriften beauftragen dürfen, wenn sie 100 Prozent des Unternehmenskapitals halten, also auch keine noch so geringe private Beteiligung an dem Unternehmen besteht. Nur dann unterliegt das Unternehmen einer Kontrolle durch die öffentliche Hand wie über eine Dienststelle. Außerdem muss das Unternehmen im Wesentlichen für den Anteilseigner tätig sein[13]. Da zumindest die erste Bedingung nicht erfüllt war, unterlag die Vergabe der europäischen Richtlinie über die Vergabe öffentlicher Dienstleistungsaufträge und der Auftrag musste deshalb öffentlich ausgeschrieben werden[14]. Der EuGH begründet seine Rechtsprechung vor allem damit, dass private Unternehmen auch privaten Interessen unterliegen und somit dem öffentlichen Mehrheitsgesellschafter die ihm obliegende Verfolgung öffentlicher Ziele erschwert werde. Auch sei eine ausschreibungsfreie Vergabe eines öffentlichen Auftrages an ein gemischt-wirtschaftliches Unternehmen mit dem Grundsatz der Gleichbehandlung und dem Ziel eines freien und unverfälschten Wettbewerbs unvereinbar, insbesondere weil ein solches Verfahren den am Kapital dieses öffentlichen Unternehmens beteiligten privaten Gesellschaften einen Vorteil gegenüber seinen Konkurrenten verschaffen würde. Somit stellt das Stadt Halle-Urteil eine Konkretisierung des Teckal-Urteils dar, wobei ÖPP-Modelle in der Folge als grundsätzlich ausschreibungspflichtig deklariert werden und ein Rechtsschutz privater Anbieter auch außerhalb förmlicher Ausschreibung möglich ist.

Trotzdem bleiben In-house-Vergaben künftig zulässig, solange die Teckal-Kriterien beachtet werden und keine gemischt-wirtschaftliche Gesellschaft beauftragt wird.

2.3 EuGH-Urteil Parking-Brixen

Eine weitere Verschärfung der Rechtsprechung bringt das Urteil des EuGH vom 13.10.2005 „Parking Brixen" (C-458/03). Demnach scheidet eine In-house-Vergabe selbst bei einer hundertprozentigen Tochtergesellschaft aus, wenn dieser ein großes Maß an Selbständigkeit in wirtschaftlichen und strategischen Fragen eingeräumt ist[15] und wenn die hier betroffene kommunale Aktiengesellschaft einen Rechtsstatus hat, der eine Kontrolle durch eine Gemeinde schwierig macht.

Die Parking-Brixen GmbH wandte sich in dem Verfahren gegen die In-house-Vergabe einer öffentlichen Dienstleistungskonzession an die kommunale Aktiengesellschaft Stadtwerke Brixen AG, indem sie (in den Augen des EuGH zu Recht) behauptete, eine Kontrolle über eine eigene Dienststelle könne aufgrund der Autonomie der Geschäftsführung ei-

---

11 Recyclingpark Lochau.
12 *Potacs*, ZfV 2005, 513, 515.
13 *Recker*, ZKF 2005, 241; hier greift der EuGH auf seine Teckal-Rechtsprechung zurück.
14 *Stickler/Reidt*, Stadt und Gemeinde 2005, 441.
15 *Stickler/Reidt*, Stadt und Gemeinde 2005, 447.

ner Aktiengesellschaft und der im konkreten Fall in absehbarer Zukunft gesetzlich vorgeschriebenen Beteiligung Privater[16] an dieser Aktiengesellschaft nicht gegeben sein[17].

Zwar waren die Voraussetzungen für eine ausschreibungsfreie Dienstleistungskonzession erfüllt, da die Stadtwerke AG unter anderem das Betriebsrisiko für die Aktiengesellschaft trägt, aber trotzdem hätten auch die Grundsätze der Transparenz, Nichtdiskriminierung und Gleichbehandlung des EG-Vertrages von der Gemeinde berücksichtigt werden müssen. Vor allem die Verpflichtung zur Transparenz ist laut EuGH für die konzessionserteilende öffentliche Stelle (Gemeinde) bedeutsam, da diese somit feststellen kann, ob die Grundsätze des EG-Vertrages beachtet worden sind[18]. Diese Transparenzpflicht besteht dem EuGH zufolge darin, „dass zugunsten der potenziellen Bieter ein angemessener Grad von Öffentlichkeit sicherzustellen ist, der die Dienstleistungskonzession dem Wettbewerb öffnet und die Nachprüfung ermöglicht, ob die Verfahrensvorschriften unparteiisch durchgeführt worden sind."[19]

Das Parking-Brixen-Urteil stellt folglich eine Verschärfung des Stadt-Halle-Urteils dar, da selbst bei einer hundertprozentigen Eigentümerstellung nicht ohne weiteres von einer vollständigen Kontrolle (Teckal) ausgegangen werden kann (im vorliegenden Fall konnte der Stadtwerke AG Vorstand unter anderem eigenständige Entscheidungen bis zu einer Höhe von fünf Mio. Euro treffen).

2.4 OLG-Beschluss Naumburg

Mit einem Beschluss zur interkommunalen Zusammenarbeit von 3.11.2005 hat das OLG Naumburg für Recht erkannt, dass die Übertragung einer öffentlichen Aufgabe auf einen anderen öffentlichen Auftraggeber einen – dem Vergaberecht unterliegenden – öffentlichen Auftrag darstellt (Az: 1 Verg 9/05). Diesem Beschluss lag der Sachverhalt zugrunde, dass ein Landkreis einen benachbarten Landkreis verpflichtete, für diesen als öffentlich-rechtlicher Entsorgungsträger die Abfallentsorgung zu übernehmen, wobei im Zuge einer Gebietsreform die beiden Landkreise im Jahr 2007 ohnehin vereint worden wären.

Das OLG begründet seinen Entschluss unter anderem damit, dass die vorliegende Aufgabenübertragung einen Beschaffungsvorgang und somit einen vergaberechtspflichtigen Dienstleistungsauftrag darstelle, der nicht durch öffentlich-rechtliche Vereinbarungen ignoriert werden dürfe. Aus kommunaler Sicht ist diese Aussage dahingehend zu kritisieren, als dass das Wesensmerkmal des Beschaffungsvorganges schon deshalb nicht erfüllt sein kann, da es sich hierbei vielmehr um eine reine Verlagerung von Zuständigkeiten handelt. Schließlich greift die Beauftragung des benachbarten Landkreises lediglich der anstehenden Fusion vor, in Folge dessen eine interkommunale Kooperation ohnehin nicht mehr möglich wäre.

---

16 Nach italienischem Recht darf eine Gebietskörperschaft nach der Umwandlung eines kommunalen Unternehmens in eine Aktiengesellschaft nicht länger als zwei Jahre einzige Aktionärin dieser Gesellschaft sein.
17 *Recker*, ZKF 2005, 241.
18 *Portz*, siehe: http://www.dstgb.de/vis/home/rechtsprechung/eugh_zur_vergabe_einer_dienstleistungs kon zession_an_stadtwerke_ag/, letzter Zugriff 17.1.2006.
19 C-458/03, Rdn. 49.

Das OLG führte weiter aus, der die Abfallentsorgung übernehmende Landkreis trete wie ein privater Dienstleiser auf dem Markt auf, was die Anwendung des Vergaberechts für den auftragsgebenden Landkreis zur Folge hätte. Zwar sollen Landkreise eindeutig nicht hinsichtlich der Möglichkeit der kommunalen Zusammenarbeit eingeschränkt werden, aber dennoch seien die gesetzlichen Wettbewerbsregeln von den – sich wie Unternehmer am Markt betätigenden – Kommunen zu berücksichtigen. Auf die Anwendung des ohnehin eng auszulegenden Vergaberechts könne nur bei der Unmöglichkeit eines Wettbewerbs verzichtet werden. Diese Ausnahmetatbestände werden zurzeit lediglich in § 100 Abs. 2 GWB definiert[20].

Die Entscheidung der OLG Naumburg ist aus kommunaler Sicht bedauerlich. Zwar bleiben interne Ausgliederungen insoweit möglich, als das die Voraussetzungen zur In-House-Vergabe vorliegen müssen, jedoch steht die Zukunft der kommunalen Zusammenarbeit auf wackligen Füssen, was sich auch in der aktuelle EuGH-Rechtsprechung bestätigt[21]. Der OLG-Beschluss führt zu einer Aushöhlung der öffentlichen Organisationshoheit und somit zu einer Zwangsprivatisierung von öffentlichen Aufgaben[22].

2.5 OVG-Beschluss Koblenz

Am 4.11.2005 hat das OVG Rheinland-Pfalz in Koblenz (OVG Koblenz, 7 B 11329/05.OVG) einen Beschluss zur Vereinbarkeit von eigenwirtschaftlichen Linienverkehrsgenehmigungen mit der Querverbundsfinanzierung gefasst. Einer Kommune wurde darin untersagt, dem kommunalen Verkehrsunternehmen eigenwirtschaftliche Linieverkehrsgenehmigungen für einen im Querverbund finanzierten Stadtbus-Verkehr zu erteilen. Das OVG Koblenz leitet dies aus dem Grundsatz der Gleichbehandlung und aus der Berufsfreiheit (Art. 12 und Art. 3 GG) ab. Der Anspruch der Wettbewerber auf gleiche Wettbewerbsbedingungen im Genehmigungsverfahren werde verletzt, wenn der eigenwirtschaftliche Antrag eines im Querverbund finanzierten Unternehmens mit dem eines Wettbewerbers, der von der Stadt keine solche Finanzierungen erhalte, verglichen und dann die Auswahlentscheidung nach dem „besseren" Angebot getroffen werde. Ergänzend führte das OVG aus, dass es in Deutschland außerdem keine rechtssichere Teilbereichsausnahme von der Verordnung 1191/69[23] gebe. D.h., dass von der in der Verordnung 1191/69 vorgesehenen Möglichkeit, Unternehmen des Stadt-, Vorort- und Regionalverkehrs vom Anwendungsbereich der Verordnung auszunehmen, mit der Unterscheidung zwischen eigen- und gemeinwirtschaftlichen Verkehren (§§ 13, 13a PBefG) nicht rechtssicher

---

20 Beispiele aus § 100 Abs. 2 GWB (Auszug):
„Aufträge von Auftraggebern, die auf dem Gebiet ... des Verkehrs ... tätig sind, nach Maßgabe näherer Bestimmungen durch Rechtsverordnung nach § 127 bei Vergabe auf dem Gebiet, auf dem sie selbst tätig sind;
Vergabe an Auftragsgeber, die ein ausschließliches Recht zur Erbringung einer Leistung besitzen;
Dienstleistungen von verbundenen Untenehmen gem. § 127 für Auftraggeber des Verkehrs ...;
rechtmäßig für geheim erklärte Aufträge;
bestimmte militärische Aufträge.
21 EuGH-Urteil gegen das Königreich Spanien vom 13.1.2005, C-84 / 03: Interkommunale Zusammenarbeit kann nicht durch nationalstaatliche Reglungen vom Vergaberecht ausgenommen werden.
22 Düsterdiek, siehe: http://www.dstgb.de/vis/home/rechtsprechung/olg_naumburg_zur_interkommunalen zusammenarbeit_und_vergaberecht/index.html, letzter Zugriff 17.1.2005.
23 Verordnung (EWG) Nr. 1191/69 des Rates vom 26.6.1969 über das Vorgehen der Mitgliedstaaten bei mit dem Begriff des öffentlichen Dienstes verbundenen Verpflichtungen auf dem Gebiet des Eisenbahn-, Straßen- und Binnenschiffsverkehr.

Gebrauch gemacht worden sei. Somit sei die Interpretation der Unternehmenserträge in § 8 Abs. 4 PBefG als „Sonstige Erträge im handelsrechtlichen Sinne", die die Eigenwirtschaftlichkeit nicht berühren, nicht rechtssicher anzuwenden bzw. die Bereichsausnahme überschritten. Das OVG macht sich damit die Zweifel zu eigen, die der EuGH in seinem Altmark-Trans-Urteil zwar geäußert, aber nicht beantwortet hatte und die bislang auch nicht vom Bundesverwaltungsgericht höchstrichterlich geklärt worden sind.

Diese Rechtsauffassung ist allerdings ebenso zu hinterfragen wie die vom OVG Koblenz vorgenommene Definition des Querverbundes als Zuschuss. Während das OVG Koblenz unter Berufung auf die Verordnung 1839/91 zur Änderung der Verordnung 1191/69 (Art. 1 Abs. 5 der neuen Fassung) davon ausgeht, dass die Verpflichtungen des öffentlichen Dienstes in einem gesonderten Unternehmensbereich zu erbringen sind, falls Verkehrsunternehmen auch in anderen Bereichen tätig sind und als Bedingung dabei erfüllt sein muss, dass ein Ausgleich der Aufwendungen für die Erbringung der Verpflichtungen des öffentlichen Dienstes ohne Zahlungen der öffentlichen Hand und ohne Transfers von anderen Unternehmensbereichen erfolgt, kann auch die Auffassung vertreten werden, dass dieses Transparenzgebot vielmehr verhindern soll, dass aus einem mit öffentlichen Mitteln geförderten Unternehmensbereich Finanzmittel abfließen in andere, nicht auf öffentliche Mittel angewiesene Unternehmensbereiche. Der Querverbund funktioniert jedoch in umgekehrter Richtung, d.h., es findet ein Transfer von dem im Wettbewerb stehenden Versorgungsbereich in den auf öffentliche Mittel angewiesenen und bislang nicht dem Wettbewerb ausgesetzten Verkehrsbereich statt bzw. die positiven und negativen Erträge der beiden Unternehmenssparten werden auf der Holdingebene miteinander verrechnet bzw. steuerlich optimiert.

Nach dem Beschluss des OVG Koblenz besteht nunmehr eine divergierende obergerichtliche Rechtsprechung bezüglich der Frage, ob mit öffentlichen Mitteln finanzierte Verkehre gem. § 8 Abs. 3 PbefG weiterhin als eigenwirtschaftliche Verkehre deklariert und als solche vom Anwendungsbereich der Verordnung 1191/69 ausgenommen werden können (vgl. OVG Lüneburg, 7 LB 3545/01, 16.9.2004).

2.6   EuGH-Urteil Mödling

In der Rechtssache C-29/04-Stadt Mödling hat der EuGH am 10.11.2005 festgestellt, dass eine In-House-Vergabe bei Einhaltung der „Teckal"- und „Stadt-Halle"- Kriterien rechtswidrig ist, wenn in der Folge eine Teilveräußerung der Unternehmensanteile stattfindet. Im vorliegenden Fall beschloss der Gemeinderat der niederösterreichischen Stadt Mödling im Juni 1999, die gesamte Abfallwirtschaft der Stadt der nur wenige Tage vorher gegründeten hundertprozentigen Tochtergesellschaft AbfallGmbH zu übertragen. Einige Wochen später folgte der Abschluss einer Versorgungsvereinbarung der Gemeinde mit der AbfallGmbH als In-House-Geschäft, wobei zu diesem Zeitpunkt die „Teckal"- und „Stadt-Halle"-Kriterien tatsächlich erfüllt waren. Am 1.10.1999 – also kurz nach der Gesellschaftsgründung – fasste jedoch der Gemeinderat einen weiteren Beschluss, bei dem 49 Prozent der AbfallGmbH an den privaten Dienstleistungserbringer Saubermacher AG abgetreten wurden. Dadurch sah der EuGH die Verpflichtungen zur Einhaltung von Verfahrens- und Bekanntmachungsvorschriften aus der Richtlinie 92/50/EWG verletzt und stellte somit fest, dass nicht nur unternehmensstrukturelle Umstände zum Zeitpunkt der

Auftragsvergabe zu berücksichtigen sind, sondern auch der Eintritt späterer Ereignisse. Insofern hat der EuGH dem Versuch, die Anwendung des Vergaberechts durch gesellschaftsrechtliche Gestaltungsmöglichkeiten zu umgehen, eine klare Absage erteilt.

3. Zwischenfazit

Einen klar definierten europäischen Ordnungsrahmen für den als Daseinsvorsorgeleistung des Staates geltenden Personenverkehr und somit auch für alle anderen Dienstleistungen von allgemeinem wirtschaftlichem Interesse wird man bis heute vergeblich suchen[24]. Angesichts des Fehlens kohärenter und klarer europäischer Rechtsvorgaben ist es nicht verwunderlich, dass die europäische Diskussion um diese Dienstleistungen wenig zielgerichtet – weil von unterschiedlichen Interessen gelenkt – erscheint und die für die Dienstleistungen Verantwortlichen, nämlich die Gebietskörperschaften auf nationaler, regionaler oder kommunaler Ebene sowie die Erbringer der Dienstleistungen häufig unsicher sind, was Europa von ihnen erwartet[25].

Unsicherheiten entstehen vor allem durch die fehlende Rechtssicherheit bei der Unterscheidung zwischen eigen- und gemeinwirtschaftlichen Verkehren im PBefG, sowie bei der Bedeutung von Nahverkehrsplänen als Grundlage für Entscheidungen der Genehmigungsbehörden insbesondere beim sogenannten Genehmigungswettbewerb[26]. Eine divergierende nationale Rechtssprechung[27] und die unbestimmte Rechtsbegriffe aus dem Altmark-Trans-Urteil des EuGH[28] erschweren die Planung, Durchführung und Finanzierung des ÖPNV ebenso wie die sich immer weiter fortsetzende Rechtssprechung des EuGH bezüglich der Möglichkeiten zur In-house-Vergabe.

4. Novellierung der VO 1191/69

4.1 Notwendigkeit und Ziele

Am 20.7.2005 hat die Europäische Kommission einen neuen „Vorschlag für eine Verordnung des Europäischen Parlaments und des Rates über öffentliche Personenverkehrs-

---

24 *Plassmann*, BzöW 2005, 25.
25 *Plassmann*, BzöW 2005, 25.
26 Vgl. hierzu *Oliver Mietzsch*, Eildienst 2005, 267, 268.
27 OVG Lüneburg, 7 LB 3545/01, 16.9.2004: Im Rahmen des personenbeförderungsrechtlichen Genehmigungsverfahrens hat die Genehmigungsbehörde nicht zu prüfen, wie der beantragte Linienverkehr künftig finanziert wird. OVG Koblenz, 7 B 11329/05.OVG, 4.11.2005: Neben der angebotenen Verkehrsleistung hat die Genehmigungsbehörde auch zu berücksichtigen, ob und welche öffentlichen Mittel die Antragsteller zur Bereitstellung der Verkehrsleistung benötigen.
28 C-280/00, 24.7.2003, siehe dazu auch: *Deutscher Städtetag*, Das EuGH-Urteil vom 24.7.2003 zur ÖPNV-Finanzierung – Bewertung und Konsequenzen aus Sicht des Deutschen Städtetages, Berlin und Köln 2004: Ohne gegen das EU-Beihilfeverbot zu verstoßen, dürfen öffentliche Aufgabenträger Verkehrsleistungen im ÖPNV mitfinanzieren, wenn folgende vier Kriterien erfüllt sind:
Das begünstigte Untenehmen muss tatsächlich mit der Erfüllung gemeinwirtschaftlicher Verpflichtungen betraut werden und diese Verpflichtungen müssen klar definiert werden.
Die Parameter für die Ausgleichsberechnung müssen vorher objektiv und transparent festgelegt werden.
Der Ausgleich darf die Kosten der Erfüllung der gemeinwirtschaftlichen Verpflichtungen nicht überschreiten.
Die Kostenkompensation muss auf der Grundlage einer Analyse der Kosten bestimmt werden, die ein durchschnittliches, gut geführtes und angemessen mit Transportmitteln ausgestattetes Unternehmen bei der Erbringung der gemeinwirtschaftlichen Leistungen hätte.

dienste auf Schiene und Straße"[29] verabschiedet, der die VO 1191/69 ersetzen soll. Es ist inzwischen der dritte Versuch der Kommission, einen durchsetzungsfähigen Verordnungsvorschlag zu präsentieren[30]. Eine Novellierung ist aus Sicht der Kommission notwendig, da mit der noch aus dem Jahr 1969 stammenden und zuletzt 1991 geänderten VO 1191/69 die von ihr angestrebte Öffnung des Nahverkehrsmarktes in der EU nicht erreicht werden könne und es erforderlich sei, einen rechtssicheren Rahmen für mehr Effizienz im Straßen- und Schienenpersonenverkehr bei gleichzeitiger Aufrechterhaltung von gemeinwirtschaftlichen Verpflichtungen und deren Ausgleich zu schaffen. Die vorhergehenden von der Kommission vorgelegten Novellierungsvorschläge der VO 1191/69 aus den Jahren 2000 und 2002 wurden somit gegenstandslos. Mit Vorlage des neuen Kommissionsentwurfes wird das Mitentscheidungsverfahren zwischen Kommission, Rat und Europäischen Parlament wieder in Gang gesetzt, nachdem die Kommission ihren ersten Verordnungsvorschlag aufgrund zahlreicher Änderungsvorschläge des Europäischen Parlaments geändert und den zweiten Entwurf aufgrund der Untätigkeit des Rates wieder zurückgezogen hatte[31].

4.2 Inhalte des Verordnungsvorschlages

Der neue Verordnungsvorschlag sieht vor, dass so genannte gemeinwirtschaftliche Verpflichtungen im Nahverkehr – dabei handelt es sich um Verkehre, die ein bestimmtes Verkehrsunternehmen aus Gründen der Daseinsvorsorge im Auftrag der öffentlicher Hand erbringt – ebenso wie generelle Regelungen (z.B. Sondertarife für bestimmte Bevölkerungsgruppen), die für alle Verkehrsunternehmen gelten, klar definiert werden müssen[32]. Vor allem sollen mit der Verordnung Bedingungen festgelegt werden, nach denen die zuständigen Behörden Ausgleichszahlungen und ausschließliche Rechte für die Erfüllung gemeinwirtschaftlicher Verpflichtungen gewähren können. Die Kommission orientiert sich bei diesen Vorgaben an den ersten drei Kriterien, die der EuGH in seiner Altmark-Trans-Entscheidung[33] als Voraussetzung für die beihilfeunschädliche öffentliche ÖPNV-Finanzierung definiert hat. Während die Kommission in ihren früheren Verordnungsentwürfen die Ausschreibung als Regelvergabeinstrument vorsah und Direktvergaben nur in Ausnahmefällen erlaubt sein sollten, ist nunmehr vorgesehen, dass die Aufgabenträger als zuständige örtliche Behörden ein Wahlrecht haben, ob sie Nahverkehrsleistungen im Wettbewerb ausschreiben[34] oder vielmehr selbst durchführen bzw. an ein eigenes Unternehmen direkt vergeben wollen. Als Vorraussetzung einer Direktvergabe an einen internen Betreiber muss allerdings

1. eine vollständige Eigentümerkontrolle wie über eine eigene Dienststelle vorliegen (Teckal- und Stadt-Halle- Urteile des EuGH) und darüber hinaus

2. die Tätigkeit auf das Territorium des öffentlichen Eigentümers beschränkt sein.

---

29 KOM (2005) 319 endg. vom 20.7.2005.
30 KOM (2000) 7 endg., KOM (2002) 107 endg..
31 *Mietzsch*, ZfG 2002, 59 ff.
32 *Mietzsch*, EuZW 2006, 11 ff.
33 C-280/00 (vgl. Fn. 28).
34 Was grundsätzlich der Fall sein soll: KOM (2005) 319 endg., Rdn. 2.

Somit wird von der Kommission kein bestimmtes Verfahren zur Vergabe von Verkehrsleistungen vorgeschrieben, sondern lediglich auf die einschlägigen Vorgaben Gleichbehandlung, Transparenz und Nichtdiskriminierung des EG-Vertrages Bezug genommen[35]. Des Weiteren soll ein „Ausschreibungsverfahren für die Vergabe öffentlicher Dienstleistungsaufträge dann nicht vorgeschrieben werden, wenn der Auftrag sich auf geringe Summen oder eine geringe Kilometerleistung bezieht."[36] Gemäß Art. 5 Abs. 4 des Verordnungsvorschlages ist dies bei jährlichen Verkehrsdiensten von unter 1 000 000 Euro der Fall bzw. bei einer jährlichen Verkehrsleistung von unter 300 000 km[37].

Die Gewährleistung einer angemessenen Transparenz sichert der Kommissionsvorschlag durch umfangreiche Veröffentlichungspflichten der Behörden ab. So muss jede zuständige Behörde jährlich detailliert über Kontrolle und Beurteilung der Verkehrsleistungen berichten sowie über die Qualität des öffentlichen Verkehrsnetzes im Hinblick auf die bestmögliche Verwendung öffentlicher Mittel. Ebenso muss spätestens ein Jahr vor Einleitung des Vergabeverfahrens über betroffene Dienste und Gebiete und Art des Vergabeverfahrens im Amtsblatt der Europäischen Union eine Veröffentlichung stattfinden[38].

Die Laufzeit der Verkehrsverträge ist auf acht Jahre für Busverkehre und 15 Jahre für Schienenverkehre[39] beschränkt[40]. Die Übergangsfristen bis zum endgültigen Inkrafttreten der Bestimmungen der Verordnung liegen bei Busverkehren bei acht Jahren und bei Schienenverkehren bei zehn Jahren[41]. Dienstleistungsaufträge, die vor dem Inkrafttreten der Verordnung nach einem fairen Wettbewerbsverfahren vergeben wurden, behalten bis zum Ende der regulären Laufzeit Bestand – wenn diese begrenzt und mit den Laufzeiten der Verordnung vergleichbar sind[42]. In der zweiten Hälfte der Übergangszeit können Unternehmen, die zu weniger als 50 Prozent nach Maßgabe der novellierten Verordnung finanziert werden, vom Wettbewerb ausgeschlossen werden[43].

4.3 Stand des Verfahrens

Aktuell wird jetzt das Mitentscheidungsverfahren gem. Art. 251 EG zwischen Kommission und Europäischen Parlament wieder in Gang gesetzt. Da das Parlament auf eine neuerliche Lesung verzichtet hat[44], ist es nunmehr am Rat, einen gemeinsamen Standpunkt zu beschließen. Erst dann würde eine zweite Lesung des Verordnungsentwurfs im Parlament in der Fassung dieses Ratsbeschlusses stattfinden. Falls es dabei keine wesentlichen Differenzen zwischen Rat, Parlament und Kommission mehr geben würde, könnte die Verordnung zügig verabschiedet werden. Anderenfalls ist nach Art. 251 EG ein Vermittlungsverfahren durchzuführen, dessen Ergebnis in dritter Lesung von Parlament und Rat verab-

---

35 KOM (2005) 319 endg., Rdn. 7.
36 KOM (2005) 319 endg., Rdn. 18.
37 Eine weitere Ausnahme für eine ausschreibungsfreie Vergabe an Dritte, wären gem. Art. 5 Abs. 5 des VO-Vorschlages vorübergehende Maßnahmen bei unterbrochenen Verkehrsdiensten („Notmaßnahmen").
38 Art. 7 VO-Vorschlag.
39 Die Laufzeitbegrenzung liegt bei gemischten Bus/Schiene-Verkehren liegt ebenfalls bei 15 Jahren, wenn der Schienenanteil bei über 50 Prozent liegt.
40 Art. 4 Abs. 5 VO-Vorschlag.
41 Art. 8 Abs. 2 + 3 VO-Vorschlag.
42 Art. 8 Abs. 5 VO-Vorschlag.
43 Art. 8 Abs. 6 VO-Vorschlag.
44 Das Europäische Parlament hat bereits in der ersten Lesung (2001) Stellung genommen.

schiedet werden muss. Auch kann die Kommission –wie bereits zweimal geschehen – ihren Vorschlag bis zum Abschluss der dritten Lesung jederzeit zurückziehen. Eine Verordnung auf Basis des vorgelegten Vorschlags könnte daher frühestens 2006, vermutlich aber erst 2007 oder später in Kraft treten[45]. So hat die österreichische Bundesregierung, die in der ersten Hälfte des Jahres 2006 die Ratspräsidentschaft inne hat, bereits vertiefte inhaltliche Beratungen angekündigt und den Kommissionsvorschlag als „massiven Rückenwind für die österreichische Reform im öffentlichen Verkehr" bezeichnet[46].

4.4 Bewertung

Generell kann der Kommissionsvorschlag im Vergleich mit den vorherergangenen Vorschlägen als schlanker und verständlicher bezeichnet und eine bessere Berücksichtigung des Subsidiaritätsprinzips festgestellt werden[47].

Die erstmalige Einräumung eines Wahlrechts für die Aufgabenträger zwischen der Eigenproduktion bzw. Direktvergabe an ein eigenes Unternehmen und dem Ausschreibungswettbewerb ist vor allem aus kommunaler Sicht zu begrüßen; auch wenn die vorgeschlagene Beschränkung des Tätigkeitsgebietes nur teilweise den Vorgaben des EuGH für die In-house-Vergabe entspricht und zumindest hinsichtlich der Frage der geographischen Reichweite dieser Beschränkung einer Klärung bedarf. Allerdings dürfte der vorgesehene Vorrang des allgemeinen Vergaberechts vor den spezifischen Vergaberegelungen des Verordnungsvorschlages für den ÖPNV in der Praxis noch erhebliche Schwierigkeiten und Rechtsunsicherheiten bereiten. Aufgrund der damit verbundenen Unterscheidung zwischen Schienenverkehren, für die der Verordnungsvorschlag in Ermangelung spezifischer Vergaberegelungen im EG-Recht vollständig zur Anwendung käme, und dem so genannten Landverkehr, auf den die speziellen Vergabevorschriften der Verordnung zuträfen, entstünde eine erhebliche Rechtsunsicherheit hinsichtlich des anzuwendenden Vergabeverfahrens, einschließlich der Möglichkeit der Direktvergabe[48]. Eine rechtssichere Abgrenzung zwischen allgemeinem Vergaberecht und besonderen Regelungen für den ÖPNV ist daher für die kommunale Praxis unabdingbar. Der Deutsche Städtetag verlangt daher, die ÖPNV-Verordnung als „lex specialis" gegenüber dem allgemeinem Vergaberecht auszugestalten[49].

Ebenso zu kritisieren ist, dass der Verordnungsvorschlag auf qualitative Vorgaben verzichtet und somit einen Automatismus bezüglich des Erhalts qualitativer Standards im ÖPNV voraussetzt, der insbesondere im Ausschreibungsfalle so sicherlich nicht gegeben sein dürfte. Dies dürfte mittel- und langfristig zu Qualitätsverlusten führen. Es ist auch noch nicht abzusehen, wie hoch der Verwaltungsaufwand bei den zuständigen Behörden sein wird, wenn diese ihren vorgesehenen Veröffentlichungspflichten nachzukommen haben.

---

45 Vgl. *Baumeister/Klinger*, NZBau 2005, 601.
46 *Mietzsch*, EuZW 2006, 11, 14.
47 Beispielsweise enthält der neue VO-Vorschlag wesentlich weniger Normen und umfasst nicht mehr den Bereich der Binnenschifffahrt.
48 *Mietzsch*, EuZW 2006, 11 ff.
49 DST-Präsidiumsbeschluss vom 20.9.2005, MittDST 2005, Nr. 479/2005.

5. Ausblick

Würde die neue Verordnung in Kraft treten, wäre zwar Rechtssicherheit für die Kommunen und Aufgabeträger hergestellt, da Verordnungen unmittelbar geltendes Recht sind. Gleichwohl müsste neben der bereits erwähnten „lex-specialis-Problematik" bzw. der Frage der geographischen Reichweite als Voraussetzung für eine In-house-Vergabe vom nationalen Gesetzgeber das Personenbeförderungsgesetz grundlegend geändert werden. Die bisherige Unterscheidung zwischen eigen- und gemeinwirtschaftlichen Verkehren würde wegfallen was zur Folge hätte, dass das bisherige System der ÖPNV-Finanzierung keinen Bestand mehr hätte. Zwar wäre weiterhin ein eigenwirtschaftlicher Verkehr möglich, dieser würde aber nicht den Regeln der neuen Verordnung unterliegen, da er nicht von der zuständigen Behörde organisiert und finanziert wäre und somit weder öffentlich bezuschusst noch mit einem ausschließlichem Recht versehen sein dürfte.[50]. Damit wären eigenwirtschaftliche Verkehre ausschließlich auf die Einnahmen aus ihrem Fahrgastgeschäft angewiesen. Infolgedessen wäre eine Reform der künftigen Finanzierung des ÖPNV unerlässlich: Finanzierungsinstrumente und -ansätze müssen gebündelt, Aufgaben- und Ausgabenverantwortung zusammengeführt und die bisherigen Funktionen der Genehmigungsbehörden gegebenenfalls neu festgelegt werden.

Aufgrund der Erfahrungen mit den bisherigen Verordnungsvorschlägen sind allerdings Zweifel angebracht, ob der nun vorgelegte Kommissionsentwurf überhaupt und wenn ja, wann und vor allem mit welchem Inhalt europäisches Recht wird. Umso wichtiger ist es daher, möglichst bald Klarheit über die noch offenen Fragen im Zusammenhang mit dem Verordnungsvorschlag zu erhalten als Voraussetzung für eine sachliche Auseinandersetzung mit diesem letztlich für alle ÖPNV-Nutzer wichtigen Thema[51].

Literatur

Baumeister, Hubertus, und Daniela Klinger, Perspektiven des Vergaberechts im straßengebundenen ÖPNV durch die Novellierung der Verordnung (EWG) Nr. 1191/69, NZBau 2005, 601 ff.

Deutscher Städtetag, Das EuGH-Urteil vom 24.7.2003 zur ÖPNV-Finanzierung – Bewertung und Konsequenzen aus Sicht des Deutschen Städtetages, Berlin und Köln 2004.

Deutscher Städtetag, MittDST 2005, Nr. 479/2005.

Deutscher Städtetag, Urteil zum Vergaberecht: Ermittlung der „wirtschaftlich günstigsten" Angebots, in: Europa NEWS, Nr. 13 vom 2.12.2005, S. 8 f.

Düsterdiek, Bernd, OLG Naumburg zur interkommunalen Zusammenarbeit und Vergaberecht, http://www.dstgb.de/vis/home/rechtsprechung/olg_naumburg_zur_interkommu nalen_zusammenarbeit_und_vergaberecht/index.html 3.11.2005, letzter Zugriff: 17.1.2006.

Mietzsch, Oliver, Neuordnung des europäischen Rechtsrahmens für den ÖPNV, EuZW 2006, S. 11 ff.

Mietzsch, Oliver, Marktöffnung im ÖPNV: Der Verordnungsvorschlag der Europäischen Kommission und die Änderungsvorschläge des Europäischen Parlaments aus kommunaler Sicht, ZfG 2002, S. 59 ff.

---

50 *Baumeister/Klinger*, NZBau 2005, 601, 609.
51 *Mietzsch*, EuZW 2006, 11, 14.

Mietzsch, Oliver, Die Vergabe von Konzessionen – Die Gemeinde als Entscheider?, in: Eildienst 2005, S. 267 ff.

Plassmann, Rainer, Öffentliche Aufgabenerledigung und europäischer Ordnungsrahmen; neue Perspektiven für eine In-House-Lösung? BzöW 2005, 25 ff.

Portz, Norbert, EuGH zur Vergabe einer Dienstleistungskonzession an Stadtwerke AG, http://www.dstgb.de/vis/home/rechtsprechung/eugh_zur_vergabe_einer_dienstleistungskonzession_an_stadtwerke_ag/, letzter Zugriff: 17.1.2006.

Potacs, Michael, Neubestimmung der In-house-Vergabe, ZfV 2005, 513 ff.

Recker, Engelbert, Europäisches Vergaberecht und interkommunale Zusammenarbeit, ZKF 2005, 241 ff.

Stickler, Thomas, und Olaf Reidt, Strenge Maßstäbe für In-house-Vergaben – Konsequenzen aus der Rechtsprechung des EuGH, in: Stadt und Gemeinde 2005, S. 441 ff.

Volker Eichmann

Podiumsdiskussion – Zusammenfassung

Teilnehmer:
Oliver Mietzsch, Verkehrsreferent des Deutschen Städtetages
Gunther Mörl, Geschäftsführer des Bundesverbands Deutscher Omnibusunternehmen
Arnd Schäfer, Verkehrsverbund Berlin-Brandenburg (VBB), Geschäftsführer der BAG SPNV (Bundesarbeitsgemeinschaft der Aufgabenträger im Schienenpersonennahverkehr)
Dirk Schlömer, Bereichsleiter Personenverkehr der Gewerkschaft Transnet
Jan Werner, Geschäftsführer KCW GmbH
Reiner Zieschank, Geschäftsführer der Dresdner Verkehrsbetriebe AG, Leiter der Landesgruppe Südost des Verbands Deutscher Verkehrsunternehmen(VDV)

Zu Beginn stellten die Diskussionsteilnehmer in kurzen Statements ihre wesentlichen Schlussfolgerungen aus den Tagungsinhalten vor. Welche positiven und negativen Erfahrungen aus der europäischen Entwicklung für den deutschen ÖPNV von Interesse sind, stellte die zentrale Fragestellung dar.

Von *Gunther Mörl* wurde zunächst die Frage aufgeworfen, was der deutsche ÖPNV eigentlich wolle. Er vermisse die einheitliche und bewusste Vertretung der Interessen des ÖPNV durch die beteiligten Akteure. Ebenso war für ihn die Frage offen geblieben, wo denn der Fahrgast zu verorten ist und inwieweit dessen Anforderungen in den gesamten Änderungsprozessen eine Rolle spielen. Konkret auf den europäischen Rechtsrahmen bezogen beklagte er einen Mangel an unternehmerischen Perspektiven, auch die geplanten weiteren Änderungen auf europäischer Ebene, etwa die geplante Novellierung der EU-Verordnung 1191/69, seien zu sehr in Richtung Staatsverwaltung ausgelegt – Angebotsplanung sei bei Ausschreibungen zu sehr Aufgabe der ausschreibenden Institution. Er betonte dazu auch die skandinavischen Erfahrungen, wo viele Aufgabenträger inzwischen wieder nach „echten Unternehmen" suchen.

Seitens des VBB betonte *Arnd Schäfer* in seinem Statement die positiven Erfahrungen, die der VBB im Schienenpersonennahverkehr auf der Eisenbahn mit dem Wettbewerb gemacht habe. Kostensenkungen bei gleichzeitig gesicherter oder sogar gesteigerter Qualität sprächen eindeutig für Wettbewerb. Im Busverkehr stehe aber auch der VBB noch am Beginn. Kernpunkt war für ihn das Be- und Erstellerprinzip, bei dem er beide Akteure gefordert sieht. Es sei ebenso unternehmerische Kreativität zu nützen, wie gleichzeitig auf die Wahrnehmung der Regulierungsfunktionen durch den öffentlichen Auftraggeber nicht verzichtet werden könne. Letzteres sah er schon aufgrund der finanziellen öffentlichen Leistungen als nötig an. Quintessenz war für ihn die Ermöglichung eines Wettbewerbs auch um Ideen, wettbewerbliche Strukturen im ÖPNV müssten dies ermöglichen.

Als positiv an europäischen Entwicklungen hob *Dirk Schlömer* zunächst das Vorhandensein von Flächentarifverträgen im ÖPNV in verschiedenen europäischen Ländern hervor. Hier wie auch bei Betriebsübergängen aufgrund von Betreiberwechseln könne Deutschland noch einiges von anderen europäischen Ländern lernen. In diesem Zusammenhang kritisierte er, dass Regelungen und Vorgaben zu den Beschäftigungsbedingungen im ÖPNV in deutschen Ausschreibungen meist fehlten. Er sah hier die Gefahr einer Dumpingspirale zu Lasten der Beschäftigten. Ein damit verbundenes Problem sei auch, dass der ÖPNV eben kein Wettbewerbsmarkt gegenüber dem Verbraucher, sondern nur gegenüber dem Besteller sei. Positiv hob er Brandenburg hervor, wo eine Richtlinie zu Qualität und Qualifikationsstandards vereinbart wurde.

Auf eine andere Ebene stellte *Reiner Zieschank* das Thema. Als eigentlichen Wettbewerb – nicht nur in Deutschland, sondern auch in Europa – sah er die Konkurrenzsituation des ÖPNV zu anderen Verkehrsträgern, vor allem dem Pkw. Anders als in den teils sehr theoretischen und komplizierten Diskussionen um ÖPNV-Wettbewerb finde der echte Wettbewerb bereits tagtäglich auf der Straße statt. Bei europäischen Vorgaben wie etwa dem Verordnungsentwurf müsse man daher nicht über Punkt und Komma diskutieren, da der Entwurf in diesem Wettbewerb nicht weiterführe – er lehne ihn daher ebenso wie Gunther Mörl ab. Positiv sah er die bisherige wirtschaftliche Entwicklung der deutschen ÖPNV-Branche im europäischen Vergleich, das Diktat der leeren Kassen habe da einiges bewirkt, insbesondere sei der deutsche Rechtsrahmen mit der Unternehmensorientierung zukunftsorientiert.

Weniger Mittel für den ÖPNV – sowohl von Fahrgästen als auch aus öffentlichen Töpfen –, das war die zentrale Erwartung von *Jan Werner*. Dies führe zur Notwendigkeit eines klareren Blicks auf das Unternehmertum im deutschen ÖPNV, ebenso zu klareren Aussagen, warum die öffentliche Hand welchen ÖPNV in bestimmtem Umfang und bestimmter Qualität haben wolle. Angesichts eines Anteils öffentlicher Mittel von 20 bis 80 Prozent erwachse hier ein großer Legitimationsdruck. In einer zu starken unternehmensorientierten Förderung sieht er daher eine Gefährdung der ÖV-Finanzierung. Die öffentliche Hand habe ein Recht darauf zu sagen, was sie mit ihrem Geld erreichen will. Insgesamt leitete er aus der deutschen und europäischen Entwicklung die Forderung nach differenzierten Entscheidungen ab, egal ob man sich letztlich für Wettbewerb, Ausschreibungen oder Inhouse-Vergabe entscheide. Es sei generell nötig, die Thematik vorher gründlich zu durchdenken. Abschließend stellte er noch die Frage in den Raum, ob nicht auch in Deutschland, ähnlich wie in Großbritannien, teilweise auf exklusive Rechte verzichtet werden könne – vieles sei dann einfacher.

Die nachfolgende Diskussion drehte sich zunächst vor allem um Fragen der Gemeinsamkeiten der verschiedenen Akteure. Mehrere Diskussionsteilnehmer betonten die Notwendigkeit gemeinsamer Positionen für den deutschen ÖPNV, auch um angesichts zukünftig zu erwartender europäischer Entwicklungen die eigenen Interessen gestärkt vertreten zu können. Als Vorbild wurde Frankreich genannt, das seine eigenen Interessen auch im ÖPNV wesentlich geschlossener gegenüber Brüssel vertrete. Umstritten war allerdings, wie weit der deutsche Rechtsrahmen, vor allem das Personenbeförderungsgesetz, bereits auf die europäischen Anforderungen ausgerichtet ist. Während *Reiner Zieschank* den deutschen Rechtsrahmen insgesamt sehr positiv bewertete, kritisierte *Jan Werner* diesen als intransparent, widersprüchlich und nicht konsistent.

Einigkeit bestand dagegen bei der Feststellung, dass eine öffentliche Finanzierung den Aufgabenträger auch zu bestimmten Vorgaben und Forderungen berechtige. Wie allerdings die Trennung zwischen Verkehrsunternehmen und Aufgabenträgern vor allem hinsichtlich Fragen der strategischen Planungen vollzogen werden soll, dazu fand sich keine einheitliche Linie der Diskussionsteilnehmer. So wurde von den Unternehmensvertretern betont, dass sich eine unternehmerische Leistung nicht alleine auf Fahrten von A nach B reduzieren lasse. Das Verhältnis zwischen Unternehmen und Aufgabenträgern müsse so gestaltet sein, dass Unternehmen regelrecht darauf brennen, im Bereich Planung und Potenzialausschöpfung zu arbeiten. Ansonsten – so die Befürchtung – würden Ausschreibungen nur zu Planwirtschaft führen. Gerade Unternehmen, die auch planerisch arbeiten müssten, seien effizient und würden Potenziale ausschöpfen. Insgesamt sei es nötig, genau abzuwägen, welche Aufgaben Unternehmen und welche die Aufgabenträger übernehmen sollten. Dazu könnten vor allem die Erfahrungen aus Skandinavien beitragen – sowohl positiv als auch negativ. Kritisiert wurde hier von einigen Teilnehmern das dänische bzw. Kopenhagener Modell, das den Unternehmen sehr restriktive Vorgaben mache. Andere Teilnehmer beurteilten dieses Modell aufgrund seiner Transparenz erheblich positiver.

Auch die anderen Diskussionsteilnehmer stimmten dem grundsätzlichen Anspruch, unternehmerische Kreativität zu fördern, zu. Eine rein unternehmerische Betrachtungsweise würde aber auch vorwiegend rein unternehmerische Faktoren in den Fokus rücken. Öffentliche Interessen, etwa aus den Bereichen der Stadtentwicklung, der Abdeckung sozialer Aspekte oder ökologischer Kriterien, könnten nur über Einflussnahme des Aufgabenträgers und mithin Finanziers einbezogen werden. In der Diskussion wurden als Lösungsansätze die Steigerung des unternehmerischen Interesses durch Nettoverträge oder der Einsatz von „Kopfpauschalen" pro zusätzlich gewonnenem Fahrgast genannt. *Jan Werner* betonte allerdings, dass derartige Anreize lokal völlig unterschiedlich ausfallen müssten, mithin also Pauschallösungen nicht zielführend seien. In mehreren Beiträgen wurden dabei immer wieder auch die notwendige Absicherung sowohl einer gewissen Grundbeförderungsqualität sowie die Vermeidung eines rein auf niedrigen Tariflöhnen beruhenden Ausschreibungswettbewerbs betont. *Dirk Schlömer* sah vor allem die Notwendigkeit zu vermeiden, dass der deutsche ÖPNV ein reiner Spielball der Politik wird.

Abschließend betonte *Oliver Mietzsch* nochmals, dass für den deutschen ÖPNV vor allem Wahlfreiheit wichtig sei. Es gebe nicht das allein selig machende Modell, die Aufgabenträger müssten die Auswahl entsprechend ihrer individuellen Ziele haben können. Dafür sah er – auch angesichts der europäischen Beispiele – eine Bereinigung des deutschen Marktrahmens als notwendig an. Das deutsche Personenbeförderungsgesetz müsse geändert werden, es sei nicht auf die europäischen Anforderungen vorbereitet.

Die Wahlfreiheit und die Anpassung möglicher Modelle an die individuellen planerischen, finanziellen und politischen Voraussetzungen der beteiligten Akteure wurden schließlich auch von den anderen Diskussionsteilnehmern überwiegend zustimmend beurteilt. Abschließend sahen alle Teilnehmer es als sehr nötig an, immer wieder auch europäische Entwicklungen bei der Weiterentwicklung des eigenen ÖPNV in Deutschland zu verfolgen und einzubeziehen. Die Difu-Fachtagung könne dazu nur ein erster sinnvoller Auftakt sein.

Verzeichnis der Referenten und Autoren

Dick Dunmore
Principle Consultant Steer Davies Gleave Ltd., London, Großbritannien

Volker Eichmann
Deutsches Institut für Urbanistik, seit 1.2.2006: KCW GmbH, Strategie- und Managementberatung im ÖPNV, Berlin

Mag. Gerhard Fritz
inn.consult, Innsbruck, Österreich

Thierry Gouin
Centre d'études sur les résaux, les transports, l'urbanisme e les constructions publiques (CERTU), Lyon, Frankreich

Oliver Mietzsch
Deutscher Städtetag, Berlin

Gunther Mörl
Geschäftsführer des Bundesverbandes Deutscher Omnibusunternehmer (BDO), Berlin

Ulrich Noelle
Centre d'études sur les résaux, les transports, l'urbanisme e les constructions publiques (CERTU), Lyon, Frankreich

Henning Palm
KCW GmbH, Hamburg

Franco Repossi
Regione Lombardia, Mailand, Italien

Manuela Rottmann
Deutsches Institut für Urbanistik, Berlin

Nicole Rudolf
Senior Consultant Steer Davies Gleave Ltd., London, Großbritannien

Arnd Schäfer
Verkehrsverbund Berlin-Brandenburg (VBB) und Geschäftsführer der BAG SPNV (Bundesarbeitsgemeinschaft der Aufgabenträger im Schienenpersonennahverkehr), Berlin

Dirk Schlömer
Bereichsleiter Personenverkehr der Gewerkschaft Transnet, Frankfurt am Main

Anders Schwarz Lausten
Hovedstadens Udviklingsrad (HUR), Kopenhagen, Dänemark

Ph. D. Didier M. van de Velde
TU Delft und NEA Transport research and training, Rijswijk, Niederlande

Martin Weinert
Student an der Fachhochschule für Verwaltung und Rechtspflege Berlin im Studiengang Öffentliche Verwaltungswirtschaft. Im Rahmen seines Studiums war er ein halbes Jahr im Verkehrsreferat des Deutschen Städtetages als Praktikant tätig.

Dr. Jan Werner
Geschäftsführer der KCW GmbH, Berlin

Reiner Zieschank
Geschäftsführer der Dresdner Verkehrsbetriebe AG, Leiter der Landesgruppe Südost des Verbands Deutscher Verkehrsunternehmen (VDV), Dresden

Veröffentlichungen des Deutschen Instituts für Urbanistik

Funktionale Beschreibung von ÖPNV in Städten

Von Michael Lehmbrock, Felix Berschin, Volker Eichmann,
Clemens Kahrs, Andreas Weißbach, Jan Werner
2006. 180 S., Euro 24,–
Difu-Beiträge zur Stadtforschung, Bd. 44
ISBN-10: 3-88118-410-4
ISBN-13: 978-3-88118-410-6

Der öffentliche Personennahverkehr ist im Umbruch. Bei knappen öffentlichen Kassen fordern nicht nur Stadtkämmerer mehr Effizienz kommunaler Unternehmen. Die Schülerbeförderung und die daran gekoppelte Förderung sind rückläufig. Europäische und deutsche Rahmenbedingungen für das Vergabe- und Beihilferecht sind im Fluss.

Dabei ist der Qualitätsstandard des deutschen ÖPNV auch im internationalen Vergleich anerkannt gut. Die kommunalen Verkehrsunternehmen haben in der Mehrzahl erhebliche Fortschritte bei ihrer Restrukturierung gemacht und sind wettbewerbsfähiger geworden.

„Funktionale Leistungsbeschreibung" wird vor diesem Hintergrund von vielen als ein Instrument betrachtet, das unternehmerische Flexibilität garantiert und eine bewusste Steuerung des ÖPNV-Angebotes durch den Aufgabenträger ermöglicht. Bislang liegen jedoch nur wenige Erfahrungen vor. Dieser Band zeigt auf, wie eine funktionale Leistungsbeschreibung unter den Rahmenbedingungen einer Mittel- oder Großstadt prinzipiell durchführbar ist, welche Anforderungen an dieses Instrument bestehen und welche Faktoren seine Umsetzung begünstigen oder erschweren.

Verlag und Vertrieb: Deutsches Institut für Urbanistik
Postfach 12 03 21 • 10593 Berlin • Telefon (030) 3 90 01-253
Telefax (030) 3 90 01-275 • E-Mail: verlag@difu.de • Internet: http://www.difu.de

Veröffentlichungen des Deutschen Instituts für Urbanistik

◆ **Schriften des Deutschen Instituts für Urbanistik**

Stadtbaukultur – Modelle, Workshops, Wettbewerbe
Verfahren der Verständigung über die Gestaltung der Stadt
Von Heidede Becker
2002. Bd. 88. 874 S., 566 Abb., 3 Tab., 7 Übers., in 2 Teilbänden, Euro 19,80
ISBN 3-17-013216-4

Stadt & Region – Kooperation oder Koordination?
Ein internationaler Vergleich
Hrsg. von Werner Heinz
2000. Bd. 93. 568 S., Abb., Tab., Übers., Euro 37,50
ISBN 3-17-016621-2

Zukunft der Arbeit in der Stadt
Von Dietrich Henckel, Matthias Eberling und Busso Grabow
1999. Bd. 92. 416 S., 37 Abb., 20 Tab., 14 Übers., 2 Karten, Euro 34,90
ISBN 3-17-016363-9

Kontrast und Parallele – kulturelle und politische Identitätsbildung ostdeutscher Generationen
Von Albrecht Göschel
1999. Bd. 91. 348 S., Euro 29,65
ISBN 3-17-016292-6

Entscheidungsfelder städtischer Zukunft
Von Dietrich Henckel, Holger Floeting, Busso Grabow, Beate Hollbach-Grömig, Hans Neumann, Heinz Niemann, Michael Reidenbach, Hartmut Usbeck
1997. Bd. 90. 355 S., 56 Abb., 11 Tab., 2 Übers., Euro 39,88
ISBN 3-17-015037-5

Weiche Standortfaktoren
Von Busso Grabow, Dietrich Henckel und Beate Hollbach-Grömig
1995. Bd. 89. 407 S., 52 Abb., 25 Tab., 13 Übers., Euro 35,–
ISBN 3-17-013734-4

Geschichte der Architektur- und Städtebauwettbewerbe
Von Heidede Becker
1992. Bd. 85. 345 S., 2 Tab., 141 Abb., 10 Übers., Euro 34,77
ISBN 3-17-012504-4
ISBN 3-88118-218-7

◆ **Difu-Beiträge zur Stadtforschung**

Funktionale Beschreibung von ÖPNV in Städten
Von Michael Lehmbrock u.a.
2006. Bd. 44. Ca. 180 S., ca. Euro 24,–
ISBN 3-88118-410-4

Die Denkmaltopographie als Erfassungsinstrument und kulturgeschichtliches Unternehmen
Von Claus-Peter Echter
2006. Bd. 43. 376 S., vierfarbiger Abbildungsteil, Euro 39,–
ISBN 3-88118-409-0

Stadtmarketing – Status quo und Perspektiven
Hrsg. von Florian Birk, Busso Grabow und Beate Hollbach-Grömig
2006. Bd. 42. Ca. 310 S., ca. Euro 32,–
ISBN 3-88118-404-X

Wohnen in der Innenstadt – eine Renaissance?
Von Hasso Brühl, Claus-Peter Echter, Franciska Frölich von Bodelschwingh und Gregor Jekel
2005. Bd. 41. 331 Seiten, Euro 29,–
ISBN 3-88118-392-2

Verkehrssystem und Raumstruktur
Neue Rahmenbedingungen für Effizienz und Nachhaltigkeit
Von Michael Lehmbrock, Tilman Bracher, Volker Eichmann, Christof Hertel und Thomas Preuß
2005. Bd. 40. 408 Seiten, 18 Abb., 39 Tab., Euro 38,–
ISBN 3-88118-390-6

ÖPNV im Wettbewerb
Management-Planspiel in der Region Berlin
Von Tilman Bracher u.a.
2004. Bd. 39. 248 S., 56 Abb., 7 Tab., Euro 27,–
ISBN 3-88118-364-7

Interkommunale Kooperation in baden-württembergischen Stadtregionen
Stuttgart, Karlsruhe und Freiburg
Von Werner Heinz, Paul von Kodolitsch, Nicole Langel und Michael Reidenbach
2004. Bd. 38. 228 S., 5 Abb., 13 Tab., 2 Übers., 13 Karten, Euro 25,-
ISBN 3-88118-357-4

Verlag und Vertrieb: Deutsches Institut für Urbanistik
Postfach 12 03 21 • 10593 Berlin • Telefon (030) 3 90 01-253
Telefax (030) 3 90 01-275 • E-Mail: verlag@difu.de • Internet: http://www.difu.de

Veröffentlichungen des Deutschen Instituts für Urbanistik

♦ Difu-Materialien

„Städte für alle" – über visionären und machbaren Städtebau: Martin Neuffer und Rudolf Koldewey
Dokumentation des Symposiums am 20.6.2005 in Hannover
Hrsg. von Robert Sander und Herbert Schmalstieg
Bd. 2/2006. 88 S., Schutzgebühr 15,– Euro
ISBN 3-88118-415-5

Brachflächenrecycling: Herausforderungen, Lösungen, Nutzen!
Konferenz-Dokumentation
Hrsg. von Thomas Preuß u.a.
Bd. 1/2006. Ca. 260 S., Schutzgebühr ca. 23,– Euro
ISBN 3-88118-412-0

Die Beteiligung an kommunalen Bürgerumfragen 1970–2004
Ein Beitrag zur Methodenforschung
Von Michael Bretschneider
Bd. 11/2005. 60 S., Schutzgebühr 15,– Euro
ISBN 3-88118-406-6

Nachhaltige Wiedernutzung und Revitalisierung von Brachflächen
Dokumentation eines deutsch-amerikanischen Workshops
Hrsg. von Thomas Preuß u.a.
Bd. 10/2005. 196 S., Schutzgebühr 20,– Euro
ISBN 3-88118-403-1

Soziale Aspekte des Flächenrecyclings in den Städten
Dokumentation eines deutsch-amerikanischen Workshops
Hrsg. von Thomas Preuß u.a.
Bd. 9/2005. 262 S., Schutzgebühr 23,– Euro
ISBN 3-88118-397-3

Management gebietsbezogener integrativer Stadtteilentwicklung
Ansätze in Kopenhagen und Wien im Vergleich zur Programmumsetzung „Soziale Stadt" in deutschen Städten
Von Thomas Franke und Wolf-Christian Strauss
Bd. 8/2005. 94 S., kostenlos
ISBN 3-88118-394-9

Kommunale Abfallwirtschaft – Marktöffnung und sichere Entsorgung
Hrsg. von Otto Huter und Gerd Kühn
Bd. 7/2005. 134 S., Schutzgebühr Euro 18,–
ISBN 3-88118-368-X

Verwaltungsmodernisierung in deutschen Kommunalverwaltungen – Eine Bestandsaufnahme
Ergebnisse einer Umfrage des Dt. Städtetages und des Difu
Von Rüdiger Knipp u.a.
Bd. 6/2005. 180 S., 37 Abb., umfangreicher Tabellenanhang, Schutzgebühr Euro 20,–
ISBN 3-88118-367-1

♦ Umweltberatung für Kommunen

Informationspool für kommunale Energiebeauftragte
Dokumentation des 10. Deutschen Fachkongresses der kommunalen Energiebeauftragten am 11./12. April 2005 in Hagen
Hrsg. von Cornelia Rösler
2005. 296 S., Schutzgebühr Euro 23,–
ISBN 3-88118-402-3

♦ Aktuelle Information

Europäisches Umweltrecht und Stadtentwicklung
Ein aktueller Überblick über für die Kommunen relevante umweltpolitische Initiativen und Strategien
Von Manuela Rottmann
2006. 24 S., Schutzgebühr Euro 5,–

Die Sachinvestitionen der Kommunen und ihrer Unternehmen – eine Bestandsaufnahme
Von Michael Reidenbach
2005. 12 S., Schutzgebühr Euro 5,–

Deutsche Städte und Globalisierung
Annäherung an ein komplexes Thema
Von Werner Heinz
2005. 12 S., Schutzgebühr Euro 5,–

Kommunale Umwelt gesundheitsfördernd gestalten – Praxis der Lokalen Agenda 21
Von Christa Böhme, Bettina Reimann und Ulla Schuleri-Hartje
2005. 16 S., Schutzgebühr Euro 5,–

♦ Difu-Arbeitshilfen

Umweltfreundlicher, attraktiver und leistungsfähiger ÖPNV – ein Handbuch
Von Volker Eichmann u.a.
2006. 344 S., Schutzgebühr Euro 32,–
ISBN 3-88118-395-7

Umweltprüfung in der Bauleitplanung
Von Arno Bunzel
2005. 162 S., Schutzgebühr Euro 28,–
ISBN 3-88118-388-4

Die Satzungen nach dem Baugesetzbuch
2. Auflage unter Berücksichtigung des EAG Bau 2004
Von Anton Strunz und Marie-Luis Wallraven-Lindl
2005. 170 S., Schutzgebühr Euro 28,–
ISBN 3-88118-376-0